LA PATRIA NOS ESPERA

LA PATRIA NOS ESPERA

La Invasión de Bahía de Cochinos
relatada en las palabras
de la Brigada de Asalto 2506

■ ■ ■

Victor Andrés Triay

Tradución de
Luis M. Quesada

RANDOM HOUSE ESPAÑOL™

New York

Primera edición en español de Random House Español, abril 2003

Traducción copyright © 2003 por Random House Español, una división de Random House, Inc.

Todos los derechos reservados conformes a las Convenciones de Registros Literarios Internacionales y Panamericanas (International and Pan-American Copyright Conventions). Publicado en los Estados Unidos por Random House Español, una división de Random House, Inc., Nueva York, y simultáneamente en Canadá por Random House of Canada, Ltd., Toronto. Fue publicado por primera vez, en inglés, en 2001, por la casa editorial University Press of Florida, Gainesville, Fl., bajo el título *Bay of Pigs: An Oral History of Brigade 2506*. Copyright © 2001 por Board of Regents of the State of Florida.

www.rhespanol.com

La información CIP (Clasificación de publicación) se dispone a petición.

Edición a cargo de Mary H. Lee.
Traducción de Luis M. Quesada.
Diseño de la cubierta por Tigist Gestachew.
Diseño del libro por Tina Malaney.
Producción del libro a cargo de John Whitman y Lisa Montebello.

ISBN 1–4000-2035-2
Primera edición

Impreso en los Estados Unidos de América

10 9 8 7 6 5 4 3 2 1

- **Para Emy** -

CONTENIDO

■ ■ ■

Negociaciones para la liberación de los prisioneros
Néstor Carbonell, 174; Hugo Sueiro, 175;
Humberto Cortina, 175

Castillo del Príncipe
Mario Abril, 176;
Tomás Macho, S.J., 176

El juicio
Antonio González de León, 178; Rafael Montalvo, 178;
Jorge Marquet, 179

Isla de Pinos
Tulio Díaz Suárez, 180; Tomás Macho, S.J., 180

Reunión
Jorge Marquet, 181; Pedro Encinosa, 181

El *Orange Bowl*
Dr. Juan Sordo, 182; Fernando Martínez Reyna, 182;
Grayston Lynch, 182; Andrés Manso, 183;
Albeto Sánchez de Bustamante, 183

PREFACIO

■ ■ ■

El fracaso de la invasión de Bahía de Cochinos tuvo consecuencias profundas tanto para los Estados Unidos como para Cuba. Al gobierno de los EE.UU. le representó no sólo un fracaso en materia de política extranjera, sino también el comienzo de una época de desconfianza recíproca entre los diferentes sectores del gobierno. Además, marcó el advenimiento de una base con respaldo soviético en las Américas, desde donde se patrocinaron numerosos movimientos guerrilleros de índole marxista en todo el hemisferio. No obstante, la invasión de Bahía de Cochinos tuvo una importancia aún mayor para el pueblo de Cuba. Aquellos que en ese momento apoyaban el régimen de Castro la vieron como una gran victoria que daba validez a su fe en el nuevo orden de Cuba. Los cubanos que se oponían al régimen comunista vieron el fracaso de la invasión como el fin de la esperanza para la democracia en Cuba y como el inicio de un período de gobierno marxista y totalitario en la isla. Así mismo, el fracaso de la invasión marcó el comienzo de una migración masiva de cubanos a los Estados Unidos, que hasta la fecha lleva cuatro décadas de duración.

Este libro es una historia oral de la Brigada 2506, el contingente de exiliados cubanos voluntarios, reclutados, entrenados y desembarcados en la Bahía de Cochinos por los Estados Unidos de América el 17 de abril de 1961. La historia de la Brigada, con la notable excepción de ciertos elementos del relato de los líderes escrito por Haynes Johnson a principio de los años sesenta, ha quedado en su mayor parte sin la atención debida en la mayoría de lo que se ha escrito en lengua inglesa sobre la invasión de Bahía de Cochinos. Al analizar la invasión, casi siempre desde el punto de vista de lo que significó para los Estados Unidos de América, estas obras han mostrado a los hombres de la Brigada como personajes secundarios o, en su peor caso, como peones sin rostro, sin nombre y desprovistos de toda importancia. El objetivo de este trabajo es el de presentar al público a esos hombres en sus propias palabras. También se incluye un capítulo sobre las mujeres que aquellos hombres dejaron atrás.

Ya que muchos de los veteranos de la Brigada 2506 estaban vivos al comenzar a escribirse este libro, me pareció que la mejor forma de relatar sus respectivas historias era la de presentarlas a manera de una historia oral. El grueso de la obra constituye el testimonio de los miembros de la Brigada. No obstante, cada capítulo lleva una introducción al respecto, a fin de enmarcar el contenido de dichos testimonios. Cada introducción sitúa las experiencias personales relatadas por los veteranos en el capítulo en cuestión dentro de un marco histórico.

Todas las entrevistas se llevaron a cabo en 1999, en su mayor parte en la Florida. La mayoría de la entrevistas se hizo en español y luego fueron traducidas por el autor para la primera edición de este libro, que fue hecha en inglés. En esta nueva edición en español, se ha hecho el esfuerzo por mantener, en lo que cabe, los sentimientos y percepciones de las experiencias de los entrevistados tal y como las expresaron al autor. Cabe destacar que el material que aquí se presenta no es copia fiel y directa de lo dicho. Al igual que la mayoría de las historias orales, el patrón a seguir fue el de preguntas y respuestas. Estas han sido compiladas, editadas y ordenadas en una forma narrativa coherente y de fácil lectura. Con esto en mente, algunas expresiones experimentaron cambios necesarios a fin de mantener la debida fluidez, o para llevar al medio escrito aquellos gestos, coloquialismos, frases inconclusas o cualquier otra forma de comunicación que no fuera de fácil traslado a la letra impresa. Al editar cualquier segmento, siempre se hizo con la idea de llevar la verdadera intención, emoción y sentimiento del entrevistado a la página impresa. En algunas ocasiones, se hicieron correcciones referentes a fechas u otros detalles (resultado a menudo de subsiguientes conversaciones aclaratorias con el entrevistado). También se excluyeron algunos nombres de personas mencionadas por los entrevistados cuando eran ininteligibles.

Tengo una gran deuda con todos los que me ayudaron a terminar este libro. Mi esposa, Emy, merece una medalla por su paciencia infinita y su comprensión al respecto. Sin su apoyo (y ni hablar de su destreza en la computadora) no se hubiera escrito ni la primera página de este libro. Por ende, le dedico este libro a ella. Quiero también agradecer a mis padres y al resto de mi familia su amor y apoyo. Mi padre merece una mención especial por su paciencia al responder mis innumerables preguntas sobre mis traducciones y la gramática española en general, y por su lectura del manuscrito como corrector de pruebas. También quiero por este medio agradecer el apoyo y los sabios consejos al respecto de mi antiguo profesor en la Universidad Estatal de Florida, Dr. William Rogers.

Tengo también una gran deuda de gratitud con el personal de la biblioteca de Middlesex Community College, así como el de Wesleyan University en Middletown, Connecticut. Quisiera específicamente darles las gracias a Randy Wilson, Howard Einsohn, Gayle Esidore, Lan Liu, Carol Nelson, Alma Zyko y Anne Paluck. Gracias también a varios amigos y entrevistados que me ayudaron a conectarme con otros que se convirtieron en parte de este libro. Especialmente a Carlos Espinosa, Juan Clark, Eduardo Zayas-Bazán, Jorge Marquet, Ricardo Sánchez, María Allen, Mario Martínez Malo, Felipe Basulto, Grayston Lynch, Migdalía Garí, María Elena Triay, Tania Goyanes, Jorge Triay, Clara Triay, Hugo Sueiro, Tulio Díaz Suárez, Esteban Bovo, Dulce Carrera Jústiz, José Flores, Antonio y Beatriz Varona, Álvaro y Benito Larín. A mis amigos Frank y Rachel Izquierdo, así como a Peter y Carolyn Caprioglio por ofrecerse como voluntarios para leer como correctores de pruebas los capítulos del manuscrito final. También a Randeane Tetu por todo su apoyo.

No obstante, este libro contó con un «arma secreta» en la figura de

Roberto N. Allen. Roberto y yo somos grandes amigos desde la infancia. Nos conocimos en *kindergarten*, asistimos juntos al colegio hasta el duodécimo grado y nos hemos mantenido en contacto desde entonces. El padre de Roberto, Carlos Allen Dosal, murió trágicamente en 1973 cuando estábamos en segundo grado. Carlos, un veterano de la Brigada quien perdió su brazo derecho en la invasión, ha sido siempre una influencia poderosa en la vida de Roberto, a pesar de su muerte prematura. Al enterarse Roberto, ahora convertido en un abogado en Baltimore, de que estaba escribiendo una historia oral de la Brigada (y especialmente después de escuchar fragmentos de algunas de las entrevistas), quedó totalmente fascinado. De inmediato se ofreció a ayudarme en todo lo que fuera necesario. Se inmergió totalmente en el proyecto con entusiasmo y energía; llevó a cabo cuatro de las entrevistas, leyó varios capítulos, ofreciendo cambios, y realizó investigaciones de gran utilidad en el Internet, todo con un alto grado de profesionalismo y objetividad. En varias ocasiones finalizó ciertas tareas de importancia crítica cuando, dadas otras obligaciones y fechas tope, se me imposibilitaba realizarlas. Por lo tanto, a nombre de Roberto, quisiera dedicar su esfuerzo en este libro a la memoria de su padre, Carlos.

Venimos en nombre de Dios, la Justicia y la Democracia (...)
No venimos nacidos del odio, sino de la vida (...) La Brigada de Asalto
está compuesta por miles de cubanos que son completamente católicos y cristianos (...) Católicos de Cuba: nuestro poderío militar es
aplastante e invencible y es aun mayor nuestra fuerza moral, nuestra
fe en Dios y en Su protección y Su ayuda. Católicos cubanos: los
abrazo en nombre de los soldados del Ejército Libertador. Familias,
amigos y parientes (...) pronto estarán reunidos de nuevo. Tengan fe,
ya que la victoria es nuestra porque Dios está con nosotros y la Virgen de la Caridad no puede abandonar a sus hijos. ¡Católicos! ¡Viva
Cuba libre, democrática y católica! ¡Viva Cristo Rey![†]

Proclama que se encontró en el equipaje del padre Ismael de Lugo, Brigada
2506, abril de 1961, citada en *Cuba*, por Hugh Thomas.

[†] N. del autor: Este pasaje fue traducido al español de una traducción en inglés. El
documento original en español no estaba disponible.

La revolución

traicionada

■ ■ ■

En 1959 la nación caribeña de Cuba entró en un período de descanso, fiesta y esperanza. Fulgencio Batista, el ex militar y presidente que interrumpió el proceso constitucional al lanzar su exitoso golpe de estado en marzo de 1952 y quien después estableció una dictadura política, había huido del país en la víspera de Año Nuevo. Numerosos grupos, desde los partidos políticos democráticos hasta las organizaciones estudiantiles de Cuba, habían desempeñado un papel prominente en la salida de Batista. Sin embargo, entre todos estos grupos, el Movimiento 26 de Julio era el mayor en número y popularidad. Bajo la dirección de Fidel Castro, ex estudiante dinámico y de tendencias radicales, y ahora abo-

2 - La patria nos espera

gado, había iniciado una campaña el 26 de julio que abarcaba tanto la guerra de guerrilla como el sabotaje urbano. Castro y sus rebeldes, con sus distintivas barbas y uniformes militares de campaña, llegaron a La Habana al comienzo del mes de enero y tomaron el control de la situación.

Cuba había alcanzado un nivel de vida relativamente alto en el año 1959. Siempre estaba situada en las posiciones más altas entre las naciones americanas respecto a los indicadores del nivel de vida. Tenía una gran clase media, que representaba entre un tercio y un cuarto de la población total de la isla. Los estrechos lazos económicos con los Estados Unidos quedaban reflejados igualmente en el marco cultural. No obstante, la corrupción política imperante causaba un hondo sentido de frustración entre algunas capas de la población. Se pensaba que el país aún no había alcanzado todo su potencial económico y social debido a las dificultades políticas. Se consideraba que el nivel de pobreza —especialmente en el campo y en ciertas zonas urbanas— era un gran problema, así como la diferencia entre blancos y negros. La revolución, compuesta en gran parte por individuos profesionales y de clase media, y que contaba con el apoyo de todas las clases, prometió remediar las tribulaciones de la isla. Varios de los dirigentes que compartieron el poder el 26 de julio durante los primeros cuadros gubernamentales de Castro profesaban principios liberales y democráticos; muchos de ellos también habían combatido el sistema dictatorial en Cuba, incluso desde antes de Batista.

No obstante, las verdaderas intenciones de Fidel Castro comenzaron a patentizarse prontamente, desde 1959. Si Castro era un comunista legítimo, o tan sólo un oportunista político, es algo que queda todavía por definir, pero el hecho es que aun antes de la caída de Batista, el Movimiento 26 de Julio había iniciado su cooperación con el Partido Comunista de la isla, aunque los comunistas anteriormente habían descartado el movimiento de Castro. Ernesto «Che» Guevara y Raúl Castro, el hermano de Fidel, tenían estrechos contactos con los comunistas y de ahí la posibilidad de que fueran instrumentales en establecer los primeros lazos entre ambos grupos. Cualesquiera que hayan sido las circunstancias, tanto los partidarios como los oponentes a la revolución comenzaron a notar el gran número de comunistas nombrados a altos puestos de mando a los pocos meses de que Castro tomara el poder. Un gran número de cubanos, incluso aquellos que eran revolucionarios, criticaban esto. A medida que esta tendencia se fue acentuando, muchos simpatizantes, cuyos ideales reformistas se adherían a una democracia constitucional, se tornaron en contra de Castro, e incluso muchos entraron en franca oposición a su régimen.

Además del auge de los comunistas, hubo otros eventos clave en 1959 que pusieron sobre aviso a muchos cubanos respecto al sistema totalitario que se avecinaba. Entre los varios juicios efectuados en contra de oficiales batistianos durante los primeros meses de la revolución por los tribunales revolucionarios (muchos de estos juicios se llevaban a cabo con la participación de bulliciosas muchedumbres y sin vestigios de legalidad ni procedimiento) se destaca el de 44 ex pilotos de la Fuerza Aérea acusados por crímenes de guerra en la ciudad de Santiago. El tribunal los declaró inocentes, pero no se les puso en libertad. Castro personalmente ordenó un nuevo juicio por un tribunal compuesto por leales seguidores, quienes, como no era de extrañar, declaron culpables a los pilotos.[1] Este hecho, que socavaba los principios de la ley, dejando a un lado lo que en verdad hicieran o no los pilotos, produjo un amargo descontento entre muchos contra Castro. Más adelante ese mismo año, Húber Matos, comandante del 26 de julio y gobernador militar de la provincia de Camagüey, fue arrestado por su crítica a la inclusión de comunistas en el gobierno por parte de Castro. Mientras tanto, a los liberales se les sacaba sistemáticamente del gabinete. El caso más prominente al respecto fue el de Manuel Urrutia, presidente del gobierno provisional, a quien Castro sacó del gobierno por haber criticado públicamente el comunismo.

Ya para 1960 estaba claro que el régimen de Castro no iba a cumplir las promesas de la revolución. En su lugar lanzó lo que pudiera considerarse como una segunda revolución: el establecimiento de un estado totalitario policiaco personificado por Fidel Castro. En los meses venideros, la libertad de prensa quedó totalmente destruida, los movimientos políticos con dirigentes distintos a Castro fueron brutalmente eliminados, y el derecho de «habeas corpus» (inicialmente restablecido por la revolución) quedó también suprimido. También se cerraron o «revolucionaron» las universidades de Cuba, sus organizaciones profesionales y sindicatos. Ya a mediados de 1960 se había «limpiado» el gabinete de todos los ministros liberales y se había incautado un número considerable de negocios, tanto nacionales como extranjeros. Las tan prometidas elecciones quedaron sustituidas por una campaña de «¿Elecciones para qué?». La toma por parte del régimen de toda la estructura institucional de Cuba haría mucho más fácil la imposición de un estado totalitario en los años venideros. Cabe notar que ni Batista ni ningún otro dictador en la región había llegado a tal punto de control absoluto como este. A la par que esto sucedía, las prisiones políticas iban repletándose con miles de enemigos reales —o imaginarios— y los fusilamientos se habían convertido en parte integral del panorama político.

La retórica pública de Castro en contra de los Estados Unidos también había ido en aumento. En febrero de 1960, la visita a Cuba del vice premier soviético, Anastas Mikoyan, fue la causa de manifestaciones por parte de estudiantes en franca oposición al comunismo. Los arreglos económicos con la Unión Soviética ya no dejaban dudas a nadie respecto al hecho de que Castro estaba llevando a Cuba al campo soviético. Había también amenazas de cerrar los colegios públicos y privados y sustituirlos por una red de colegios que fomentara los valores del nuevo régimen. Dicha amenaza se convirtió en realidad en 1961. Para ese entonces, ya el gobierno había creado grupos juveniles extremadamente regimentados y orientados a la doctrina comunista, así como organizaciones militares de masa con el mismo patrón, y a las cuales se esperaba que el público en general se incorporara.[2] El régimen también se enfrascó en una campaña antirreligiosa por toda la isla y poco después deportó a millares de sacerdotes, monjas, ministros y otros clérigos. También se inició otra campaña a fin de desacreditar la clase media y la clase alta de la isla en un esfuerzo por prender la llama de una lucha de clases.

La adoración de gran parte de la población y la fuerza que su personalidad magnética ejercía sobre un amplio segmento de aquella le dieron a Castro el respaldo necesario para llevar a cabo sus programas. (Si sus simpatizantes constituyeron en algún momento una mayoría electoral no se sabrá jamás, ya que su mando nunca ha sido validado por medio de una elección democrática). Aparte de su círculo interno y de sus marionetas burocráticas, los combatientes de primera línea de Castro incluían los Comités de Defensa de la Revolución (un sistema de vigilantes a nivel de barrio), la milicia armada, el G-2 (la policía secreta), las turbas revolucionarias y el Ejército Rebelde.

Un número de grupos organizados surgió a fin de oponerse al intento del régimen de convertir a Cuba en una nación comunista. Entre sus filas se contaban individuos que, o bien habían sido parte de la revolución o, como casi todo el país, habían simpatizado con los objetivos inicialmente establecidos por la revolución. Muchos habían participado en la lucha contra Batista y se habían organizado en contra de Castro horrorizados ante lo que veían como una traición a la revolución. Día a día crecía el número de estos grupos, así como su diversidad, que iba desde pequeñas y grandes agrupaciones de base universitaria y grupos ligados a los viejos partidos democráticos, hasta asociaciones que contaban entre sus miembros a ex simpatizantes de Castro, y muchas otras. También se activaron en contra de Castro grupos de orientación católica que al principio lo apoyaban fuertemente. Posiblemente la amenaza más fuerte en contra de Castro en este período la constituyó la guerrilla en su contra que había comenzado en la sierra del Escambray.

El gobierno de los Estados Unidos también ya veía a Castro cautelosamente. Al principio había apoyado la revolución al cortarle la ayuda militar a Batista en 1958 y con el pronto reconocimiento del nuevo gobierno. Sin embargo, no tardó en darse cuenta de que Castro no era amigo de los Estados Unidos, primero por su retórica hostil y luego por la incautación de propiedades norteamericanas en la isla. Además, resultaba no sólo totalmente inaceptable que Castro estableciera una base soviética a apenas 90 millas de los Estados Unidos, sino que esto también constituía una amenaza legítima a la seguridad nacional. A medida que Castro fortalecía su dominio sobre Cuba, también resultaba obvio ver que estaba resuelto a que los Estados Unidos quedara como el villano de la obra. Esto no sólo ayudaría a Castro a congraciarse con la Unión Soviética, sino que una amenaza de los Estados Unidos a la revolución justificaría su ataque a la oposición interna, al igual que sus otras medidas sociales represivas.[3] Las sospechosas incursiones de bombardeo aéreo desde la Florida, sin duda por parte de sus oponentes y probablemente respaldadas por la CIA, no hacían más que atizar el fuego en esta guerra propagandística. Es más, dichas incursiones fueron tan efectivas en fortalecer el ánimo de sus seguidores y en presentar a los Estados Unidos como el mismo demonio, que parece ser que el propio régimen organizó algunos de estos vuelos.[4]

No obstante, los Estados Unidos buscó un acercamiento con Castro en enero de 1960, fungiendo como intermediario en este intento el embajador de Argentina.[5] A la par que esto sucedía, la Casa Blanca autorizó a la CIA para que preparara un plan de contingencia encaminado a salir de Castro. A pesar de que el primer intento fracasó, se repitió la idea de un acercamiento con Castro en marzo a través del último ministro liberal en el gabinete de Castro, el ministro de Economía Rufo López Fresquet. Castro rechazó esta nueva oferta y López Fresquet presentó su renuncia.[6] Ese mismo día, el presidente Eisenhower aprobó el plan de la CIA. No obstante, aún en busca de una solución que no fuera la vía militar, el presidente suspendió la cuota azucarera cubana en un intento de presionar a Castro. Esto ha sido interpretado a menudo como uno de los eventos clave en llevar a Castro de lleno al campo soviético. Sin embargo, la suerte estaba echada: la intención de Castro de convertir a Cuba en un estado comunista alineado a la Unión Soviética estaba bien clara en sus acciones para muchos en Cuba y en los Estados Unidos mucho antes de que se considerara la suspensión de la cuota azucarera. El historiador Arthur Schlesinger, quien fuera asesor de Kennedy, no comparte la teoría de que de alguna u otra forma, los Estados Unidos hubiera empujado a Castro a los brazos de Moscú: «No fue sino hasta julio de 1960, mucho después de que Castro había efectuado la comunización sustancial del gobierno, el ejército y el movimiento laboral, y negociado acuerdos económicos con Rusia y China, que los Estados Unidos tomó públicamente represalias de un mayor grado. La suspensión del saldo de la cuota azucarera cubana de 1960 (la misma cuota azucarera que el Che Guevara había atacado en marzo, tachándola como "esclavitud económica") fue la conclusión y no la causa de la hostilidad de Castro».[7] En enero de 1961 los Estados Unidos rompieron relaciones diplomáticas con Cuba.

En Cuba, la vida se había hecho imposible para los oponentes de Castro. El solo hecho de organizar una agrupación política disidente era ilegal y contaba con el peligro de encarar una condena carcelaria o hasta el fusilamiento en caso de ser descubierto. Ya que no existían válvulas de escape, tanto legales como constitucionales, cualquier grupo que se enfrentara a Castro tenía que hacerlo en forma clandestina y corriendo un grave peligro. A medida que el régimen incrementaba su control sobre la población y que mejoraba la eficacia de sus esfuerzos de contra-espionaje, disminuía la posibilidad de la existencia de tales grupos. Por ende, muchos oponentes de Castro salieron del país a fin de continuar la lucha desde el exterior. La mayoría fue a la vecina ciudad de Miami, Florida.

También en esos momentos, grandes contingentes de refugiados cubanos comenzaron a llegar a Miami. A diferencia de la pequeña oleada a principios de 1959, este nuevo grupo no huía debido a la caída de Batista, sino a causa del establecimiento de un régimen marxista. La composición de la comunidad exiliada cubana sufrió un cambio radical: consistía ahora en su mayoría de personas sin vínculos al antiguo dicta-dor. La proporción abrumadora provenía de las clases cubanas educadas de nivel medio y alto. Entre los dirigentes políticos exiliados que llegaron a Miami a fines de 1959 y principios de 1960 había hombres que habían sido oponentes de Batista y que, después de que los motivos de Fidel Castro quedaron claros, fueron sus oponentes también. Muchos eran conocidos estadistas que habían dejado en Cuba organizaciones que secretamente conspiraban en contra del gobierno. En 1960 el gobierno de los Estados Unidos se alió a una coalición de esos dirigentes para que fuera después constituida como el gobierno provisional de Cuba una vez que desembarcara en la isla y se le diera el reconocimiento de los Esta-dos Unidos.

También se configuró un ejército de los exiliados, en su mayoría compuesto de jóvenes idealistas de la comunidad exiliada. El objetivo de dicho contingente era el de capturar y mantener una cabeza de playa desde donde el gobierno provisional pudiera ejecutar sus funciones. La meta era la caída de Castro y el restablecimiento de la Constitución popular, progresiva y democrática de 1940. Este ejército exiliado se reclutó en su mayoría en Miami, se entrenó en América Central y desem-barcó el 17 de abril de 1961 en la zona de la Bahía de Cochinos, en la costa meridional de la isla. Este pequeño contingente que adoptara el nombre de la Brigada de Asalto 2506 era un grupo de gran diversidad que abarcaba todos los sectores de la sociedad cubana. Estudiantes, obreros, ex fidelistas, ex militares, profesionales, ricos, pobres y la clase media cubana, todos unidos con el firme propósito de erradicar el dominio comunista en Cuba. A causa de decisiones que fueran tomadas en Washington poco antes de la propia invasión, la Brigada fue derrotada, capturada y encarcelada por las fuerzas de Castro.

No obstante, esta invasión fue un elemento clave en la historia de Cuba y su pueblo, ya que ayudó a Fidel Castro a consolidar su poder y marcó el verdadero inicio del dominio comunista en la isla. Además, como resultado del fracaso de la invasión, los Estados Unidos no sólo tuvo que encarar la existencia de una base soviética en el Caribe, sino también el flujo constante de refugiados cubanos durante más de cuatro décadas que llegan a sus costas en busca de libertad. Entre la comunidad exiliada cubana de aproximadamente dos millones de personas, el pequeño grupo de hombres de la Brigada 2506 —si bien descartados por la mayoría de los estadounidenses— siempre ha gozado del más alto nivel de honor y respeto.

UN LLAMADO A LAS ARMAS

■ ■ ■

Ahora me tocaba a mí hacer algo por Cuba.
Probablemente lo más puro que he hecho en mi vida
fue la decisión de unirme a la invasión.

Rafael Montalvo, Segundo Batallón

L a decisión inicial de conformar un plan de contingencia contra Castro se hizo en enero de 1960 durante una reunión entre el director de la CIA, Allen Dulles y el presidente Dwight Eisenhower. Este, después de que Dulles le delineara un plan para sabotear las refinerías azucareras en Cuba, le pidió al director que ampliara dicho plan. Claramente era el momento de ir más allá de un simple hostigamiento a Castro.[1] Por ende, la CIA estableció un grupo especial de trabajo, el WH/4 (Rama 4 del Hemisferio Occidental) a fin de conformar ese «programa». Se nombró a Jack Esterline, jefe de la CIA en Venezuela, para estar al mando de dicho equipo. Mientras tanto, la agencia había aumentado su personal en

La Habana y había abierto una sucursal en Miami.[2] La supervisión total de la operación para Cuba estaba encomendada a Richard Mervin Bissell Jr., subdirector de planes de la CIA, y la persona a quien más íntimamente se asocia con la invasión de la Bahía de Cochinos. Se trataba de un aristócrata de Connecticut y ex profesor de la Universidad de Yale, con una sólida reputación dentro de la agencia por su inteligencia y dotes de mando. Había estado a cargo de la coordinación del programa que había producido el avión espía U-2 y, dado su creciente prestigio dentro de la agencia, se le consideraba como el candidato principal para sustituir al veterano Allen Dulles.

Inmediatamente después de la directiva de Eisenhower en enero del 1960, el WH/4 preparó un ambicioso plan para derrocar a Castro; se le designó como «El Programa Secreto de Operaciones en Contra del Régimen de Castro». Este plan fue aprobado varias semanas más tarde por el Grupo Especial (un comité secreto formado por el director de la CIA, representantes de la Casa Blanca y de los Departamentos de Estado y Defensa). En líneas generales, el plan ofrecía un patrón de ejecución a seguir durante los próximos meses. Proponía la creación de un frente político unido en el exilio que sirviera como oposición visible en contra de Castro y que a la par sirviera como un organismo al cual los cubanos descontentos en la isla pudieran ser leales,[3] el establecimiento de una radiodifusora para una ofensiva de propaganda a gran escala, la creación de «una organización secreta de inteligencia y operación en Cuba»,[4] y la organización de un contingente paramilitar fuera de Cuba. El plan también establecía «una pequeña capacidad aérea de suministro en condiciones de máximo secreto».[5] Además, los Estados Unidos esperaban presionar a Castro por medio de sanciones económicas impuestas por la Organización de Estados Americanos.[6]

El 17 de marzo, el mismo día en que Castro rechazó el intento de acercamiento a través del ministro de Economía, Rufo López Fresquet, el presidente Eisenhower dio su aprobación al programa del WH/4, conocido ahora por su nombre en clave: Operación Pluto. En dicha reunión, a la cual asistieron altos funcionarios de su administración, el presidente, según cuenta Bissell, manifestó su acostumbrado requisito de «negación admisible».[7] También insistió Eisenhower que en esta futura asociación en la que iba a entrar el gobierno de los Estados Unidos con los cubanos, se excluyera tanto a batistianos (partidarios del derrocado dictador Fulgencio Batista), como a comunistas. A finales del verano, el presidente Eisenhower aprobó el presupuesto del plan por un monto de 13 millones de dólares y el uso de efectivos y equipo del Departamento de Defensa para la gestión militar secreta.[8]

A fin de llevar a cabo la ofensiva de propaganda, la CIA llevó a varios cubanos exiliados para transmitir a través de Radio Swan, una potente estación radiodifusora en la Isla de Swan, en la costa de Honduras, anteriormente usada por la propia CIA.[9] El momento para iniciar estas transmisiones fue muy oportuno, ya que el régimen castrista había cerrado casi todos los medios de expresión libre en Cuba.

Más problemático aun para los Estados Unidos era la creación de un frente unido entre los exiliados cubanos, perspicaces en política, pero frecuentemente divididos entre sí. En junio de 1960 se creó el Frente Revolucionario Democrático (FRD) compuesto por varios dirigentes de grupos democráticos de Miami que no tenían filiación «batistiana». Entre los primeros miembros del Frente estaba Manuel Antonio «Tony» de Varona, ex primer ministro, presidente del Senado y dirigente del grupo clandestino Rescate. Varona había participado activamente en contra de Batista, fue dirigente del Partido Auténtico y uno de los primeros en criticar el incumplimiento por parte de Castro de celebrar elecciones, tal y como este lo había prometido.[10] Justo Carrillo y Manuel Artime, ambos miembros del Frente, habían pertenecido al gobierno de Castro, pero se alejaron de éste por el giro que su dirigente había dado hacia el comunismo. Por su parte, Artime se había convertido en el jefe de la sección del exilio del Movimiento de Recuperación Revolucionaria, el MRR, el movimiento clandestino de mayor importancia en la isla. Después fue el representante del Frente con la mano militar de la operación y el elemento de enlace principal de la CIA con los exiliados cubanos.[11] El resto del grupo original lo componían Aureliano Sánchez Arango, ex ministro de Relaciones Exteriores y de Educación, y José Ignacio Rasco, el dirigente del Movimiento Democratacristiano. El Coronel Martín Elena, un alto oficial del Ejército de Cuba de gran popularidad entre los políticos democráticos por el hecho de haber renunciado a su cargo como protesta al golpe de estado de Batista, fue inicialmente el encargado de los asuntos militares del Frente. No obstante, renunció a este cargo en febrero de 1961 a causa de las tensiones resultantes por el alto nivel de control de la operación por parte de los estadounidenses. Sánchez Arango también renunció más tarde. A su debido tiempo, se incorporaron otros nuevos miembros a las filas del Frente.

Unos meses más tarde, Manuel Ray, ex simpatizante de Castro y ahora líder de una formidable organización clandestina, el Movimiento Revolucionario del Pueblo, o MRP, también se incorporó al grupo después de bastantes disputas con otros dirigentes políticos de Miami, quienes rápidamente lo tildaron de comunista.[12] También se incluyó a José Miró Cardona, un conocido abogado de tendencia liberal que había sido primer ministro de Castro en 1959. Unas semanas antes de la invasión del 17 de abril, se eligió a Miró Cardona como presidente provisional de Cuba. Justo en ese momento, el grupo cambió de nombre, adoptando el de Consejo Revolucionario Cubano; según el plan original, éste funcionaría como el gobierno provisional de Cuba al derrocamiento de Castro.[13] Justamente a pocas semanas de la invasión, se sacó a este grupo del ambiente frenético de Miami para llevarlo al Hotel Lexington en Nueva York.[14]

Los estadounidenses descubrieron que sus socios cubanos constituían un grupo fragmentado y litigioso, aunque hay quienes estiman que esto haya sido a causa de los esfuerzos deliberados de los EE.UU. para mantenerlos divididos y así más fáciles de controlar. Asimismo, los miembros del Frente estaban frustrados por el control excesivo de los EE.UU. en esta operación cuyo cometido era la liberación de su patria. Algunos de ellos resentían el hecho de que su relación con los EE.UU. tenía que mantenerse en la clandestinidad y que tenían que trabajar a través de un agente llamado Gerry Doller (cuyo nombre de combate era Frank Bender) que no hablaba español ni sabía nada acerca de América Latina. La CIA después sustituyó a éste por Howard Hunt (cuyo nombre de combate era Eduardo), que hablaba el español perfectamente y estaba más dispuesto a ayudar a los cubanos.[15] Otra fuente de tensión era que la CIA manejaba todas las finanzas de la operación; los miembros del Frente hubieran preferido un préstamo de guerra y una alianza formal.[16] No obstante, el Frente, compuesto por individuos bien conocidos no sólo en la isla y el exilio, sino en toda América Latina, mantenía su propia red de inteligencia. Todos ostentaban credenciales democráticas impecables y promovían la democracia en Cuba en todas las tribunas y conferencias internacionales que se llevaban a cabo y a las que asistían. La dependencia del Frente en el gobierno de los EE.UU. no debe interpretarse erróneamente como una falta de voluntad o sentido de independencia por parte de sus miembros, sino simplemente como una desafortunada realidad que tenían que tolerar a corto plazo.

Una de las funciones más importantes del Frente era la de reclutar hombres para el ejército y la fuerza aérea de los exiliados. Entre los primeros reclutas para el ejército anticastrista de la CIA estaban los ex militares cubanos sin conexiones políticas con Batista. Un grupo de oficiales jóvenes con quienes Manuel Artime estableció contacto se había estado entrenando militarmente en la Florida y planeaba una expedición por cuenta propia en la primavera de 1960.[17] Al principio, algunos sospechaban de Artime, dados sus lazos anteriores con el Ejército Rebelde. Sus sospechas también se fundaban en parte debidas a un suceso anterior en el cual unos conspiradores en contra de Castro se habían acercado a dos comandantes del ejército, Eloy Gutiérrez Menoyo y el norteamericano William Morgan, a fin de contar con su apoyo en una conspiración en contra del régimen. Dicha conspiración fue traicionada y los contrarrevolucionarios entregados a Castro. A pesar del escepticismo inicial, los oficiales siguieron a Artime después de confirmar que sus aseveraciones eran ciertas. Los jóvenes soldados creían que cualquier cosa que contara con el respaldo del gobierno de los EE.UU. tenía la seguridad de triunfar.[18]

A estos oficiales se les llevó a la isla Useppa, en la costa oeste de la Florida. Allí conocieron a otros de los primeros voluntarios, muchos de los cuales eran miembros de la Agrupación Católica Universitaria, una organización estudiantil universitaria católica que se había opuesto a Batista, y que ahora luchaba activamente en Cuba en contra de Castro. Artime, que era un católico ferviente, estaba íntimamente asociado con la Agrupación. Otros de los primeros reclutas provenían de diferentes organizaciones estudiantiles, así como de los diversos grupos anticastristas de la Florida. Todos estos grupos de hombres formaron la piedra angular del ejército exiliado que luego invadiría a Cuba como la Brigada 2506.

La tensión entre soldados y estudiantes alcanzó un alto nivel en Useppa, ya que estos prontamente tildaron a aquellos de batistianos. Este resentimiento, vestigio de la época batistiana, habría de continuar después en los campos de entrenamiento. Después de exámenes extensivos, parte del grupo de Useppa fue a una base de entrenamiento en la zona del Canal de Panamá a fin de recibir adiestramiento en la guerra de guerrillas y formación como el núcleo de la jefatura del ejército de liberación. El resto permaneció en Useppa para un curso de comunicaciones de radio.[19] Tal y como estaba concebido el plan en aquellos momentos, se necesitaba entrenar un pequeño grupo guerrillero en las tácticas más avanzadas de sabotaje, comunicaciones e infiltración. Este grupo a su vez daría dicho entrenamiento a otros y así eventualmente se iniciaría la guerra de guerrillas en Cuba. A la par, también se reclutaron pilotos civiles y militares para la fuerza aérea exiliada.

La CIA también se ocupó de establecer lazos con diferentes grupos democráticos en la clandestinidad en Cuba. El más importante era el MRR de Artime.[20] En sus inicios estaba compuesto por ex oficiales del Ejército Rebelde, pero ya había crecido y establecido nexos importantes con otros grupos de la resistencia por toda Cuba. En la primavera de 1960 constituía la oposición mejor organizada en contra de Castro. En Cuba propiamente, el MRR estaba bajo la dirección de Rogelio González Corzo, cuyo nombre de combate era Francisco, de veintisiete años de edad, quien había sido director de Agricultura en 1959. Durante mucho tiempo, esta organización fue «la esperanza principal» de la CIA.[21] Durante este período, los exiliados cubanos llevaban a cabo un activo contrabando de armas a sus compañeros en la isla mediante arriesgadas operaciones marítimas.[22]

Mientras tanto la CIA dada la oposición del Departamento de Estado a que se utilizara el territorio de los EE.UU. para el entrenamiento de los cubanos, tenía a su disposición para estos fines una plantación cafetalera en las montañas cercanas a la costa del Pacífico, en Guatemala. La plantación se llamaba Helvetia y pertenecía a Roberto

Alejos, el hermano del embajador de Guatemala en los Estados Unidos. Allí, en el verano de 1960 comenzaron a llegar los combatientes para la liberación de Cuba. Poco después, se procuró un plan de expansión para un campamento mayor cerca de Helvetia denominado Base Trax. También para ese momento se estaba terminando en la vecina Retalhuleu el aeropuerto destinado a entrenar a los pilotos cubanos exiliados.[23] El primer comandante cubano en Trax fue un joven oficial de nombre Oscar Alfonso Carol.

A medida que transcurría el otoño de 1960, las tensiones entre Washington y La Habana iban en aumento. La prensa daba noticias de bases «secretas» de entrenamiento en América Central. Mientras que la delegación cubana ante las Naciones Unidas atacaba a los Estados Unidos por conspirar en contra del gobierno de la isla, los pilotos exiliados entrenados por la CIA volaban misiones sobre Cuba en intentos casi siempre fallidos de abastecer a los guerrilleros en la sierra del Escambray. La campaña presidencial en los EE.UU. también estaba en pleno apogeo. Los contrincantes eran el vicepresidente Richard M. Nixon, por el Partido Republicano y el senador John F. Kennedy por el Partido Demócrata. Kennedy hizo suyo el tema de Cuba en un esfuerzo por disipar la idea de su pusilanimidad ante el comunismo. En una acusación a Eisenhower, y por ende a Nixon, de no prestar atención a la amenaza de Castro, la campaña de Kennedy dio a la prensa la siguiente declaración: «Tenemos que tratar de fortalecer a aquellas fuerzas democráticas anticastristas exiliadas que no sean batistianas, al igual que en la propia Cuba, que ofrezcan la eventual esperanza de derrocar a Castro (...) Hasta ahora, estos combatientes por la libertad no han tenido virtualmente el apoyo de nuestro gobierno».[24] Bien poco se imaginaba la gente de Kennedy lo involucrado que estaba el gobierno, incluso su contrincante, en ayudar a estos «combatientes por la libertad». Durante un discurso en Tennessee, Kennedy afirmó lo siguiente: «Aquellos que proclaman que encararán a Khrushchev ni siquiera han demostrado su habilidad en encarar al Sr. Castro».[25] Como parte de la estrategia para proteger la operación, Nixon tildó la actitud de Kennedy como una imprudencia y públicamente abogó por una «cuarentena» de la isla.

Justo antes de las elecciones presidenciales, el plan militar de la

Operación Pluto experimentó un cambio fundamental. La CIA cambió de la idea de un proceso de infiltración de guerrillas a una de un asalto anfibio a gran escala. El objetivo inmediato era el de tomar una cabeza de playa en la isla para de ahí llevar a cabo otras operaciones. Entre las razones que motivaron dicho cambio figuraban las dificultades surgidas con la infiltración y el abastecimiento de las guerrillas, la captura y fusilamiento de miembros clave de la clandestinidad y los obstáculos inherentes en tratar de mantener una red clandestina debido al control progresivo del régimen de Castro, sobre la población civil a base de delatores y grupos de vigilancia de cuadra en cuadra. No obstante, la razón más importante era la necesidad de un golpe inmediato y devastador contra el régimen de Castro a fin de contrarrestar la cantidad de armamento que dicho régimen estaba recibiendo de los países del bloque comunista. Se esperaba que el régimen recibiera Migs soviéticos en pocos meses.[26]

El reclutamiento para el ejército exiliado quedó interrumpido temporalmente en noviembre de 1960. Una revuelta del ejército guatemalteco quedó aplastada en parte mediante las ametralladoras de los aviones de la Brigada. Esto hizo que la CIA tomara en consideración otros sitios para llevar a cabo el entrenamiento.[27] Finalmente, se decidió que se quedaran en Guatemala. En diciembre, un grupo de dirigentes de la Brigada visitó Miami a fin de impulsar el reclutamiento y eliminar las demoras que los reclutas experimentaban. Además, para un ataque frontal era necesario contar con más hombres.[28]

Al sentar la estructura básica de la operación, comenzaban a llegar más hombres cubanos a Miami con la determinación de unirse al esfuerzo en contra de Castro. Muchos de ellos habían apoyado la salida de Batista, pero sentían que la revolución había sido traicionada por el establecimiento de otra dictadura por parte de Castro: esta aun más opresiva y con una orientación totalitaria comunista. Basados en un deseo del deber de evitar una toma comunista y llevados tan sólo por su patriotismo y celo religioso, muchos decidieron pelear y salieron en busca de organizaciones tales como el MRR, los democratacristianos, la Organización Auténtica (OA), Rescate, y numerosos otros grupos de diferentes configuraciones y tamaño. Muchos fueron alentados por las organizaciones a incorporarse a los «campamentos» (nadie en esos momentos se refería a la Brigada) donde se entrenaba el ejército de liberación, el brazo armado del Frente. Muchos otros, tal vez la mayoría, se alistaron como resultado del reclutamiento del Frente, o a instancias de sus amigos. El hecho de que el Frente estaba compuesto por hombres de incuestionable trayectoria democrática y no de batistianos constituía un aliciente y consuelo para muchos, especialmente para los estudiantes llenos de idealismo. También la seguridad absoluta de que tenían el respaldo de los EE.UU. fue un factor clave en disipar las dudas por parte de los reclutas, ya que los Estados Unidos nunca habían perdido una guerra. Con la Segunda Guerra Mundial aún fresca en la memoria, se percibía a los Estados Unidos como un aliado leal y fuerte. Muchos ya habían llegado a la conclusión de que un ataque militar directo era la única forma de derrocar a Castro, ya que no existían medios legales de oposición en la isla. Además, la necesidad de una acción militar se hacía cada día mayor al ver como Castro afianzaba su control del poder y protegía su dictadura con ayuda militar de los países del bloque comunista.

El proceso de reclutamiento para muchos reclutas comenzaba con una visita a las oficinas del Frente, donde se les inscribía y se daba curso a su ingreso. Después se les sometía a exámenes físicos y psicológicos. El día señalado para su partida, muchos llegaban acompañados de sus familiares o amigos; otros llegaban solos. Luego de despedirse, quedaban inscritos, se les daba algún equipo y se les llevaba al aeropuerto de Opa-locka cerca de Miami. Iban en camiones con las ventanillas selladas a fin de que no supieran su destino. Los aviones en los que viajaban también llevaban las ventanillas cubiertas por la misma razón. La mayoría aceptaba todo esto de buena gana, ya que parecía que los estadounidenses sabían lo que estaban haciendo. En algún momento de este proceso, cada hombre recibía su número de la Brigada. Los números comenzaban con el 2501 con el fin de despistar a cualquier posible delator de Castro y dar la impresión de que el grupo era mucho mayor de lo que en realidad era. La numeración de los miembros de la fuerza aérea de la Brigada comenzaba en forma regresiva desde el número 2500.

El ejército exiliado eventualmente eligió el nombre de la Brigada 2506 en honor a un joven, Carlos Rodríguez Santana, apodado Carlyle, quien muriera en un accidente a principios del entrenamiento y cuyo número era el 2506. Más o menos los 1.700 hombres que pasaron por las oficinas del Frente y se incorporaron a la Brigada representaban una amplia muestra de la sociedad de Cuba. Los estudiantes universitarios constituían el grupo mayoritario con 240 hombres. Sólo 135 del total de la Brigada habían sido soldados antes de alistarse y muy pocos habían sido verdaderos batistianos antes de la revolución. Aunque había trabajadores industriales, pescadores y pequeños campesinos, la Brigada contaba con una abrumadora mayoría de hombres educados de la clase media, e incluso algunos de la clase alta.[29] Estaban los hijos de los miembros del Frente como José Miró Cardona, Tony Varona y Antonio Maceo (el médico destinado a dirigir el ministerio de Salud después de la invasión, y nieto del gran líder afrocubano de la Guerra de Independencia del mismo nombre).[30] Había cuatro sacerdotes católicos, un ministro protestante, numerosos profesionales y el ex embajador de Cuba ante el Japón. Cincuenta de los miembros de la Brigada eran afrocubanos y muchos más eran mulatos, aunque la mayoría era blanca. Las edades oscilaban entre los 16 y 61 años, pero la mayoría caía entre la veintena y la treintena. Un gran número tenía hijos, e incluso había hermanos y algunos casos de padres e hijos como combatientes.[31]

Siguiendo las características de tanto la clase media como la alta de la isla, muchos de los miembros de la Brigada sentían un especial apego a los Estados Unidos. Era común que muchos hubieran asistido a escuelas estadounidenses —católicas o no— en Cuba o en los Estados Unidos, o que hubieran estudiado al nivel universitario en los Estados Unidos. Muchos hablaban inglés además del español, su lengua natal. Sin embargo, muchos de ellos, especialmente los estudiantes, estaban disgustados ante el hecho de que los Estados Unidos ejercía el control absoluto de la operación, dejando a un lado la autoridad del Frente, organismo que consideraban como el líder de la operación militar y representativo de los ideales democráticos. No obstante, a pesar de las tensiones existentes, el aceptar la ayuda de los estadounidenses para derrocar al gobierno de La Habana no entraba en conflicto con el alto sentido de independencia cubana y nacionalismo de los miembros de la Brigada.

Tanto ellos como los otros exiliados veían que esta guerra se llevaba a cabo en contra de un régimen títere del comunismo internacional que había manipulado el cataclismo político en su patria a fin de establecer una base en las Américas. A pesar del disgusto esporádico que les ocasionaba el control estadounidense de la operación, así como lo secreto de la misma, se veían a sí mismos como aliados de la mayor potencia democrática del mundo, enfrascados en la contienda más importante de sus días.

Los hombres de la Brigada, descartando cualquier tensión política, abrazaron su causa con gran fervor y sentido de orgullo y ostentación. Resultaba tan significativo como poco común que el soldado simple poseyera una marcada astucia política y que muchos de estos hombres tuvieran altos niveles de educación, muy a menudo superior al de los estadounidenses que los adiestraban. Todos eran voluntarios y muy conscientes de la causa por la que arriesgaban sus vidas. El amor a Cuba y su hondo patriotismo, al igual que sus principios democráticos eran su motivación principal. Más aún, la ideología anticastrista y anticomunista de esos momentos estaba imbuida de un profundo componente religioso. Tanto la Brigada como otros elementos anticastristas en Cuba y en el exilio contaban entre sus filas a protestantes y judíos (muchos de estos muy prominentes), pero en su inmensa mayoría eran católicos. Muchos de los primeros miembros de la Brigada estaban asociados con movimientos activistas católicos, especialmente con organizaciones como la Agrupación Católica Universitaria. Tanto la retórica como las actividades anticatólicas del régimen, así como el prospecto de una sociedad totalitaria comunista caracterizada por un ateísmo por mandato estatal, eran acicate suficiente para llevar a ellos, o a cualquier liberal que valorara la libertad de creencia, a hacer algo al respecto.

El prestigio místico de la Iglesia católica y su franca oposición al comunismo envalentonaba aun a aquellos combatientes anticastristas y miembros de la Brigada que sólo eran nominalmente católicos antes de la revolución. Entre los sentenciados a morir por fusilamiento en lo que los cubanos llamaban el paredón, era costumbre gritar a toda voz «¡Viva Cristo Rey!» justo antes de morir acribillados por las balas del pelotón de fusilamiento. Esta frase quedó grabada como representante de la causa anticastrista en los años venideros. En su preámbulo al «Ideario: puntos básicos» del MRR, Artime escribió que el propósito de la organización era «no sólo el de derrocar a Fidel Castro, sino el de luchar permanentemente por una ideología de Cristo y por la realidad de liberar a nuestra nación traidoramente vendida al Comunista Internacional (una organización política)».[32] El emblema de la Brigada ostentaba la bandera cubana, así como la cruz cristiana con el número 2506.

Dado el hecho de que tenían este hondo sentido de propósito, es fácil comprender la razón por la cual los miembros de la Brigada cubana resentían la idea de que eran sólo «instrumentos» del gobierno de los EE.UU. Aun hoy en día se mantienen firmes en su posición de que su guerra fue para Cuba y perciben su participación desde el punto de vista y contexto de la historia y la política de Cuba. En 1996 un veterano sintetizó su postura al expresar: «Creo que el sentimiento que predominaba en la Brigada era que nosotros estábamos utilizando a la CIA, no que la CIA nos utilizaba a nosotros; nosotros teníamos un propósito, y ese propósito era el de volver a Cuba para tratar de cambiar nuestra patria y lograr un movimiento democrático».[33]

El primer capítulo sigue las experiencias de los veteranos de la Brigada desde antes de la revolución hasta su partida hacia los campos de entrenamiento en Guatemala. Se incluyen sus sentimientos sobre la revolución al comienzo de la misma, su entrada —filosófica o de otra índole— al campo de la oposición a Castro, su llegada a Miami, alistamiento en la Brigada y partida hacia las bases «secretas» de entrenamiento. A fin de mostrar una amplia gama de la composición de la Brigada, he seleccionado las historias de los hombres de cuatro grandes categorías: tres estudiantes universitarios, dos jóvenes oficiales militares, y seis hombres, ciudadanos promedio, cuando sucedió la revolución. La mayoría compartió la euforia general a la caída de Batista y las promesas democráticas de la revolución. Al igual que otros cubanos, se sintieron horrorizados al darse cuenta de que su país entraba al bloque soviético. Salieron al exilio y respondieron al llamado a las armas al alistarse en la Brigada.

Los estudiantes

Jorge Silveira, Tercer Batallón

▪▪▪

Jorge Silveira, Tercer Batallón, en su oficina, Miami, 1999. Foto del autor.

Jorge Silveira nació en La Habana en 1938. Su padre, Silvio Silveira Cartañá, era un abogado e importante funcionario judicial. Jorge se graduó del colegio privado Añorga en La Habana y cursaba estudios en la Facultad de Derecho de la Universidad Católica de Villanueva en La Habana a la llegada de Castro al poder. Silveira estaba asignado al Tercer Batallón de la Brigada como operador de radio y estuvo en combate en el frente de San Blas; después de su captura estuvo preso con casi toda la Brigada hasta diciembre de 1962. Después se graduó de la Universidad de la Florida. Pasó varios años en el sector privado y es en la actualidad el gerente de Compras para el Condado Miami-Dade en Miami, Florida.

Como la mayoría de los estudiantes en aquel momento, yo estaba en contra del gobierno de Batista y me había afiliado al movimiento antibatistiano en la universidad llamado Salvar a Cuba, SAC. Cuando Castro llegó al poder tuve la mala suerte de tener que lidiar con su Ley Once, que amenazaba todo el sistema de educación privada y religiosa en Cuba. (Esta ley declaraba nulos todos los estudios universitarios que se hubieran terminado en otra institución mientras que la Universidad de La Habana permaneció cerrada durante la lucha en contra de Batista, ya que se interpretaba como antipatriótico el hecho de haber completado cualquier tipo de curso universitario durante dicha lucha). Fui parte de una comisión de cinco estudiantes y un profesor recibidos en audiencia privada por el nuevo ministro de Educación, Armando Hart. Esto fue muy al comienzo de la revolución, tal vez durante los tres primeros meses después de la llegada de Castro al poder. Queríamos que se eliminaran estas sanciones, especialmente a la Universidad de Villanueva, cuyos estudiantes eran en su mayor parte adinerados que habían recaudado fondos para Castro y habían cooperado con la revolución. Es más, había una carta del propio Fidel Castro dirigida a uno de los altos miembros del clero en la que decía que la Universidad de Villanueva, a diferencia de la Universidad de La Habana, debía permanecer abierta, ya que era una importante fuente de ingresos para ellos.

Durante la reunión, Armando Hart y Fidel Castro nos dijeron que no nos preocupáramos, ya que como habíamos participado en actividades revolucionarias, nuestros estudios quedarían aceptados por la Universidad de La Habana. Nos explicaron que el plan general era el de poner fin a la educación privada y religiosa en Cuba. Comencé a conspirar en contra de Fidel Castro esa misma noche después de salir de la reunión.

De hecho, SAC quedó reactivado para luchar contra Castro. Sin embargo, algunos de los miembros originales se quedaron con el gobierno. Viendo lo fácil que se penetraban los grupos anticastristas, mantuvimos bajo el número de partidarios del grupo. Finalmente, algunos tuvieron que irse de Cuba y otros fueron a la cárcel.

Cuando Mikoyan visitó Cuba, tomamos parte en una protesta en su contra en el Parque Central de La Habana. La policía sofocó la manifestación y arrestaron a algunos de los manifestantes, entre ellos al presidente de los estudiantes de la Facultad de Derecho. Yo era el vicepresidente de dicha organización y por tanto quedé como presidente interino de la misma. Claro está que por desempeñar esta posición en una universidad católica también se me persiguió. Un día el G-2 fue a buscarme a la casa. Por suerte, la farmacéutica de la farmacia cercana era amiga de mi madre y la llamó para avisarle. Me escondí y finalmente salí de Cuba el 8 de septiembre de 1960.

En Miami traté de entrar en las unidades de los hombres rana, pero nunca pude lograrlo. Sólo nos quedaba la posibilidad de regresar a Cuba o de irme a los campamentos de entrenamiento. No estaba en Miami para esconderme, o estar en el exilio; había venido para pelear en contra de Castro. Por lo tanto, la única opción viable era la de irme a los campamentos de entrenamiento. Mario Martínez–Malo, quien estaba en SAC, ya se había ido para los campamentos antes que yo y habíamos quedado en que nos informaría por carta en clave, si debiéramos ir o no. En su carta nos decía que los campamentos eran formidables, lo que en realidad quería decir que las cosas no andaban bien. Yo decidí ir de todas maneras. Pensé que si las cosas en verdad estaban tan malas, era mucho mayor aún la obligación que tenía de ir. Salí para los campamentos en Guatemala a principios de febrero de 1961.

Mario A. Martínez-Malo, Segundo Batallón

Mario A. Martinez–Malo, Segundo Batallón, en Coral Gables, 1999. Fotografía del autor.

Nació en La Habana en 1938 y se graduó del Colegio de Belén de los Jesuitas, uno de los mejores colegios para varones en Cuba, y alma mater del propio Fidel Castro. Hijo de abogado, asistió a la Facultad de Derecho de la Universidad de La Habana. Se incorporó al Segundo Batallón de la Brigada y formó parte del grupo de observación avanzado; lo capturaron y estuvo preso hasta diciembre de 1962. Después se graduó de la Universidad de la Florida, donde recibió una Maestría (M.A.) en Economía y Finanzas. En la actualidad es el propietario de una agencia de seguros en Miami.

Fui el fundador de un grupo llamado SAC, que operaba principalmente desde la Facultad de Derecho de la Universidad de La Habana. Estábamos en contra de Batista, pero nunca a favor de Castro. Cuando Fidel Castro llegó a La Habana el 8 de enero de 1959 y habló por televisión, mi padre me preguntó: «¿Qué crees de esto?». Le respondí: «No me gusta. Creo que ese tipo va a ser muy peligroso». Mi padre, que siempre fue apolítico, me dijo: «Espero que me equivoque, pero creo que este tipo es lo peor que pudo haber llegado al poder en Cuba». Estábamos de acuerdo, y en enero de 1959, SAC se convirtió en un grupo anticastrista.

SAC llevaba a cabo fundamentalmente actividades de propaganda, pero también hicimos sabotaje en pequeña escala. No creía en el uso de la dinamita ni nada por el estilo, porque podían morir personas inocentes. A veces agrupábamos nuestros recursos con otras organizaciones políticas clandestinas, como el MRR, que era la principal y con la que estábamos conectados a través de la Universidad de La Habana. Yo sabía de los campos de entrenamiento porque me había educado en Belén. Casi todos los belemitas en la universidad estaban estrechamente asociados con la Agrupación Católica Universitaria, y de la Agrupación salieron muchos de los miembros originales de la Brigada.

A medida que se iban recrudeciendo las cosas en Cuba, se hacía más difícil organizar una lucha total en contra de Castro. La presión era terrible, así que después de una pequeña reunión, decidimos que los que estuvieran más «quemados» —los que temieran que los capturaran— vinieran a los Estados Unidos. Yo era uno de esos. Desgraciadamente, muchos de los que se quedaron en La Habana más tarde fueron al paredón, la mayoría por lo de Bahía de Cochinos.

Cuando llegué a Miami en agosto de 1960, vine con la idea de irme a los campamentos. Primero teníamos que sacar de Cuba a algunos de los nuestros, a los que les habíamos suministrado armas por medio de una pequeña aerolínea que volaba a La Habana. Yo diría que el cien por ciento de los miembros originales de SAC que vinieron a Miami fueron a los campamentos; yo fui uno de los primeros en ir. Me inscribí en la oficina del Frente que conocía bien por ser el jefe de un pequeño movimiento político. Salí para los campamentos el 6 de enero de 1961.

Juan «Johnny» Clark, paracaidista
■ ■

Hijo del administrador de una central azucarera, Juan Clark recibió el bachillerato del Colegio de La Salle, un colegio importante para varones en La Habana, a cargo de los Hermanos de las Escuelas Cristianas, en 1955. Ingresó a La Universidad de La Habana en el mismo año. De ascendencia fundamentalmente española, es también el bisnieto

Juan Clark, paracaidista, en Miami en 1999, muestra una carta microscópica que logró pasar de contrabando a su familia desde la prisión. Fotografía del autor.

de un inmigrante inglés radicado en Cuba en el siglo XIX; de ahí su apellido. Al ingresar en la Brigada le fue asignado un puesto en el Primer Batallón de Paracaidistas y estuvo al mando de una patrulla de morteros que saltó en el Frente de San Blas. Después de su captura, estuvo en prisión hasta diciembre de 1962 con el resto de la Brigada. Al obtener su libertad estuvo al frente de un proyecto de desarrollo comunitario en los barrios marginales de Venezuela. Después cursó estudios en la Universidad de la Florida, donde se doctoró en Sociología en 1975. Actualmente es profesor de Sociología en el Miami-Dade Community College, desde donde ha publicado numerosas obras sobre el tema cubanohispano, destacándose especialmente con el libro *Cuba: mito y realidad*.

Yo estaba en la secundaria cuando el orden constitucional de Cuba quedó interrumpido por Batista el 10 de marzo de 1952. Estaba en plena oposición ante ese acto arbitrario e injustificado y comencé actividades en contra de Batista como estudiante de secundaria. Una de esas actividades fue la de imprimir manuales para el uso de granadas a mano, la pistola calibre .45 y la carabina M-1. Afortunadamente, nunca llegó a cuajar, ya que de otro modo tal vez no estaría aquí hoy (se ríe).

En la Universidad, me afilié a la organización Triple A, o AAA, que dirigió Aureliano Sánchez Arango. También estaba muy metido en el movimiento Acción Católica, ya que había sido presidente de la Juventud Estudiantil Católica en Cuba cuando finalizaba la secundaria. Estuve activamente en contra de Batista, al igual que mi hermano, quien fue apresado y torturado y tuvo que salir del país.

Cuando Castro llegó al poder, nosotros, como casi todo el mundo, simpatizábamos con la revolución. Personalmente, yo nunca estuve a favor de Castro, pues tenía mis dudas sobre la persona en sí. Tenía noticias de sus actividades gangsteriles en la Universidad de La Habana años antes, y de que había asesinado a un sargento de la policía universitaria. Sin embargo, a pesar de mis fuertes dudas, admiraba hasta cierto punto lo que había hecho. No obstante, muy pronto, me di cuenta de que las cosas no iban como las habían prometido. Los juicios en contra de los pilotos militares del gobierno de Batista en marzo de 1959 me abrieron los ojos, al igual que la destitución del presidente Urrutia en julio y el episodio de Húber Matos en octubre. También Castro comenzó prácticamente a violar las promesas de la revolución, como por ejemplo su campaña de «¿Elecciones para qué?». Era obvio que definitivamente nos dirigíamos a otra dictadura, y que posiblemente se trataba de una dictadura comunista.

Comencé a compartir mis dudas con otras personas y tuve una charla con el Obispo Martín Villaverde, de Matanzas; eventualmente decidí que había que hacer algo. Algunos me habían advertido que lo que estaba pasando seguía los lineamientos que marcara Lenin en su libro *El estado y la revolución*. Ahora estábamos preocupados con la infiltración comunista, y nos dábamos cuenta que aunque Castro propiamente no fuera comunista, estaba traicionando sus propias promesas.

Comenzamos a organizarnos con estudiantes en la universidad; además yo tenía algunos contactos con el MRR y con los democratacristianos. Mis actividades me llevaron al punto en que estaba, lo que se decía «quemado». En junio de 1960 salí de Cuba con la idea de unirme a algún tipo de operación militar con mi hermano, que había salido antes, ya que era obvio que Castro no iba a permitir que se llevara a cabo ningún tipo de proceso político. Desgraciadamente, la fuerza era la única forma de salir de él. Cuando salí de Cuba, ya mi hermano había salido para los campamentos de entrenamiento.

Al principio pensé que era importante una buena propaganda fuera del territorio continental de los Estados Unidos, así que me fui por mi cuenta a Puerto Rico. Cuando me dijeron que los campamentos estaban en un proceso de desarrollo rápido, decidí incorporarme de manera oficial. Tenía amigos en las oficinas del Frente y me alisté en diciembre de 1960. Llegué a Guatemala el 8 de diciembre.

Los cadetes

Hugo Sueiro, comandante, Segundo Batallón

· ·

Es uno de los más conocidos y respetados veteranos de la Brigada 2506. Hugo Sueiro se graduó en 1956 del Instituto de Marianao, una escuela secundaria pública. Entró en la Escuela de Cadetes de Cuba y al graduarse se desempeñó como oficial en el Ejército de Cuba hasta que salió al exilio. Con el tiempo fue nombrado comandante del Segundo Batallón de la Brigada. Grayston Lynch, de la CIA, lo tildó como «el pequeño combatiente temerario». Sueiro, al salir de la prisión en Cuba ingresó en las fuerzas militares de los EE.UU.; en Vietnam recibió graves heridas.

Vine de una familia pobre y fui al Instituto de Marianao. Después asistí a la Escuela de Cadetes y al graduarme me mandaron a la Sierra a combatir las guerrillas de Castro. El 31 de diciembre de 1958 estuvimos en nuestros puestos todo el día esperaban un ataque que nunca llegó. Al día siguiente nos enteramos que Batista se había ido. Esa noticia fue algo grande para nosotros. Casi nos alegrábamos, ya que por lo menos ese interminable combate había finalmente terminado.

Nos quedamos en nuestro puesto, y decidimos que si los rebeldes venían y nos disparaban, les contestaríamos el fuego; pero que si venían pacíficamente, los dejaríamos pasar y seguir al pueblo. Estuvimos en esa posición durante varios días hasta que uno de los subalternos más importantes de Castro llegó al aeropuerto. Era un oficial rebelde que después se viró en contra de Fidel y lo fusilaron. Recibimos instrucciones de La Habana de cooperar. Lo dejamos pasar y vino Fidel. Quería que nos desarmaran.

Serví con el nuevo gobierno en el Ejército Rebelde. Todavía tengo una carta que dice que no había cometido crímenes de guerra ni nada más durante la época de Batista. El gobierno nos ofreció a un grupo de nosotros la oportunidad de dar clases, y fuimos instructores en el Campamento de Columbia durante algún tiempo. Fue en Columbia donde vimos el barbarismo y los abusos del nuevo gobierno, así como el movimiento en dirección a la tiranía. Algunos de nuestros amigos que no habían hecho nada fueron fusilados. Después comenzó el adoctrinamiento de la tropa y comenzaron a llegar dirigentes comunistas a dar clases sobre el capitalismo, etc. —en muchos casos a personas que apenas tenían una educación al nivel de cuarto grado—. Comenzamos a distanciarnos lo más posible, pero no podíamos simplemente salir y renunciar porque nos arrestarían. Nos habrían preguntado la razón por la que queríamos renunciar y si era porque estábamos en contra del sistema.

Me invitaron a unirme a la conspiración de William Morgan. Arrestaron a muchos de mis amigos, pero por un verdadero milagro a mí no me agarraron y me escondí por todas partes. Busqué asilo en la Embajada de México y llegué a México en octubre de 1959. Al recibir mi pasaporte por correo tres meses más tarde, fui a Miami.

Una de las razones que más me motivaban para ir a pelear a Cuba era la responsabilidad que sentía hacia los amigos que había dejado en la cárcel. Nuestro pequeño grupo de ex cadetes que estábamos en Miami comenzamos a ir a los Everglades a hacer prácticas de tiro y entrenamiento ligero. También fuimos a unos lagos cerca de Orlando, donde por primera vez vi las serpientes corales. En ese entonces, llegaron otros de nuestro grupo: Manolito Blanco, Oscar Carol (quien estuvo a cargo de la Brigada por un tiempo), Roberto San Román y Alejandro del Valle.

Del Valle fue a México a localizar una finca donde pudiéramos entrenarnos, imitando exactamente lo que había hecho Fidel. Con el apoyo de los cubanos acaudalados en Miami, compramos el equipo y las armas. Entonces, un día me invitaron a una reunión. En la reunión, Manuel Artime, quien había hecho contacto a través de Manolito Blanco, nos habló de una operación. Pepe San Román estaba presente en la reunión. Los americanos necesitaban militares que estuvieran limpios, que no estuvieran implicados en nada criminal durante el gobierno de Batista. Se nos ofreció algo, que según se dio a entender, era grande, bien organizado y tenía apoyo. Nunca nos dijeron directamente que era el gobierno de los EE.UU., aunque más o menos se entendía que así era.

Estábamos nerviosos al respecto, ya que Artime venía del Ejército Rebelde. Basados en nuestra experiencia con la conspiración de William Morgan, decidimos seguir con nuestro entrenamiento por cuenta propia, en caso de que lo que decía Artime no fuera cierto. No obstante, decidimos mandar a uno de los nuestros, Manolito Blanco, a la gente de Artime. Él nos diría en clave si el cuento de Artime era cierto o no. Un día, después de una respuesta positiva por parte de Blanco, los americanos vinieron y nos dijeron que nos íbamos.

Antes de partir, uno de nuestros compañeros de apellido Céspedes dijo: «¿Y qué pasa si esto es otro truco?». Recuerdo que fuimos a casa de un amigo en la calle 6 del Suroeste a pedirle prestado un arma, por si acaso. Otro de los compañeros, Miguel Orozco, también tenía dudas al respecto y consiguió armas para nuestro pequeño grupo de tres. Al fin y al cabo, todos en el grupo de diez estábamos armados. Esa noche fuimos a una casa en la Avenida Brickell que era de un comandante de la Fuerza Aérea cubana que había estado con Fidel Castro. Esperamos hasta la medianoche y finalmente se nos llevó en dos automóviles hacia el oeste por la Carretera 41.

A mediados del viaje nos preguntaron si estábamos armados. Nos dijeron: «Si tienen un arma consigo, no la pueden tener». Después lo repitieron. Orozco le dijo al americano que estaba armado, y le entregó su arma. Céspedes tenía dos armas y le dio una. Llegamos a Pine Island, al norte de Fort Myers, al amanecer, y nos llevaron a un bote. Estábamos asustados pues pensábamos que después de embarcarnos podían volar el bote. Cuando nos embarcamos, todos nos concentramos en una esquina por si empezaba un tiroteo.

Finalmente llegamos a la isla Useppa a las cinco de la madrugada. Nos llevaron a una habitación. La misma persona nos repitió lo anterior: «Si tienen un arma consigo, no la pueden tener aquí». Nos situamos en las esquinas de la habitación, en caso de que tuviéramos que abrirnos paso a tiros. El mismo hombre nos dijo: «Si tienen un arma, tienen que entregarla». Finalmente Roberto dijo: «Bueno, todos aquí estamos armados, pero no vamos a entregar las armas hasta que veamos a Manolito Blanco». Entonces fueron a buscar a Manolito Blanco, que estaba durmiendo, y así entregamos nuestras armas.

En Useppa nos hicieron toda serie de exámenes. Nos hicieron exámenes psicológicos, de poligrafía, y algo de entrenamiento. Entonces llegaron más grupos. Yo cumplí los veintiún años en Useppa. Entonces a un grupo se nos envió a Panamá para recibir entrenamiento como «cadre» o núcleo de dirigentes.

Esteban Bovo, piloto de aviones B-26
· ·

Nació en La Habana en 1938. Su abuelo paterno era un inmigrante del norte de Italia. Esteban estudió en la Escuelas Pías, una escuela católica, y después se graduó del Instituto de La Habana, una institución pública, en 1956. Acto seguido entró en la Escuela de Cadetes. Obsesionado desde muy joven con la idea de volar, realizó extensivos entrenamientos al respecto en los Estados Unidos mientras era cadete. Durante la invasión fue parte del grupo de pilotos de aviones B-26 que salían desde Nicaragua a la zona de combate. Después de la invasión, se radicó en los Estados Unidos, donde trabajó como ejecutivo de ventas al por menor. Actualmente es un representante del Buró del Censo de los Estados Unidos.

A finales de 1957 vine a los Estados Unidos a estudiar. Fuimos a la Base Aérea de Graham en la Florida y después a Texas para aprender a volar los B-25 y así después volar los B-26 en Cuba. Cuando regresé a Cuba, la revolución había triunfado. Todos los que regresamos fuimos arrestados. Estuve preso apenas una semana, ya que no podían acusarnos de lo que no habíamos hecho porque estábamos en el exterior. Incluso pretendían juzgarnos en el juicio a los pilotos en marzo; estos eran compañeros nuestros en la fuerza aérea.

Estuve en varias conspiraciones contra Castro con militares y pilotos, incluyendo a Blanco Navarro y Hugo Sueiro. Salí de Cuba en enero de 1960 a los veintiún años y fui a México. En esos momentos, aquellos que habíamos sido militares no éramos muy populares en el exilio. El Frente estaba controlado por Tony Varona, Justo Carrillo y un grupo de personas de una marcada tendencia antibatistiana. Nos acusaban de ser batistianos y durante un tiempo, no se nos prestaba atención.

Los que estábamos en México estábamos tratando de comprar algunos aviones P-51. Casi los teníamos cuando los americanos nos llamaron para que fuéramos a prepararnos para la invasión, pero antes de eso pensábamos poner a Cuba que ardiera. Los americanos habían establecido el contacto con nosotros de una manera muy sutil, a través de otros individuos. Manuel Artime vino a México y todos fuimos a los campamentos.

CIVILES Y TRABAJADORES

Jorge Giró, Dotación Terrestre de Aviación

Jorge Giró, 1999. Con permiso de Jorge Giró.

Jorge Giró nació en La Habana en 1933; se graduó de el Colegio de La Salle y después asistió a la Facultad de Derecho. Al terminar sus estudios de Derecho en 1957, entró a trabajar en un prominente bufete habanero. En la Brigada se le destacó a la sección de armamentos en tierra que preparaba y apertrechaba los aviones exiliados que viajaban entre Centroamérica y Cuba tanto antes como durante la invasión. Actualmente es profesor de Español en la Universidad de Towson, en Baltimore, Maryland.

Al igual que mi familia, yo no estaba involucrado en la política. Sin embargo, cuando Castro tomó el poder, vi cuáles eran sus intenciones. Por tanto comencé a asociarme con grupos subversivos anticastristas para hacer algo contra el gobierno. Estuve asociado con algunos que estaban en la conspiración de William Morgan y Menoyo, pero yo no estaba de lleno en dichas conspiraciones. Esta conspiración fue descubierta y a la mayoría se le condenó a prisión. Después de eso fui parte de otro grupo que estaba organizado en forma de células, con la célula central en la Playa de Jaimanitas-Santa Fe, que quedaba después del reparto el Biltmore en La Habana. El grupo intentó traer armas a Cuba para el ejército clandestino rebelde que se encontraba en las montañas. Después de unos meses de operación, nos descubrieron.

Un día estaba en el bufete donde trabajaba y un grupo de agentes de Castro llegó preguntando por Jorge Giró. Por suerte el secretario vino a mi oficina y me dijo: «Hay ocho o diez personas que quieren verlo. No sé quiénes son y no les he preguntado, pero no creo que usted tenga una cita con ellos». Inmediatamente me percaté de la situación. No había otra forma de salir de la oficina que no fuera por la de la puerta principal; corrí el riesgo y pasé frente a esos individuos como si fuera otro cliente del bufete. Gracias a Dios que no tenían ni fotos ni más detalles sobre mí, así que pude salir sin levantar sospechas.

Luego tuve que hacer varios contactos a ver si podía recibir asilo en alguna embajada. Mi hermano trabajaba para el gobierno de Castro y pronto se enteró que estaba escondido. Me mandó un mensaje que me entregara y que él me garantizaba que podría salir de Cuba. No le presté atención. Después de tres meses de huir y esconderme en diferentes casas en La Habana, al fin pude encontrar asilo en la Embajada del Perú en agosto de 1960 gracias al abuelo de mi esposa, que era muy amigo del presidente del Perú. Estuve allí como cuatro meses con otros quince a veinte cubanos que también estaban asilados.

De la Embajada del Perú algunos de nosotros fuimos a Lima. Allí trabajamos con la CIA que nos entrenó en tácticas de guerrilla, actividades subversivas, etc. Estuvimos en Lima como por 30 días. Mi esposa, que en ese entonces era mi novia, había salido de Cuba con su familia para Miami. En diciembre de 1960 nos reunimos en Miami.

En Miami iba frecuentemente a las oficinas del Frente Democrático en Biscayne Boulevard para informarme sobre Cuba. Allí me enteré de los campamentos de entrenamiento y decidí alistarme. Fui a una pequeña casa en la Avenida Veintisiete del Suroeste de Miami donde se firmaba para entrar en la Brigada. Pasaron un par de semanas y me llamaron; nos llevaron al aeropuerto de Opa-locka de noche y nos pusieron en un avión con destino a los campamentos en Guatemala.

Andrés Manso, Sexto Batallón

Andrés Manso, hijo de un maquinista en un aserradero, nació en 1935 en la provincia de Camagüey. Se mudó a La Habana a los quince años de edad y cursó

Andrés Manso, Sexto Batallón en el Museo de la Brigada en Miami, 1999. Foto del autor.

estudios secundarios en el Instituto del Vedado, una institución pública. Después fue agente comisionista en La Habana. Al alistarse en la Brigada se le destacó al Sexto Batallón y entró en combate cerca de Girón. Al obtener su libertad, como casi toda la Brigada en diciembre de 1962, se mantuvo activo durante algún tiempo en misiones anticastristas.

Mi vida en Cuba era más o menos normal; pudiera decirse que era de la clase media. Tenía parientes en el gobierno de Batista, pero nunca tuve problemas con el gobierno; Batista tenía sus propias ideas y yo creo que cometió un error al dar el golpe de estado el 10 de marzo de 1952. No luché en su contra, ni tampoco hice nada a su favor. Tampoco nunca me hicieron nada.

Cuando Fidel llegó al poder, estaba totalmente en su contra a los seis meses, ya que sospeché que era comunista. Mi cuñado, un oficial naval, mayor y de gran inteligencia, influyó en mi forma de pensar al respecto. Comenzamos a mandar dinero a los combatientes anticastristas en el Escambray en 1960, y participé en el MRR.

Más tarde, cuando comenzamos a conspirar en mayor escala, alguien nos delató. Como no quería entrar en la clandestinidad, ni llevar a cabo actividades terroristas —nunca me han gustado ese tipo de cosas— decidí que lo mejor era viajar a los Estados Unidos. Afortunadamente, era miembro de una federación de botes de carrera en Cuba y tenía visa indefinida. Salí para Miami en septiembre de 1960.

Tenía un hermano en Nueva Jersey que había venido en los años cincuenta en busca de nuevos horizontes. Me ayudó económicamente, ya que salí de Cuba con sólo cinco dólares en el bolsillo. Durante los seis meses siguientes, trabajé en varios empleos para poder mantenerme. Fue en ese entonces que comencé a saber del Frente, tanto en la radio como en los periódicos. Comenzaron los rumores de que había gente entrenándose en Guatemala, etc., y sin pensarlo mucho hice el contacto al respecto.

Fui con un amigo a Nueva York para alistarme en los campamentos. La oficina tenía un letrero que decía «Frente Revolucionario». A mi amigo no lo aceptaron porque tenía algún problema en las manos. Me hicieron muchas preguntas sobre mi familia y de dónde era. Todos allí eran cubanos, no había americanos. Me dieron una orden de transferencia para Miami con un pasaje en National Airlines.

Tuve que presentarme en una oficina en la Avenida Veintisiete en Miami, donde me hicieron más preguntas y tuve que llenar más formularios. Entonces me dieron un uniforme y botas y nos llevaron a un grupo de nosotros al aeropuerto de Opa-locka, donde al amanecer nos pusieron en un avión rumbo a Guatemala.

Jorge Marquet, Quinto Batallón

Jorge Marquet, Quinto Batallón, secretario del Museo de la Brigada, Miami, 1999. Foto del autor.

Jorge Marquet, nacido en 1930, era uno de los muchos hombres casados y con hijos que se alistaron en la Brigada. Después de haber trabajado varios años en el negocio establecido por su abuelo, salió de Cuba en 1960. Se incorporó a la Brigada y se le asignó al Quinto Batallón; estaba entrenado para manejar una bazuca. Al salir de la prisión se radicó en Los Ángeles, donde trabajó como agente de carga para American Airlines. Después vino a Miami y es actualmente el secretario del Museo de la Brigada 2506 en La Pequeña Habana.

Trabajaba como corredor de aduanas en La Habana. Era un negocio de familia por muchos años que había pasado de mi abuelo a mi padre y de mi padre a mí. Trabajábamos independientemente y hacíamos de intermediarios entre el comerciante y el gobierno.

Aunque yo no era batistiano, no hice nada en contra de Batista, ya que mi padre, aunque tenía su negocio, era además miembro de la Cámara de Representantes, así como del Partido Liberal, que era en ese entonces integrante de la coalición con el partido de gobierno. Ciertamente que todos en Cuba querían un cambio de gobierno, un tipo de política distinta a la de Batista. Así como nunca estuve en contra de Batista, sí estuve en contra de Fidel Castro. Nunca me gustó. Recuerdo que en uno de sus primeros discursos tenía una paloma blanca que se posó en su hombro y toda la prensa lo hizo ver como una especie de mesías. Nunca me creí nada de eso. Sin embargo, no hice nada. Como dije antes, mi familia estaba marcada y bajo presión constante del gobierno, especialmente mi padre. En una semana tuvimos que sufrir más de veintiún registros a nuestra casa. Aunque no pudieron encontrar nada en contra de mi padre, sólo que había sido político, tuvo que salir de Cuba. Se fue a México, no como exiliado, sino como un huésped de honor de la embajada.

En esos momentos, todavía teníamos el negocio y yo me quedé en Cuba, principalmente para asegurar que mis padres tuvieran medios suficientes para vivir, primero en México y después en Miami. Tenía dos hijos de mi primer matrimonio y pude sacarlos con mi primera esposa fuera de Cuba. En esos momentos me enteré que también me vigilaban. Tenía muchos amigos que habían peleado en contra de Batista y me informaron que aunque nunca había estado mezclado en la política, me estaban investigando por mi padre. Eventualmente, el nuevo gobierno eliminó los corredores independientes de aduanas, y salí de Cuba en noviembre de 1960. Antes de salir, hice contacto con el Movimiento Democratacristiano. No estaba afiliado en esos momentos debido a que el gobierno me vigilaba. Cuando llegué a Miami, me afilié inmediatamente.

También empecé a trabajar cuando llegué a Miami. Mi primer trabajo fue de *house man* en un hotel de Miami Beach que se llamaba Sans Souci. Daba la casualidad de que era el mismo hotel donde había pasado la luna de miel cuando me casé por primera vez. Cuando solicité el trabajo, la persona que me entrevistó me preguntó que cómo era posible que buscara trabajo allí. Le dije que bueno, ahora era un refugiado sin dinero. Después de ese trabajo, trabajé en una fábrica de colchones en Hialeah.

Mi primo, que trabajaba con el Movimiento Democratacristiano y era nuestro contacto con el Frente, ya había salido para los campamentos. Fui a la oficina del Frente y me alisté a mediados de marzo. Ya sabía, por cartas de mi primo, cómo eran los campamentos. Les dije a los del Frente que si me iban a movilizar, tenía que ser durante cierta semana. Ya tenía dos hijos y mi esposa tenía siete meses en estado de mi hija, que nació cuando yo estaba en prisión. Le dije a mi familia: «Esta es la decisión que ya he tomado. Creo que es mi deber hacer algo por la patria y creo que este es el momento oportuno».

Fue una decisión muy difícil la de dejar a mi familia y arriesgarme en lo que iba a hacer. A pesar de que me apoyaron, mi esposa me preguntó: «¿Cómo es posible que no pienses en tu hija?». Le respondí: «No, es precisamente por esa hija y los otros dos hijos que tengo aquí, que me voy. Pienso regresar a mi patria y no quiero una patria comunista con la dictadura de Fidel». Mi hija mayor tenía ocho años y mi hijo seis. El 15 de marzo salí para Guatemala.

Rolando Martínez, MRR

Rolando Martínez, (izquierda), operativo anticastrista, en Miami con su amigo y colega de toda la vida, Armando Ortega, 1999. Foto del autor.

Rolando Martínez nació en la provincia de Pinar del Río, donde su familia participaba en varias empresas agrícolas, especialmente relacionadas con la piña, y además tenía varios negocios. Si bien nunca aspiró a ningún cargo político en los años anteriores a Batista y a Castro, se describe a sí mismo como una persona que había estado siempre preocupada con los problemas que habían plagado a Cuba. Esta preocupación fue la que lo llevó a participar activamente contra Batista como partidario de la Organización Auténtica. Como miembro de la Brigada 2506, fue un punto clave de la oposición político-militar contra Castro y encabezó muchas misiones secretas por mar entre Cuba y los Estados Unidos, incluyendo el transporte de unidades de infiltración de la Brigada. Participó en ataques posteriores a la Cuba de Castro. En 1972, Rolando Martínez fue uno de los arrestados en el caso Watergate.

Mi filiación política era con la Organización Auténtica. Luché en contra de Batista a tal punto que tuve que salir de Cuba. Vine a Miami y ayudé a contrabandear muchas armas a Cuba con la OA.

Cuando Batista salió de Cuba, yo estaba en México con el ex senador Lomberto Díaz. Nuestras intenciones originales eran las de desembarcar en Pinar del Río y unirnos a un grupo que nos esperaba; nos enteramos que Batista había caído, y regresamos de inmediato a Cuba. Tenía muy pocas ilusiones respecto a Castro, aunque estábamos contentos de que Batista se hubiera ido.

Para todos fue una gran sorpresa la manera en que Castro tomó el poder. Aunque el Movimiento 26 de Julio tenía hombres de talento que lo apoyaba, eran individuos sin ningún significado popular en Cuba. Nunca nadie pensó que Castro, que había fracasado en todo lo que había intentado, pudiera haber llegado a la cima de la estructura gubernamental. Sabía quién era Fidel de años atrás, y hasta una vez lo acusé de asesino.

En abril de 1959 sentíamos que el gobierno iba hacia el comunismo. Los comunistas comenzaban a participar en el gobierno en forma activa, y se vanagloriaban de que la revolución era *su* victoria. Cuando regresé a los Estados Unidos como un opositor a Castro en diciembre de 1959, lo hice como miembro del MRR de Artime. Había conocido a «Francisco», Rogelio González Corzo, en Cuba. En 1960, como parte del Frente, empecé a llevar armas a las guerrillas en la Sierra del Escambray. Los americanos nos ayudaron, pero nunca se mencionó la «CIA» hasta mucho después; se abusó y se mal usó mucho la palabra «CIA». Yo participé como miembro del MRR y por Cuba. En total llevé a cabo 354 misiones a Cuba como parte de la Brigada, y después, como miembro de la Operación Mongoose.

Mario Girbau, CPA

Mario Girbau, CPA, Miami, Florida, 2000. Con autorización de Mario Girbau.

Mario Girbau, natural de la provincia de Matanzas, nació en 1916. Su padre, un colono azucarero, lo mandó a estudiar a Mount St. Joseph's College, en Baltimore, Maryland, donde se graduó de la secundaria. Tras su regreso a Cuba, ingresó en la Universidad de La Habana, donde recibió su título en Contabilidad Pública en 1943. Trabajó como inspector en el Ministerio de Hacienda hasta salir al exilio en 1960. Se unió a la Brigada en Miami y se le nombró gerente fiscal de la misma por la CIA.

Al triunfo de la revolución, despidieron a todos los inspectores en el Ministerio. Por pura coincidencia, durante los años de Batista, otro inspector amigo me había pedido cien pesos. Me dijo que no podía ni devolvérmelos, ni decirme para qué eran; pero se trataba de un amigo, y se los di. Cuando cayó Batista, le dieron el mando del ministerio a una persona que había estudiado conmigo en la universidad. Él sabía que yo le había dado los 100 pesos a mi amigo, que en realidad eran para sacarlo a él (el nuevo ministro) de Cuba en tiempos de Batista, ya que lo iban a arrestar, así que me dio las gracias y me recomendó para un puesto en la División de Rentas. Fui uno de los dos o tres inspectores que se quedaron después de la llegada de Fidel al poder.

Nunca simpaticé con Fidel Castro. La embajada americana, por medio de un cubano que había sido agente de la CIA en Cuba, comenzó una conspiración. No voy a mencionar su nombre, aunque ya ha fallecido. Fue por medio de él que me metí en esto. Salí de Cuba el 25 de abril de 1960. Tenía 44 años de edad.

Llegué con la idea de irme directamente a los campamentos. Pero como era un contador público autorizado y hablaba inglés, me sacaron de todo eso y me pusieron a cargo del dinero que se usaba en las delegaciones, las oficinas de reclutamiento y todos los otros gastos locales. Junto con otro contador público autorizado, cuyo nombre tampoco voy a mencionar, nos encargamos de todo eso. Como yo era el que hablaba inglés, yo era el que iba a las entrevistas, el que recibía las llamadas de Washington, y todo lo demás.

Casi todo el dinero era para los dependientes de los muchachos que iban a los campamentos, y después para las familias de los que murieron. Inicialmente, los cheques provenían de una cuenta a mi nombre y el del otro contador. Después se abrió una corporación y los cheques venían de la corporación. Aparentábamos haber salido de todo, aunque en realidad nos manteníamos administrándola. Nunca se me dijo de dónde venía el dinero. Venía en forma de transferencias bancarias, a veces de Suiza, otras de Nueva York y de otras partes. El banco sólo me mandaba un comprobante diciendo la cantidad que había sido depositada. Yo entendía que la CIA lo manejaba todo, pero los individuos a quienes respondíamos nunca mencionaron el nombre de la CIA. Nunca salió a relucir en las conversaciones, y nunca me atreví a mencionarlo.

Después de algunos años, el gobierno nos vino a hacer una auditoría. Alquilaron dos habitaciones en un hotel en South Bayshore Drive. Tenía que llevarles todos los libros en un camión porque no iban a nuestra oficina; tenía que ser en el hotel, de forma muy secreta. Pasamos diecisiete días contestando sus preguntas, y cuando terminó la auditoria, por suerte (y es algo que no debiera decir porque parece que me estoy responsabilizando totalmente por esto), me estrecharon la mano y me dijeron: «Gracias a usted, aunque la Bahía de Cochinos fue un desastre militar, no fue también un desastre económico».

En septiembre de 1978 cerramos finalmente la oficina. El gobierno pasó años tratando de dar una solución oficial al pago a las viudas, que estaba garantizado por escrito. Al fin se hizo de forma que pareciera que el Departamento del Trabajo era quien comenzaba a pagarles. Creo que eso es lo que finalmente pasó.

ENTRENAMIENTO Y PREPARACIÓN

■ ■ ■

**Pensábamos que al luchar por una causa justa,
Dios estaba con nosotros, y además, el hecho de que
los Estados Unidos nos apoyaba en esta operación,
aumentaba nuestra fe en la guerra para la liberación.**

*Dr. Alberto Sánchez Bustamante, integrante del grupo
quirúrgico a bordo del Lake Charles.*

Las primeras sesiones oficiales de información sobre el plan Cuba al presidente John F. Kennedy se llevaron a cabo a fines de enero y principios de febrero de 1961. El plan establecía una cabeza de playa en la parte sur de Cuba, desde donde se originarían otros ataques y donde se establecería un gobierno democrático provisional. A pesar de las aseveraciones del Departamento de Defensa de que el plan tenía probabilidades «razonables» de triunfar, al nuevo presidente le preocupaba el hecho de que una jugada tan atrevida contara con el respaldo tan obvio de los Estados Unidos.[1] Con este plan, la presencia de los Estados Unidos sería extremadamente difícil de ocultar y por tanto el precio a pagar en el campo diplomático sería elevado. También existía el temor a una reacción por parte de la Unión Soviética. Sin embargo, estaba perfectamente consciente de que el bajarle el tono a la operación iría en detrimento de la misma. Por supuesto, el gran dilema del presidente Kennedy era el arrinconamiento al que su propia retórica durante la campaña electoral, apenas semanas antes, lo había llevado. Se había cansado de atacar la administración de Eisenhower por su presunta postura blanda hacia Cuba en contraste a su enérgico apoyo a los cubanos «combatientes por la libertad»; no podía simplemente desbandar la Brigada y descartar la invasión. Todo iría en su contra políticamente, tanto el hecho de que sus adversarios políticos lo tildaran de mentiroso y cobarde, como la posibilidad de que tanto los dirigentes cubanos del exilio como los miembros de la Brigada denunciaran que les hubiera retirado su apoyo. Por lo tanto, Kennedy enfrentaba lo que Allen Dulles calificó como un «problema de desembarazarse de la Brigada» si ésta fuera desmantelada.[2]

El 11 de marzo se le presentaron a Kennedy los detalles de la invasión. De acuerdo con el plan, las unidades de infantería y de paracaidistas desembarcarían y establecerían un perímetro alrededor de las ciudades de Casilda y Trinidad, al sur de Cuba. Mientras tanto, la fuerza aérea de la Brigada llevaría a cabo ataques sorpresivos para destruir la fuerza aérea de Castro en tierra, sin darle tiempo a despegar. Después de establecer una supremacía total en el aire, los pilotos de la Brigada aterrizarían y se les destacaría permanentemente al aeropuerto de Trinidad, desde donde protegerían la cabeza de playa y continuarían atacando objetivos militares de Castro. A la par, el Frente —con el nuevo nombre de Consejo Revolucionario Cubano— volaría a Trinidad para el establecimiento de un gobierno provisional consagrado a la democracia y a la Constitución progresista de 1940. Trinidad era un sitio perfecto, ya que estaba protegida por accidentes del terreno y tenía un sólo puente de acceso que se podía destruir fácilmente. Las montañas circundantes eran ideales para operaciones de guerrilla si éstas fueran necesarias. Los sitios de desembarco estaban cerca de las playas y la población tenía fama de estar en contra de Castro. Casilda, a sólo pocas millas, tenía excelentes puertos de profundidad que servirían para que las fuerzas navales de la Brigada mantuvieran la cabeza de playa abastecida.[3]

Kennedy rechazó el plan por su «espectacularidad» y manifestó que

deseaba «un desembarco tranquilo» y sorprendentemente, «preferible-
mente de noche». Obviamente Kennedy se dejó llevar por los temores
del Departamento de Estado referentes a una respuesta soviética. Por lo
tanto, el presidente le pidió al equipo de trabajo de Cuba que le presen-
tara otra alternativa al plan original. Cuatro días después, en lo que el
investigador de la Universidad Johns Hopkins, Piero Gleijeses, calificó
como «un torpe acuerdo», el presidente aprobó el cambio en los lugares
de desembarco a sitios de escasa población alrededor de la Bahía de
Cochinos.[4] Años después, el coronel Jack Hawkins de la Infantería de
Marina, el estratega principal en la planificación de la invasión, afirmó
que el cambio de los lugares de desembarco fue, «el primer error fatal del
presidente Kennedy: rechazar un plan (Trinidad) que ofrecía grandes
posibilidades de triunfo y anteponer la idea de "negación admisible" a la
de viabilidad militar».[5]

La Bahía de Cochinos estaba localizada a 90 millas al oeste de Trinidad, en la costa meridional de Cuba. Desde su entrada de diez millas de
ancho, se adentra en forma de embudo unas dieciocho millas al norte
hasta terminar en Playa Larga. Veinte millas al sureste de Playa Larga,
conectada por una carretera costera que bordeaba el litoral oriental de la
Bahía, se encontraba la población de Girón, donde recientemente Castro
había comenzado la construcción de un centro turístico de playa. Girón,
a pocas millas de la desembocadura de la bahía, contaba con una pista
aérea capaz de acomodar los B-26. La carretera de Playa Larga a Girón
continuaba por la costa meridional de la isla hasta llegar a Cienfuegos.
Unas millas al noreste de Girón y conectada por una carretera diferente,
se encontraba el pequeño poblado de San Blas. La costa en el lugar es
rocosa, condición que cambia a tierra suave y blanda según se va tierra
adentro. Más allá de la zona costera inmediata se encuentra la Ciénaga
de Zapata, una gran ciénaga de varias millas de ancho y profundidad.[6] El
sector comprendido entre Girón, Playa Larga y San Blas, que sería la
cabeza de playa de aproximadamente cuarenta millas de largo que
la Brigada tomaría, estaba virtualmente aislado por la ciénaga. Aparte de
la carretera costera, la única forma de llegar a la cabeza de playa era a
través de tres pequeños terraplenes que atravesaban la ciénaga respectivamente, por varias millas.

Según el nuevo plan, la Brigada desembarcaría y montaría su cuartel general en Girón, vigilando los tres pequeños caminos a la cabeza de playa. Uno de ellos seguía diecisiete millas al norte desde Playa Larga hasta Jagüey Grande, cerca del Central Australia. Cinco de las diecisiete millas iban directamente por dentro de la ciénaga. Inicialmente este camino lo controlaría una compañía de paracaidistas que recibiría luego del desembarco en Playa Larga, cuyo nombre en clave era Playa Roja, el apoyo del Quinto y Segundo Batallón. Los otros dos caminos, que también atravesaban la ciénaga por varias millas, bifurcándose en San Blas, también los tomaría inicialmente una compañía de paracaidistas. Las unidades de paracaidistas saltarían en tres puntos en este frente: las dos unidades avanzadas en los caminos frente a San Blas, cerca de las poblaciones de Covadonga y Yaguaramas, a doce y veintidós millas respectivamente de San Blas; el grueso de la compañía en el centro de mando de paracaidistas en San Blas. Después del desembarco en Girón, cuyo nombre en clave era Playa Azul, parte del Cuarto Batallón Blindado se desplazaría a unirse con los paracaidistas. Mientras tanto, el Tercer Batallón desembarcaría veinte millas al este de Girón, en un punto cuyo nombre en clave era Playa Verde, a fin de proteger la carretera costera de Cienfuegos. El Sexto Batallón, el último en formarse, desembarcaría en Girón donde se mantendría en reserva. Además, en Girón desembarcarían los miembros del estado mayor, un batallón de armamento pesado, una unidad de tanques y el grupo llamado Operación Cuarenta, cuya labor era la de administrar los sectores ocupados. Los batallones de la Brigada (cuyo número los planificadores esperaban creciese rápidamente una vez en Cuba) eran en realidad del tamaño de compañías regulares, y las compañías del tamaño de los pelotones.

La función principal al defender la cabeza de playa era la de proteger el aeropuerto de Girón para los veintidós bombarderos B-26 de la Brigada. Al igual que en Trinidad, el objetivo de la unidades de tierra era el de preparar el camino para llevar a cabo una guerra aérea. El plan aéreo básico contemplaba un ataque sorpresa por parte de los aviones de la Brigada a la pequeña fuerza aérea de Castro, mientras ésta estaba aún en tierra, a fin de ganar la supremacía aérea desde el principio. Las fotos de reconocimiento de los EE.UU. podían dar con exactitud la situación de los aviones de Castro en la hora H. De acuerdo con el plan, la fuerza aérea exiliada saldría de Puerto Cabezas en Nicaragua y aterrizaría más tarde en el día en el aeropuerto de Girón. Desde aquí, contando con la supremacía aérea, los aviones de la Brigada podrían entrar y salir libremente. Los B-26, con sus ametralladoras calibre .50, cohetes de cinco pulgadas y gran capacidad de bombas, y con el apoyo de la infantería, protegerían los caminos que llevaban a la cabeza de playa. Dado el hecho de que los caminos estaban construidos sobre terraplenes, el enemigo no podría salirse de los mismos. Esto llevaría a lo que David R. Mets llamó «una situación ideal de interdicto»[7] en su libro *Land-Based Air Power in Third World Crises*. Dijo Mets: «Al parecer, los planificadores entendían perfectamente la doctrina aérea y trataron de aplicarla en forma lógica».[8] Los pilotos, muy apropiadamente llamaban «galerías de tiro al blanco»[9] a los tramos donde los caminos atravesaban la ciénaga. Los B-26 de la Brigada, una vez establecidos en Girón, también atacarían objetivos militares del enemigo, especialmente las tropas y equipo expuestos en su movimiento por las carreteras de Cuba.[10] Con estas circunstancias, se creía que se podría mantener la cabeza de playa por tiempo indefinido, y que llegarían nuevos reclutas tanto del exilio como de otras partes de la isla, así como de tropas de Castro desmoralizadas.

Ese era el momento en el que se traería al nuevo gobierno a la cabeza de playa y éste se declararía como un gobierno en armas democrático y constitucional. De esta forma, los Estados Unidos podría reconocer este nuevo gobierno (se esperaba que también lo hicieran otras naciones americanas) y enviar ayuda, tanto militar como de otra índole. De acuerdo con lo anticipado por los planificadores, en esos momentos ocurriría toda una serie de acontecimientos, como por ejemplo una sublevación popular. Aunque los planes para la Fase II no estaban del todo desarrollados, se suponía que las cosas «tenían que suceder» si la Brigada y el gobierno provisional se mantenían firmes en la cabeza de playa.[11] No obstante, toda la operación dependía de la destrucción de la fuerza aérea de Castro en tierra, antes de despegar. De no ser así, tanto los T-33 como los Sea Fury de Castro podían derribar fácilmente los B-26 más lentos, o al menos evitar el aterrizaje de estos en Girón. Si esto sucediera, la Brigada no contaría con apoyo aéreo y no podría defender las rutas críticas para la comunicación. Además, se hundirían los barcos de la

Brigada o tendrían que alejarse. Bajo estas condiciones, la Brigada quedaría aislada y en derrota.

La CIA decidió que no se le iba a informar a nadie en la clandestinidad referente al lugar y hora de la invasión, incluyendo a las unidades de infiltración de la propia Brigada, entrenadas por la CIA y ya en la isla. Estos dos datos, la hora y el lugar, eran en realidad los dos únicos secretos que aún se mantenían como tales, y como la clandestinidad estaba plagada de espías, se tomó la decisión de activar la clandestinidad después de los desembarcos.[12] Es más, la expectativa de cualquier tipo de apoyo popular a los invasores estaba concatenada al establecimiento de la cabeza de playa y de que fuera evidente el triunfo de la Brigada, así como la percepción de que Castro estaba en retirada.[13] A pesar de lo que algunos han querido presentar, ni los planificadores de los EE.UU. ni los dirigentes del exilio se hacían falsas ilusiones al respecto.

Además, el plan tenía dos desembarcos adicionales como tácticas diversionarias. Uno, dirigido por Higinio «Nino» Díaz en la provincia de Oriente en el este de Cuba, a sólo un par de días antes de la invasión. La otra táctica diversionaria sería en Pinar del Río, en el oeste de Cuba, con equipo electrónico de la CIA que aparentaría que se estaba librando una batalla de gran envergadura en ese punto.[14]

Si bien el nuevo lugar para el desembarco cumplía con los requisitos políticos presidenciales, era claramente inferior estratégicamente al anterior: la distancia que lo separaba de La Habana (y por tanto de los efectivos militares de Castro) quedaba acortada; no existían puertos de calado profundo disponibles y por tanto el abastecimiento de la Brigada sería por medio de lanchones de desembarco que se desplazarían entre los barcos y la playa; había menos habitantes locales, y no se contaba necesariamente con sus simpatías. Además, la orilla estaba bordeada por rocas de coral; la CIA sólo supo de esto en el mismo momento de los desembarcos. (Un intérprete fotográfico había llegado a la conclusión de que ciertas manchas oscuras que aparecían en las fotos eran tan sólo concentraciones de algas marinas. La CIA aceptó esta interpretación a pesar de algunos avisos al respecto). La insistencia del presidente en que fuera un desembarco nocturno —lo cual sólo se había intentado una vez durante la Segunda Guerra Mundial por un contingente experimentado de los EE.UU.— complicaba la situación aún más. No obstante, el Estado Mayor Conjunto, aunque prefería Trinidad, estimaba que la operación podría llevarse a cabo de manera satisfactoria si se ejecutaba como estaba planificada.[15] No había tropas de Castro en las cercanías y los B-26 podían utilizar la pista de Girón.

Uno de los fallos monumentales del plan era que el terreno no se prestaba en lo absoluto para operaciones de guerrilla. Por lo tanto, no había la posibilidad de un plan de contingencia en caso de que algo saliera mal. Bissell no le informó al presidente que la idea de las guerrillas estaba totalmente descartada y por tanto Kennedy pensaba que esto era una posible opción. Bissell admitió que «nosotros alentamos, o dejamos que el presidente y sus asesores pensaran, que en caso de una presión incontrolable en la cabeza de playa, la Brigada se podría retirar y así mantener la opción de las guerrillas».[16] No obstante, la CIA estimaba que la opción de las guerrillas sería innecesaria. Es más, si la Brigada no podía mantener la cabeza de playa y la alternativa era la derrota, pensaban que el presidente enviaría refuerzos. Acostumbrados a la manera de pensar de Eisenhower, pensaban que era imposible que un presidente de los EE.UU. pudiera permitir el fracaso de tal empresa. En *Las confesiones de Allen Dulles*, Lucien Vandenbroucke comenta respecto a Eisenhower: «Si durante el transcurso de una operación secreta era necesario elegir entre que prevaleciera la voluntad estadounidense o que se mantuviera la ficción de que los EE.UU. no estaba involucrado, Eisenhower tenía pocas dudas. Tal y como explicara durante la intervención de la CIA en Guatemala: "Cuando se compromete la bandera, se compromete a ganar"».[17]

La primera decisión de Kennedy para debilitar la operación fue a consecuencia del miedo del Departamento de Estado y de su secretario, Dean Rusk, de que los ataques aéreos masivos para destruir la fuerza aérea de Castro dificultarían el negar la participación de los EE.UU. Si los ataques fueran a menor escala, sería mucho más convincente y creíble el pensar que dichos ataques los llevaron a cabo pilotos de Castro en rebeldía (en lugar de los pilotos entrenados por la CIA). Además, querían que los primeros ataques ocurrieran dos días antes de la invasión en lugar del propio día de la invasión para dar mayor credibilidad al respecto. Por lo tanto, se cambió el día de los ataques y también se redujo el número de veintidós a dieciséis B-26 que participarían en los mismos. Se «inventó» una trama de un piloto sublevado en contra de Castro, en la que un piloto de la Brigada aterrizaría en Miami dos días antes de la invasión, diciendo que era un piloto de Castro que se había rebelado en contra del régimen y que recién había bombardeado los aeródromos castristas.[18] A esto seguirían otros ataques, y el principal sería el día de la invasión, para destruir los aviones que le quedaran a Castro. Al fin y al cabo, el resultado de pasar los ataques aéreos a dos días antes de la invasión fue sólo el de minar el elemento de sorpresa y el de darle tiempo a Castro para encarcelar a miles de opositores, reales o sospechosos, antes de que la Brigada desembarcara en Cuba.

Cuando a finales de 1960 se descartaron los planes para las guerrillas a favor de un desembarco anfibio, el entrenamiento en Guatemala cambió radicalmente. El entrenamiento de la Brigada, ahora como una unidad convencional, llevó a la formación de los batallones y unidades antes mencionadas. Incluso la selección del nombre de la Brigada, así como sus símbolos, estaba encaminada a elevar la moral de la tropa.[19]

Mientras tanto, la fuerza aérea de la Brigada quedaba formada, contando ahora con los B-26 además de los aviones de transporte. El entrenamiento de los pilotos cubanos, una combinación de pilotos civiles y militares, estaba a cargo de miembros de la Guardia Nacional Aérea de Alabama. Luego, cuatro miembros de la Guardia perdieron sus vidas sobre la Bahía de Cochinos.[20] A pesar de que se ha criticado el uso de los B-26, estos eran idóneos para la misión que se les había encomendado, teniendo especialmente en cuenta que se suponía que Castro no tuviera capacidad aérea de combate en lo absoluto.

El componente naval también quedó formado. La CIA contrató una compañía cubana, la Naviera García, para que proporcionara las naves para el transporte de los hombres desde el punto de embarque en Puerto Cabezas, Nicaragua, hasta las aguas circundantes a la Bahía de Cochinos. Dichos buques de carga eran el *Río Escondido,* el *Houston,* el *Caribe,* el *Atlántico,* y el *Lake Charles.* Todos, excepto el *Lake Charles,* que fue enviado dos días después con una parte de la Operación Cuarenta y un equipo quirúrgico, participaron el día del desembarco. A pesar de que también se ha criticado el uso de los buques de carga civiles de la Naviera

García, estos también eran adecuados para la misión encomendada: llevar a la Brigada y sus pertrechos a la cabeza de playa.[21] No se suponía que estas naves participaran en combate alguno. La CIA también suministró dos LCI (navío de desembarco de infantería), el *Blagar* y el *Bárbara J*, para que fungieran como naves de mando.

Mientras tanto, las unidades de hombres rana, al mando de Andy Pruna y José Alonso, se entrenaban en la Isla de Vieques, Puerto Rico, y después en Luisiana. Su misión era la de guiar a la Brigada a las playas y después, entre otras cosas, llevar a cabo demoliciones submarinas. También en Vieques se encontraba Silvio Pérez, un veterano de la Marina cubana a cargo del entrenamiento de un grupo para que piloteara el navío de desembarco.[22] Un contingente naval de los EE.UU. de cinco destructores encabezados por el portaviones *Essex* llevaría a los barcos de la Brigada hasta la costa cubana. De acuerdo con el plan, cada nave de la Naviera García zarparía con rumbo diferente de Nicaragua, seguiría escoltada por un destructor a un punto de reunión, cuyo nombre en clave era Punto Zulú cerca de las costas cubanas. El hecho de que había aviones de combate A4 Skyhawk a chorro asignados a esta misión daba la impresión a muchos de los miembros del personal estadounidense que los Estados Unidos ayudaría a los cubanos si estos se vieran en problemas.[23]

Había dos agentes de la CIA, Grayston Lynch y William «Rip» Robertson, asignados a coordinar los desembarcos en la playa. Lynch, oriundo de Texas, ex capitán del ejército y veterano de la Segunda Guerra Mundial y de Corea, era lo que el escritor Peter Wyden tildó de «lo más cercano a un comandante militar en el frente que jamás tuvo la operación cubana».[24] Había entrenado a los hombres rana en Louisiana y después se unió a Robertson en la base secreta de la CIA en Key West, Florida; de ahí fueron a Centroamérica para unirse a la Brigada poco antes de la invasión.

En enero de 1961 estalló una crisis política en Guatemala cuando los reclutas escucharon rumores de un posible golpe de estado contra el Frente por parte de algunos comandantes militares de la Brigada. Los soldados airados, especialmente los estudiantes idealistas en extremo, no tenían contacto con el Frente en Miami y pensaron que los estadounidenses en los campos de entrenamiento estaban ayudando a socavar la dirigencia civil cubana. La animosidad existente entre los estudiantes y los soldados de carrera empeoró la situación. Ya habíamos mencionado que los estudiantes nunca confiaron del todo en los soldados de carrera y siempre los tildaban a todos de batistianos (una acusación bastante injusta para la gran mayoría de los ex cadetes). Entre algunos había gran disgusto por el nombramiento de José «Pepe» San Román como comandante de la Brigada. San Román, un ex oficial de veintiocho años de edad, había cursado sus estudios en la Escuela de Cadetes de Cuba y luego en bases de EE.UU. en Georgia y Virginia; se le nombró fundamentalmente en base a su experiencia y entrenamiento. Al principio, su nombramiento se interpretó como un acto simbólico de sumisión total a los estadounidenses, que ya parecían mandar en todo y usurpar la autoridad del Frente.[25] Con el tiempo, San Román se ganó el respeto de todos, incluso de los hombres que estuvieron en su contra durante este incidente en los campos de entrenamiento.

En el momento del cambio de mando en los campamentos, 230 de los 500 hombres en entrenamiento renunciaron. Aquellos que se quedaron estaban motivados más por el deseo de seguir con la misión, así como por una indiferencia general a lo que consideraban escaramuzas políticas internas, que por algún tipo de lealtad a cualquiera de los bandos. Después de un corto período de renuncia, el apoyo público de un oficial estadounidense y un apasionado discurso patriótico, San Román siguió como comandante de la Brigada y convenció a todos menos 100 de los que habían renunciado a que continuaran con el entrenamiento. Estos regresaron a la Brigada después de que se permitió la visita de funcionarios del Frente a los campamentos y que estos escucharan sus quejas.[26] Al poco tiempo, la Brigada volvió provisionalmente a su base en las llanuras cercanas a San José para continuar su entrenamiento. A dicha base se le apodó «Garrapatanango» por la gran cantidad de garrapatas existentes. El cambio de ambiente y el enfoque total e intensivo del entrenamiento militar contribuyeron a aminorar la tensión política existente.[27]

Para mediados de febrero la Brigada había experimentado cierta transformación. A pesar de que las tensiones políticas se mantenían, éstas habían sido puestas a un lado en forma consciente a fin de liberar a Cuba. La mayoría de los hombres que finalmente formaron la Brigada

2506 llegó a los campamentos después de esta crisis y por tanto inyectó una nueva vida a la operación. Se desarrolló un gran espíritu de camaradería, desprovisto de tensiones raciales o sociales, a pesar de la gran diversidad existente entre sus integrantes. El mayor problema que experimentaban los hombres era la tremenda impaciencia por desembarcar en Cuba; algunos habían estado en los monótonos campamentos desde el verano anterior. Instados por un gran sentido de patriotismo, y para muchos de celo religioso, su entusiasmo quedaba reforzado por la confianza que les impartían sus instructores estadounidenses, quienes les aseguraban un éxito total. Esta ola ascendente de moral fue extremadamente oportuna, ya que sólo faltaban semanas para la invasión.

En febrero de 1961, los primeros miembros de la Brigada 2506 desembarcaron en Cuba como parte de las unidades de infiltración. Después de su entrenamiento en Panamá, Guatemala y diferentes partes de los Estados Unidos, ahora tenían a su cargo la peligrosísima tarea de ayudar a entrenar grupos anticastristas en la isla. También tenían que organizar levantamientos en contra del régimen y establecer posiciones donde recibir suministros. Antes de que todo terminara, muchos de estos infiltrados fueron capturados y fusilados.

La resistencia dentro de Cuba sufrió numerosos reveses justo antes de la invasión. En febrero, Lino Fernández, un dirigente del MRR, fue capturado y encarcelado junto con otros 500 hombres.[28] En marzo, la resistencia guerrillera en la Sierra del Escambray estaba prácticamente liquidada. También en marzo se le asestó lo que pudiera ser el golpe más fuerte a la resistencia interna con el arresto de Rogelio Rodríguez Corzo (en clave, Francisco), el vehemente jefe católico del MRR en Cuba. Fue fusilado poco después de la invasión.[29]

En el Departamento de Estado en Washington, el 4 de abril, Kennedy llevó a cabo una reunión referente a la invasión. Durante esta reunión, dirigida en forma pésima, el presidente pidió a los asistentes, incluso asesores de bajo rango, que votaran «sí» o «no» respecto de la invasión. A pesar de que se acordó proseguir con la invasión, Kennedy aún se mostraba aprehensivo. Unos pocos días antes del desembarco hizo el comentario que si había que deshacerse de la Brigada, «era mejor descargarla en Cuba que en los Estados Unidos, especialmente si era allí donde querían ir».[30] Claramente «el problema de desembarazarse de la Brigada» todavía dominaba el pensamiento presidencial. El día 12 de abril, en una conferencia de prensa expresó categóricamente que las fuerzas de los EE.UU. no intervendrían en Cuba.

Las palabras del presidente causaron confusión en la dirigencia del exilio cubano, ya que se les había prometido una «sombrilla» protectora para las tropas. [31] De acuerdo con Néstor Carbonell, un joven asesor del Frente quien después se incorporara a la Brigada, los apuntes de Miró destacan que el día 6 de abril Adolf Berle, del Departamento de Estado, le había asegurado que «las fuerzas invasoras tendrían "control del aire" (no usó el término "cobertura aérea") y que estarían apoyadas por 15.000 tropas adicionales».[32] Carbonell después dijo que «Miró estaba consciente de la responsabilidad que asumía y por tanto pidió garantías más explícitas. Berle comprendía sus preocupaciones, pero le dijo que los Estados Unidos no podía llevar a cabo una alianza formal. Sin embargo, le dio al dirigente exiliado cubano su palabra de honor (la expresión usada fue *parole d'honneur*)».[33] Después de las declaraciones del 12 de abril del presidente, se reunieron para almorzar Miró, Berle, el asesor presidencial Arthur Schlesinger y el profesor de Harvard John Plank en el Century Club de Nueva York. Schlesinger, el único en el grupo que no dominaba el español, dijo que a Miró se le aclaró que los EE.UU. sólo apoyaría a los invasores cuando estos se hubieran establecido en la cabeza de playa. Por su parte Miró salió del almuerzo tranquilizado por las afirmaciones de Berle respecto de la continua vigencia de sus acuerdos anteriores.[34] No puede uno menos que preguntarse cómo ambas personas salieron de la misma reunión con impresiones tan divergentes referentes a un punto de tan crítica importancia.

Sin tomar en cuenta lo sucedido tanto en Washington como en Nueva York, se le informó a la Brigada de su próxima partida. Los hombres estaban extáticos; animados por sus instructores estadounidenses, los hombres de la Brigada 2506 estaban sumamente confiados de que triunfarían. Es más, a los dirigentes de la Brigada se les aseguró que desembarcarían con completa superioridad aérea. Los hombres aún recuerdan palabras tales como «los cielos de Cuba quedarán eclipsados»[35] y «estaremos sobre ustedes, bajo ustedes y con ustedes».[36]

El entusiasmo de los hombres llegó a un punto febril de entusiasmo después de salir de los campamentos en Guatemala y de llegar al punto de embarque en Puerto Cabezas, Nicaragua. Al ver con sus propios ojos los B-26 y los P-51 en Puerto Cabezas, quedaron totalmente seguros de que no podrían perder.[37] Cantaban emotivas canciones patrióticas y gritaban un sinnúmero de «vivas» al embarcarse en el histórico viaje para liberar la patria.[38] Poco antes de embarcar, se les dieron los detalles del plan de batalla a los oficiales. Mientras tanto, los soldados de la Brigada abordaban los barcos y esperaban ansiosamente su partida. Para muchos, el efecto de la adrenalina era intoxicante.

En las secciones siguientes, los veteranos de la Brigada comparten sus experiencias del período de entrenamiento hasta su llegada a Nicaragua. Se incluyen los testimonios del comandante de un batallón, un paracaidista, tres soldados de infantería, un hombre rana y Néstor Carbonell, a quien citamos anteriormente. Dos de los hombres nos cuentan sobre la crisis política en el campamento. Otros temas incluyen la vida religiosa en los campamentos, el régimen de entrenamiento y la reacción de los hombres ante la noticia de la inminente partida hacia Cuba. También se incluyen los relatos de dos infiltrados de la Brigada.

Hugo Sueiro, comandante del Segundo Batallón

• •

A un grupo que había tenido cierta experiencia militar se nos envió a Panamá para recibir entrenamiento como «cadre» o núcleo de dirigentes. Nos llevaron de la misma forma misteriosa en que nos llevaron a Useppa. Salimos al amanecer hacia un campo cerca de Ft. Myers y después de esperar todo el día nos llevaron al atardecer a un aeropuerto abandonado donde nos pusieron a bordo de un avión y despegamos.

En Useppa se nos había dicho que en realidad no era un ejército lo que se estaba formando, sino que iríamos como guerrilleros. En ese momento se le dio la oportunidad a quien quisiera para salirse de la operación, y hubo dudas entre los que tenían niños pequeños. Finalmente todos nos dijimos «¿Pero cómo no vamos a ir? Vamos a pelear por Cuba. A lo mejor nos matan, pero estamos haciendo lo correcto. También vamos a ayudar a nuestros amigos presos». Al fin y al cabo todo el grupo fue; nadie se quedó atrás.

En Panamá comenzó nuestro entrenamiento como guerrilleros. Además de soldados, había muchos de la Agrupación Católica. En aquellos momentos todavía teníamos ciertas dificultades, ya que la rivalidad entre los ex rebeldes y los llamados batistianos era muy reciente. Nos decíamos cosas los unos a los otros, ya que a todos los que habíamos estado en las fuerzas armadas se nos consideraba batistianos, aunque no lo hubiéramos sido. También había gran diferencia en destreza. Muchas de las lecciones que nos enseñaron en Panamá eran cosas que nosotros como soldados ya dominábamos desde la academia. Tal vez fuera por eso que les caíamos bien a los americanos. Disparábamos y le dábamos al blanco; los otros disparaban y fallaban. Luego nos mandaron de regreso a Guatemala donde se nos unió gente de los grupos originales de Useppa, así como otros nuevos que habían llegado.

En aquellos momentos nunca dudamos de los americanos. Nuestra idea estaba firmemente grabada: habían ganado la Segunda Guerra Mundial, así como todas las guerras en las que habían participado. Habíamos visto todas las películas y veíamos a los americanos como superhombres y hombres de convicción. Sin embargo, ya en Guatemala teníamos algunas dudas: estábamos totalmente subordinados a los americanos.

Otro gran problema era que el personal de reclutamiento en Miami llevaba a cabo un proceso de filtración para los nuevos reclutas y, como resultado, estaba llegando muy poca nueva gente a los campamentos. Por eso los americanos nos mandaron en un viaje de reclutamiento de dos semanas a Miami en Navidad para así acelerar el proceso, especialmente con el nuevo concepto de formar una brigada. En realidad yo no conocía a nadie importante en Miami, ya que yo era un muchacho y no venía de un mundo de contactos importantes en Cuba. Carol y Pepe San Román, que sí los conocían, no obstante tuvieron problemas con ellos referente al proceso de acelerar el reclutamiento. También teníamos problema con nuestra propia gente de carrera militar. Les decíamos: «Necesitamos que ustedes vayan». En seguida contestaban: «Bueno, ¿y qué posición voy a tener? Yo soy un oficial». Les explicábamos que no había oficiales. Muchos decidieron que no iban a ir.

De regreso en Guatemala, después de cierta agitación política en el campamento, nos mandaron a Garrapatanango. Es lo mejor que pudo sucedernos, ya que nos alejamos de todos los problemas de Trax. Mi batallón en realidad cuajó sólidamente en Garrapatanango, y pudiera compararlo con cualquier unidad en el mundo en esos momentos. Poco después nos mandaron de regreso a Trax; comenzaron a llegar nuevos hombres de Miami y les dije a los que tenía a mi mando: «Busquen entre los reclutas recién llegados. Si ven a alguien a quien conocen y es bueno, denme el nombre». Muchos de los hombres en mi batallón eran estudiantes y muchos otros de Oriente. Nunca hubo conflictos, ni grupitos («piñitas») en base a clases sociales.

Cuando al fin nos dijeron que salíamos para la invasión, fue tremendamente emotivo. Reunieron a los dirigentes de las unidades para informarnos. Tuve una discusión con los americanos porque querían darnos solamente ochenta balas a cada uno. Nos explicaron que ellos tenían experiencia en estas cosas y que no necesitábamos más balas. No obstante, yo sabía por experiencia personal que los soldados nuevos se ponen nerviosos y tienden a disparar mucho más. Por lo tanto, más adelante, cuando estábamos en el *Houston* rumbo a Cuba, bajé a las bodegas del barco en busca de municiones. Las encontré, y se las di a mi gente.

En la reunión en Puerto Cabezas se nos hicieron varias promesas. El americano nos dijo —y lo recuerdo como si fuera hoy mismo—: «No se preocupen. Si ellos tienen aviones de combate, ustedes tendrán aviones de combate; si ellos tienen aviones a chorro, ustedes tendrán aviones a chorro». Claro que la Brigada no tenía aviones de combate, ni aviones a chorro. Obviamente se referían a aviones americanos.

Sergio Carrillo, paracaidista

Nació en La Habana en 1934 de padres pobres de la clase obrera; Sergio Carrillo fue uno de más de 50 afrocubanos de la Brigada. De niño, él y sus amigos se criaron muy apegados a la fe católica gracias a los esfuerzos creativos evangélicos de un sacerdote en un colegio católico local. Ya de adolescente, Carrillo y sus compañeros de los Niños Exploradores (Boy Scouts) organizaron células de resistencia en contra de Batista. Fue a través de los Exploradores que se asoció con Manuel Artime, a quien más tarde se unió en los primeros esfuerzos de la revolución para ayudar a la población rural pobre

El padre Sergio Carrillo, paracaidista, en su oficina de Miami, 1999. Foto del autor.

y finalmente entró en oposición a Castro. Vino a Miami a fines del 1959 y fue a los campamentos en Guatemala en el verano de 1960. Irónicamente, su padre y su hermano, sin saber que Sergio estaba en la Brigada, combatieron del bando castrista en Bahía de Cochinos. Exactamente a los veinte años de la invasión, Carrillo entró al sacerdocio. Actualmente es capellán católico en el Hospital Jackson de Miami.

Mi familia no tenía la menor idea de lo que tramaba cuando me fui de Cuba. Lo único que se me ocurrió decirles fue que iba a una reunión de los Exploradores en los Estados Unidos. Todos me lo creyeron.

Los campamentos en Guatemala siempre fueron muy duros. Nos levantábamos temprano, desayunábamos e inmediatamente comenzábamos el entrenamiento en las montañas. Después almorzábamos, descansábamos un poco y más entrenamiento por la tarde. El entrenamiento fue muy duro; y cuando me metí en los paracaidistas fue peor, porque nos teníamos que levantar a las dos, tres, o cuatro de la madrugada.

En los campamentos a veces me llamaban el heladero porque era el sacristán y llamaba a todos a misa caminando por el campamento y sonando una campana; ésta es la imagen mía que más se recuerda en los campamentos. Los esfuerzos religiosos eran en cierta forma parecidos a los de una iglesia parroquial. Teníamos misa diaria, dábamos clases de catequesis y preparábamos algunos hombres para su Primera Comunión. Algunos hombres hasta fueron bautizados en los campamentos. También había ceremonias protestantes, pero el 90 por ciento de los hombres eran católicos. Muchos jóvenes acudían a los sacerdotes para que los aconsejaran, ya que algunos tenían problemas a causa de la situación; se veían por primera vez en un ambiente militar y estaban separados de sus familias. Un grupo grande de nosotros, incluyendo los de los colegios católicos y los de la Agrupación Católica, ayudábamos mucho a los curas. En todo ese tiempo, no hubo conflictos en los campamentos entre gente de diferentes clases sociales, y tampoco experimentamos ningún tipo de problema racial.

Un día, de pronto nos dijeron que teníamos que desmantelar el campamento. Sospechamos lo que sucedía, y nos pasamos casi todo el día haciendo lo que dijeron. Fuimos a Retalhuleu, donde dormimos y desayunamos a la mañana siguiente. Esa noche abordamos un avión que nos llevó a Nicaragua y pasamos el próximo día en un aeropuerto militar. Ahí fue donde nos dijeron que al día siguiente estaríamos en Cuba. Ese día lo pasamos recibiendo información, revisando mapas, preparando las municiones, y todo eso. Casi no almorzamos y comimos una comida ligera de tres trozos de carne y algo de ensalada. Al amanecer abordamos los aviones para Cuba.

Mario Abril, Segundo Batallón

Mario Abril, del Segundo Batallón, reconocido músico, posa con su guitarra en 1999. Foto con permiso de Mario Abril.

Nació en 1942 en la provincia de Las Villas, asistió a los colegios públicos locales y después a la Universidad de Santa Clara. Su padre, quien había trabajado para el Ministerio de Educación, sospechó el rumbo que tomaba la revolución y mandó a Mario a una academia militar en los Estados Unidos en enero de 1960. Al verano siguiente Mario fue a Miami a reunirse con su familia en el exilio y después ingresó en la Brigada. Como integrante del Segundo Batallón, entró en combate en Playa Larga y en Girón. Después de salir de la cárcel continuó sus estudios y recibió su doctorado en Musicología. Hoy en día es profesor de Música en la Universidad de Tennessee en Chattanooga y afamado guitarrista clásico a nivel internacional.

os metieron en camiones en Miami y manejamos y manejamos hasta que al fin llegamos a una pista desierta. Nos llevaron en un viejo transporte militar que tenía las ventanillas cubiertas para que no pudiéramos ver para afuera. Después de volar toda la noche, bajamos del avión y nos pusieron en una cola para comer. Vi a uno de mi pueblo y le pregunté: «¿Dónde rayos estamos?». «En Guatemala», me dijo. Tenía una vaga idea de dónde se encontraba Retalhuleu. Nos metieron en camiones y fuimos loma arriba a Trax.

Al momento de llegar a Trax empezamos nuestro entrenamiento. Había un sargento, de esos que gritan mucho, sólo que éste gritaba en español. Cuando se nos asignaba el arma, ésta era nuestro bebé. A mí me asignaron un Garand, el mismo que en la academia militar yo pensaba era tan anticuado, pero resultó ser un arma formidable. Un poco incómodo, pero que se compensa por su solidez.

Nuestro día típico comenzaba con una diana por megáfono que gritaba al que hacía la guardia dentro de cada tienda. Después de un desayuno rápido, salíamos a correr con todo el equipo de combate sin las armas, aunque a veces también íbamos con la condenada arma. Nos hacían marchar para todas partes y nos hacían hacer planchas y los brazos nos dolían porque también nos habían puesto lo que parecía como 82 inyecciones para todas las desgraciadas enfermedades que se puedan imaginar. Entonces teníamos quince minutos de descanso antes de ir loma arriba al búnker donde teníamos las prácticas de tiro. En verdad era una loma bastante pendiente, ya que había que esforzarse para subirla. Cada día había algo especial. Por ejemplo, una noche a los ocho nos dieron una conferencia de cómo armar y operar una ametralladora calibre .30; al día siguiente varios pelotones subieron al búnker a usarla. Fue un día completo.

El ánimo en los campamentos siempre estuvo muy alto. La gente tenía buena afinidad; había algunas diferencias, pero en general trabajábamos bien en conjunto. La moral y nuestras condiciones también estaban muy altas. Cuando vinieron a vernos los políticos, entre ellos Miró Cardona, recuerdo que toda la Brigada estaba en formación en los búnkers de tiro. Era impresionante verlo. Me sentía tan bien; recuerdo haber salido a correr poco antes de irnos y sentía que podía seguir corriendo y corriendo sin parar. Cuando nos dieron las instrucciones de desmantelar el campamento, sabíamos que teníamos la luz verde.

En Nicaragua llegamos a los aeropuertos y abordamos un tren. Nos llevaron a un muelle comercial. Recuerdo el efecto que tuvo para mí la travesía a Cuba: fue extremadamente placentero y agradable. En realidad fue una hermosa travesía.

Francisco «Pepe» Hernández, Segundo Batallón

Nació en La Habana en 1939. Hijo de un teniente coronel del ejército de Cuba que no estaba políticamente conectado a Batista. Graduado del Instituto del Vedado, una secundaria pública, Pepe entró en la universidad y participó activamente en el sindicato estudiantil de la Facultad de Ingeniería y además en la Juventud Estudiantil Católica. Hernández apoyó la revolución hasta principios de 1959, cuando su padre, quien se había jubilado del ejército, fue llevado a juicio y fusilado al negarse a dar testimonio falso en contra de otro oficial del ejército. Pepe ingresó en Rescate, un grupo clandestino dirigido por Tony Varona, y después partió hacia los campamentos. Actualmente es un hombre de negocios en Miami y el director más conocido de la Fundación Nacional Cubano Americana, el mayor y más poderoso grupo de influencia cubano en los Estados Unidos.

Los campamentos eran totalmente diferentes a lo que yo pensaba que serían. Fuimos con la idea de que nos iban a mandar a diferentes partes de Cuba en grupos pequeños para llevar a cabo una guerra de guerrillas. Cuando llegué, me di cuenta que eso no era lo que pasaba y que ahora se estaba organizando al grupo en batallones, compañías y pelotones, entrenándonos para un ataque convencional. También vimos que el poder estaba en manos de militares y que no sabíamos si seguían las instrucciones del Frente en Miami. Mi impresión fue que no lo hacían y que básicamente seguían las instrucciones de la CIA. Cuando llegamos a los campamentos lo hicimos como civiles y estudiantes, no como militares. Pensábamos que, no obstante lo que sucediera en Cuba, tenía que estar bajo el control civil.

Yo estaba en el Segundo Batallón y nos mandaron a Garrapatanango por dos o tres semanas; allí escuchamos varios rumores. Cuando regresamos a Trax nos convocaron una mañana en el campo de desfile. Nos formaron por unidades y San Román y varios de sus oficiales estaban allí presentes. San Román nos dijo que éramos soldados y que teníamos que obedecer a nuestros superiores. Entonces dijo algo que me pareció totalmente estúpido: «Aquellos que quieran ir conmigo a Cuba, quédense en su puestos. Aquellos que no quieran ir conmigo, den un paso a la derecha». Yo en seguida me dije: «Nunca pensé que ni la lucha ni el pelear por la patria tenían nada que ver con acompañarte a Cuba. Iré con quienquiera que represente los ideales y convicciones mías».

Di un paso a la derecha con varios otros de mi batallón, incluyendo al hijo de Miró Cardona, que estaba en mi misma compañía. El hijo de Tony Varona también estaba allí. El resto de la Brigada rompió filas, pero a nosotros nos quitaron nuestras armas y nos separaron de nuestras unidades. Nos pusieron en tiendas de campaña cerca del borde de una ladera y estuvimos ahí por un par de semanas. Llovió todo el tiempo y pensé que la tienda de campaña se iba a caer por la ladera, ya que el fango era terrible. Les dijimos que no íbamos a participar en nada hasta que no recibiéramos una visita de los dirigentes del Frente. Así que vinieron y tuvimos la oportunidad de hablar tanto con Miró Cardona como con Tony Varona. Nos dijeron que ya todo estaba arreglado, que no deberíamos tener más problemas y que continuáramos con nuestro entrenamiento. Eso mismo hicimos. Durante su visita, hubo un desfile y ellos se dirigieron a toda la Brigada.

Después de esta controversia, y especialmente después de la visita, el ánimo mejoró. No obstante de darnos cuenta de que las cosas no eran exactamente como las habíamos pensado, estábamos exhaustos por la situación y por el hecho de que las condiciones allí eran pésimas. El ánimo mejoró también porque la gente comenzó a escuchar rumores y ver indicios de que íbamos a ir a pelear a Cuba. El domingo antes de la invasión recuerdo que el padre Lugo dio la misa y nos dijo que el próximo domingo iba a cambiar la historia de Cuba. Rezó para que todo saliera bien.

Nos llevaron a Puerto Cabezas en un C-54. De allí nos llevaron en camiones a un largo muelle donde estaban los barcos. Nuestro barco, el

Houston, era uno de los que estaba más alejados. Estaba un poco preocupado porque no íbamos en barcos militares, pero el rumor era que nos transferirían en alta mar. A decir verdad, no me preocupaba tanto eso. Pensaba que con lo que veía, teníamos más que suficiente. Además, se me había dicho que no teníamos nada de que preocuparnos por la fuerza aérea de Castro; para mí esa era la mayor preocupación, aunque no supiera aún donde íbamos a desembarcar.

Francisco Molina, Segundo Batallón

Francisco Molina, Segundo Batallón, en su residencia en Miami, 1999. Foto del autor.

Natural de la provincia de Oriente, Francisco Molina trabajaba en una agencia de viajes cuando Castro llegó al poder en Cuba. Su padre era inspector en el Ministerio de Obras Públicas. Molina, al sospechar inmediatamente de la infiltración comunista, comenzó a conspirar en contra del gobierno, ayudando a salir de Cuba a personas que estaban en la clandestinidad. Salió rumbo a Miami en noviembre de 1960 con la intención de ir a los campamentos. Partió hacia Guatemala a fines de enero de 1961. Después de salir de la cárcel en Cuba, vivió en New Jersey por varios años y actualmente está jubilado en Miami.

La noche que salimos, fuimos a una casa en la Avenida Veintisiete en Miami. Comimos allí y entonces nos llevaron al aeropuerto de Opalocka, desde donde partimos a eso de las 12:30 de la noche. Las ventanillas del avión estaban cubiertas para que no supiéramos a donde íbamos. Por supuesto todos lo sabíamos.

Tuvimos algunos problemas en Guatemala. Un día llegó una gente de Miami con rumores de un golpe de estado en contra del Frente. Ahí mismo nos rebelamos y les dijimos: «Si vinimos a combatir una dictadura, ¿cómo es posible que quieran establecer una dictadura desde aquí?». Teníamos armas, pero sin municiones; un grupo de nosotros nos parapetamos en las barracas. Cuando vinieron los instructores les dijimos: «Los que estamos aquí sabemos usar las armas. Si quieren armar una guerra, la armamos ahora mismo y no va a quedar nadie en pie». Más tarde vino una gente del Frente y se aclararon las cosas. Artime quedó como coordinador entre el Frente y la unidad militar.

El problema principal de los campamentos era que la comida que nos daban no era la que estábamos acostumbrados a comer. Nos daban Spam por la mañana y perros calientes por la tarde, arroz azul, verde, amarillo, pero no había arroz blanco con frijoles negros, ni bistec, ni pollo. Cuando sí había pollo, estaba empanizado con Shake and Bake y lo metían en el horno y nada más. Algunos de nosotros nos ofrecimos como voluntarios de cocina; yo sé cocinar y por eso empecé a cocinar. El ánimo se le levantó a la gente. Antes de eso nos mantenían con Kool-Aid, perros calientes y hamburguesas de queso. Entonces empezaron a traer carne, pescado, pollo fresco y cerdo.

Mi batallón, el Segundo, era el batallón de los rebeldes y el batallón de los niños bitongos, porque dos de las compañías estaban formadas por orientales y tenían experiencia de combate de la guerra de guerrillas, y las otras compañías estaban formadas por los hijos de la gente rica de La Habana. Sin embargo, nos llevábamos bien y comenzamos a hacer amistades tan pronto como empezamos a conocernos mejor. No había conflictos entre los ricos y los otros o con nadie más. Además, el entrenamiento era tan duro que no había tiempo que perder buscando problemas. ¡Por Dios! Nuestro día comenzaba a las cinco de la mañana con pasodoble y entrenamiento. Almorzábamos fuera en el campo. Cuando regresábamos al final del día, ya estábamos listos para dormir.

Supimos que nos íbamos cuando vinieron y nos dijeron: «Tienen dos horas para prepararse, vamos para Cuba». Nos pusimos contentísimos y llenos de entusiasmo. Nos llevaron a Nicaragua por avión y cuando llegamos vimos la hilera de los bombarderos B-26 y los C-54, así como algunos P-51. Al ver aquello dijimos: «¡Coño! ¡Esto no es Mickey Mouse! ¡Esto es de verdad!».

Eduardo Zayas-Bazán, hombre rana

■■

Eduardo Zayas-Bazán en Key Biscayne, Florida, 1999. Foto del autor.

Eduardo Zayas-Bazán tenía veinticinco años de edad cuando la invasión. Su familia, de gran prestigio en la provincia de Camagüey, era una de las familias más antiguas y aristocráticas de Cuba. Había dado a la patria un buen número de héroes durante la gesta independentista, así como hombres de estado durante la era republicana.

Eduardo, después de su graduación de la Georgia Military Academy en 1953, regresó a Cuba para estudiar Derecho y recibió su título en 1958. Inicialmente entusiasmado con la revolución, prontamente quedó desilusionado al respecto y se incorporó al MRR en 1959. En agosto de 1960 un amigo oficial del ejército de Castro le informó que lo estaban vigilando; como sabía que se estaba planeando una invasión, vino a los Estados Unidos. Durante la invasión, lo hirieron en la rodilla derecha.

Después de salir de la cárcel en Cuba con sesenta heridos que necesitaban atención médica en abril de 1962, Eduardo se hizo profesor de Español. Enseñó en la East Tennessee State University por 31 años, y fue decano del Departamento de Idiomas por veinte años. En ETSU escribió libros de texto y se convirtió en una autoridad a nivel nacional en la enseñanza de idiomas. En la actualidad está jubilado y ocupa el cargo de presidente de la Asociación Nacional de Educadores Cubanoamericanos. Vive en Key Biscayne, Florida.

Teníamos grandes esperanzas en la revolución y aplaudimos a Castro al hacer su entrada triunfal en enero de 1959. Yo estaba harto de la corrupción en Cuba. La corrupción es uno de los males tradicionales que han echado a perder las posibilidades de nuestros países en América Latina. Me opuse a la revolución cuando el juicio de los pilotos: se les declaró inocentes y entonces Castro obligó a que se hiciera otro juicio. Para mí, estaba claro que este tipo no respetaba la ley en lo absoluto.

Entonces sucedieron otros acontecimientos que me hicieron sospechar del curso que la revolución estaba siguiendo. A fines de 1959 sabía que la democracia estaba en peligro y me incorporé al MRR.

Una de las cosas más tristes durante este período de la historia de Cuba es que los historiadores no han reconocido el idealismo de aquellos que se opusieron a la revolución. En realidad, estábamos imbuidos de un espíritu de buena voluntad y queríamos mejorar a Cuba. Pensábamos que Castro había desperdiciado una tremenda oportunidad, puesto que, psicológicamente, había llegado al poder en el momento justo para llevar a cabo grandes cambios. Simplemente podía haber dicho: «Lo que pasó anteriormente, pasó. De ahora en adelante vamos a tener políticos honrados, vamos a respetar las leyes y vamos a pagar nuestros impuestos». Muchos de nosotros creíamos con gran convicción que esto se podía haber llevado a cabo y que podíamos haber construido una Cuba mejor.

Cuando salí de Cuba el 26 de septiembre de 1960, fue para formar parte de la invasión que se planeaba. Mi esposa Elena vino en octubre, y el primero de noviembre de 1960 nació nuestro hijo. Cuando salí para los campamentos a recibir el entrenamiento para la invasión de Bahía de Cochinos, mi hijo sólo tenía dos meses de edad. En aquellos momentos mi esposa tenía sentimientos encontrados al respecto, pero sabía que yo estaba haciendo lo correcto. Recuerdo que una vez durante el entrenamiento nos soltaron en Nueva Orleáns por un par de días. Llamé a Elena por teléfono y fue la primera vez que claramente me dijo: «No quiero que vayas».

Cuando llegué a Miami de Cuba, lo primero que hice fue ir a las oficinas del Frente, donde conocía a Tony Varona, quien también era de Camagüey y había sido senador con mi padre. En la academia militar en Georgia había sido competidor en el equipo de natación y llegué a ser «All-American Prep». (Por esa razón me habían ofrecido una beca de natación en la Universidad de Georgia). Así que cuando supe que había necesidad de hombres rana me dije: «Esto es justo para mí, aquí es donde encajo perfectamente». Me pusieron en contacto con Renato Díaz, un ex oficial de la marina quien estaba a cargo del componente naval. Los once hombres rana que seleccionaron estaban entre los más educados de la invasión de Bahía de Cochinos. Todos habíamos terminado nuestros estudios universitarios o bien estábamos en la universidad en los Estados Unidos, y todos hablábamos inglés perfectamente.

Fuimos a la isla de Vieques en enero de 1961. Nos entrenaron en una parte de la isla donde estábamos totalmente aislados. Estábamos en una preciosa playa de arena blanca más o menos en forma de semicírculo, y allí dormíamos en tiendas de campaña. El entrenamiento era bastante intenso. Nos levantábamos por la mañana y nadábamos por un par de horas y entonces recibíamos diversos tipos de entrenamiento, tales como demolición submarina y navegación submarina. La idea era que no sólo aseguraríamos la playa al momento del desembarco, sino que después atacaríamos unidades navales por la noche y llevaríamos a cabo otras misiones según se necesitaran. En Vieques no teníamos contacto con el mundo exterior, excepto cuando la CIA nos traía suministros. Una vez, el padre Cavero, uno de los capellanes de la Brigada, vino en el barco de abastecimiento y celebramos la misa con él.

Después de estar en Vieques aproximadamente mes y medio, una noche nos llevaron por barco a una pequeña base naval en Puerto Rico. Allí estuvimos más de una semana, esperando un transporte aéreo que nos llevara a donde fuera que íbamos. Cuando partimos, no teníamos idea de hacia donde volábamos y las ventanillas del avión estaban cubiertas. Finalmente llegamos a un aeropuerto militar cercano a Nueva Orleáns.

Nos entrenaron cerca de Nueva Orleáns más o menos por un mes, en un depósito militar a unas millas de la desembocadura del río Mississippi. Allí conocí a Gray Lynch y Rip Robertson, quienes fueron nuestros últimos instructores. Aquí el entrenamiento fue algo distinto; disparamos armas de diferentes calibres y practicamos más técnicas de demolición. También nadamos mucho por debajo del agua en la piscina. Allí se encontraban algunos de los que se iban a infiltrar en Cuba, al igual que el grupo de Nino Díaz.

Salimos de Nueva Orleáns a bordo del *Río Escondido*. En la desembocadura del Mississippi tuvimos que tirarnos al agua a inspeccionar la hélice, ya que un madero se había trabado en la misma; la encontramos toda virada y no se podía hacer nada al respecto. A causa de la hélice rota, nos tomó cinco días llegar a Puerto Cabezas en Nicaragua. Hasta esos momentos no sabíamos nada del resto de la Brigada. Ni siquiera sabíamos que estaban en Guatemala. ¡Sólo fue cuando llegamos a Puerto Cabezas que nos dijeron que estábamos en Nicaragua!

Puerto Cabezas era un lugar desolado y miserable. Estuvimos allí por varios días. Los hombres-rana teníamos mucha más libertad que el resto de la Brigada, ya que teníamos nuestras balsas de goma y podíamos ir a diferentes lugares. Visitamos la base aérea y vimos a algunos de nuestros amigos. También vi a mi hermano Rogerio y a mi viejo amigo Néstor Carbonell, que estaban con la Operación Cuarenta. Después de más o menos una semana, partimos rumbo a Cuba.

Néstor Carbonell, Operación Cuarenta, asesor del Frente Revolucionario Democrático

Néstor Carbonell, Operación Cuarenta y Asesor del Frente, Greenwich, Connecticut, 2000. Con permiso de Néstor Carbonell.

Néstor Carbonell nació en La Habana en 1936 en una familia íntimamente ligada a las guerras de independencia de Cuba, a la fundación de la república, a la política, a la diplomacia y al sector privado. Cursó estudios en el Ruston Academy, un colegio norteamericano en La Habana, y se graduó de una escuela secundaria privada en la Florida. Luego recibió su título de abogado en la Universidad de Villanueva, y su maestría en Derecho (L.L.M.) en Harvard. Antes de salir de Cuba con rumbo a Miami en 1960, escribió varios artículos oponiéndose a la comunización de la isla bajo el régimen de Castro. Luego de actuar como asesor del Frente por varios meses, Carbonell se incorporó a la Brigada en Guatemala. Zarpó para Cuba a bordo del *Lake Charles*, formando parte de la Operación Cuarenta. Su barco no pudo desembarcar y tuvo que regresar a Nicaragua. Actualmente es un vicepresidente de Pepsico, Inc., y vive en Connecticut. Se incluye su testimonio oral, así como secciones de su libro *And the Russians Stayed (Y los rusos se quedaron).*

Después de mis artículos y discursos en contra del diseño totalitario de Castro, mi vida en Cuba se hizo prácticamente imposible. Tony Varona, uno de los primeros en organizar un movimiento de oposición dentro y fuera de la isla, había salido de Cuba a principios de 1960, y me puse en contacto con él por canales secretos. Le envié el texto de una declaración de principios que yo había escrito explicando por qué había que romper con Castro. Tony incorporó parte de mi escrito en su manifesto. Salí de Cuba en junio de 1960, con la decisión de no irme al exilio simplemente para rehacer mi vida, sino para luchar por la liberación de Cuba. Con ese propósito, me incorporé al Frente como asesor de Tony Varona.

Estuve con Tony Varona hasta principios de 1961. Asistí, junto con otros colegas del Frente, a una reunión de ministros de Relaciones Exteriores de la OEA en San José, Costa Rica, a fines de 1960, para tratar la situación de Cuba. Allí representamos extraoficialmente a la Cuba democrática. Emitimos declaraciones que se publicaron en los periódicos y tratamos de persuadir a los delegados extranjeros a que adoptaran una posición más firme en contra de Castro. Durante todo este período, estuve activamente involucrado en la diplomacia, así como en las relaciones públicas. También formé parte del comité de planificación del Frente, cuya función era la de desarrollar un marco legal para la transición democrática que siguiera a la caída de Castro. Allí estaban representados todos los principales grupos de exiliados. Era como un miniparlamento que preparaba estudios e informes, así como un proyecto de leyes provisionales para su eventual consideración.

(Lo que sigue a continuación proviene del libro de Carbonell titulado *And the Russians Stayed*).

A mediados de marzo de 1961 había terminado mis tareas en el comité de planificación del Frente, que incluían la preparación de comunicados que emitiría el gobierno en armas solicitando reconocimiento diplomático y ayuda militar. Al darme cuenta de que la Brigada pronto partiría para Cuba, decidí alistarme como soldado en la misma. Mis padres y amigos, incluyendo el propio Varona, trataron de convencerme de que me quedara en la jefatura del Frente, ya que a la causa le sería más útil mis contribuciones intelectuales que mi insignificante aportación militar. No obstante, me sentía obligado moralmente a ir. ¿Cómo podía yo, tras haber hecho un llamado a la guerra, no practicar lo que predicaba al llegar la hora de la verdad? Recordé a mi abuelo paterno, quien a la tierna edad de quince años peleó por la independencia de Cuba. Lo que contaba en su caso, y tal vez en el mío propio, no era la experiencia que le faltaba, sino su devoción a la causa y el ejemplo que sentaba.

Justo antes de partir para Guatemala, algunos de mis colegas me convencieron de que ingresara en una unidad recién formada, «la Operación Cuarenta», que estaría integrada en la Brigada y se encargaría de la ocupación y administración provisional de los territorios liberados. (Después supe de falsos comentarios, repetidos por conocidos periodistas e historiadores, sobre la supuesta función siniestra de esta unidad: la eliminación de los dirigentes «izquierdistas», incluyendo a Miró, que pudieran estorbar los planes reaccionarios que se iban poner en vigor. Lo cierto es que esta unidad estaba compuesta de aproximadamente 80 hombres, la mayoría jóvenes profesionales a quienes yo conocía, y la encabezaba Vicente León, un coronel afable del Ejército de Cuba que siempre honró el uniforme a lo largo de su carrera).

La primera fase de nuestro entrenamiento se desarrolló en Miami, donde nos hicieron pasar por un detector de mentiras y nos inculcaron nuestra misión como guardianes del orden público y custodios de los derechos humanos. Entonces una noche nos ordenaron abordar unos camiones militares que estaban totalmente cerrados. Así, en completa oscuridad, llegamos a la base aérea abandonada en Opa-locka, Florida. Pronto estábamos en el aire en un viejo transporte aéreo militar C-54 con asientos a lo largo del fuselaje y con ventanillas pintadas de negro y cubiertas con papel engomado. La sensación era de claustrofobia, encerrados en lo que parecía una larga y estrecha bóveda que atravesaba el cielo nocturno. Claro que sentíamos aprensión de lo desconocido, pero teníamos fe. Estábamos convencidos de la nobleza de nuestra causa y confiábamos en nuestro poderoso aliado.

Mi corta estancia en la base Trax, en Guatemala, aproximadamente tres semanas, fue una experiencia inolvidable. Cuando llegué, ya estaban en pie las instalaciones rústicas para el entrenamiento en los picos de montañas cubiertas de nubes. Me puse muy contento de ver a Humberto Cortina, mi primo de diecinueve años de edad, con su energía y efervescencia habituales. Se había convertido en un diestro operador de radio, y estaba en excelentes condiciones y listo para entrar en acción. También me encontré con viejos amigos y conocí a otros cubanos de todas las edades y estratos sociales. Vi a orgullosos padres con sus hijos preparándose para la batalla. Vi a adversarios políticos superar sus diferencias por el bien de la causa común. Las rencillas que inicialmente macularon a la Brigada habían desaparecido; en todos los niveles y rangos había un sentido de solidaridad para llevar a cabo la misión. Vi a diversas razas confraternizar entre sí sin rastro de discriminación. Ni el nepotismo ni la corrupción asomaron su faz repelente. Los hijos y familiares de los dirigentes del exilio no recibieron privilegios especiales. Los descendientes de familias que eran símbolos de fortuna y poder marcharon codo con codo con hombres de orígenes humildes.

San Román convocó a la Brigada el 10 de abril y nos indicó que la invasión era inminente. No empleó floreos oratorios, pero su voz llevaba la resonancia de un líder militar presto a embarcar en una misión histórica. Nos dijo: «Peleen duro, pero protejan a los civiles y respeten a los prisioneros. ¡Marchemos a la victoria —fue su emotivo final—, la libertad es nuestra meta; Cuba es nuestra causa; Dios está de nuestro lado!». Todos aplaudimos y vitoreamos efusivamente.

Partimos de Trax llenos de alegría, cantando canciones populares y gritando *vivas* por doquier. Si no hubiera sido por los uniformes de camuflaje que llevábamos y las mortíferas armas que portábamos, se nos hubiera podido confundir con un tropel de estudiantes rumbo a un juego de fútbol.

LOS INFILTRADOS

Javier Souto, Unidad de Infiltración

· ·

Javier Souto, hijo de un hombre de negocios local, nació en Sancti Spíritus, en la provincia de Las Villas. Se educó en el Colegio de La Salle, en La Habana, y asistió a la

Javier Souto, de la Unidad de Infiltración, ex representante y senador estatal de la Florida y actualmente comisionado del Condado Miami-Dade. Foto con permiso de Javier Souto.

Universidad de Villanueva, donde estudió Economía y participó en la resistencia en contra de Batista. Aunque desconfiaba de Castro, trabajó para el nuevo gobierno a la caída de Batista en el Ministerio de Economía, donde ayudó con la Reforma Agraria. No obstante, entró en la oposición a Castro a los pocos meses y salió de Cuba en marzo de 1960. Después de la invasión, siguió en actividades anticastristas y se graduó de la Universidad de Miami. Después de varios años en el sector privado, Souto pasó al sector público, primero como Representante a la Cámara de Representantes de la Florida de 1984 al 1988, y luego como senador estatal de 1988 a 1992. Desde 1993 se desempeña como comisionado para el Condado Miami-Dade.

S alí de Cuba el 25 de marzo de 1960. Esa noche nos quedamos en el Hotel Sands y al día siguiente nos pusimos en contacto con la gente de Manuel Artime a través de una monja que se llamaba sor Miriam; había estado con las dominicas americanas en Cuba y ahora estaba en la parroquia del Gesu. Entonces fuimos a una casa vieja de madera en la Avenida Brickell donde vivía Artime, y donde además vivían 30 ó 40 de los reclutas originales. Claro que habíamos venido con la intención de ponernos en contacto con Artime; era como nuestro hermano mayor.

Fuimos de los primeros miembros de la Brigada. Fuimos en el viaje a la isla Useppa, y me dieron el número 2504. Pensábamos que nos iban a entrenar como guerrilleros y que alguien, no sabíamos exactamente quién, nos iba a ayudar aquí en los Estados Unidos. Como Artime tenía contactos en la Embajada de los Estados Unidos en La Habana, pensamos que nos iban a entrenar en alguna base militar estadounidense.

Salimos de Useppa el día 4 de julio y nos llevaron a tierra en la

Florida. Nos pusieron en camiones y nos llevaron a un aeropuerto, donde abordamos un viejo avión de carga que ya calentaba los motores. Volamos toda la noche y aterrizamos al amanecer. Recuerdo como olían las flores y pensé que estábamos en Centro o Sudamérica. Entonces vi un automóvil con una placa que decía «Guatemala». Después tomamos unos autobuses a una finca de nombre Helvetia.

En aquellos momentos no había campamento ni nada, así que vivíamos en una vieja casa de madera en la finca. Entonces nos separaron. Algunos fueron a recibir entrenamiento en telegrafía; a otros se les seleccionó para que recibieran entrenamiento como un núcleo de dirigentes. Me seleccionaron para ir con el núcleo, pero había ciertas cosas que no me gustaban, así que me quedé con los operadores de radio. Salimos de Guatemala sobre el 15 de diciembre y fuimos a Panamá, donde nos entrenaron hasta enero de 1961. De ahí me llevaron a una base militar cerca de Norfolk, Virgina.

En Virginia, nos llamaron un día a Jorge Gutiérrez y a mí, y nos pusieron en un avión con rumbo a Washington D.C., donde dos americanos que acababan de llegar de La Habana nos pusieron al corriente de la situación en Cuba. Entonces nos pusieron en un vuelo comercial a Miami, donde al llegar fuimos a un hotel. Al día siguiente nos llevaron a una casa grande y cómoda cerca de Homestead (al sur de Miami), la cual más tarde apodamos La Jaula Dorada. Un día en febrero, nos dijeron a un grupo de nosotros que íbamos a Cuba.

Nos llevaron a Cayo Hueso, nos pusieron en un pequeño yate y nos llevaron a Cuba. Desembarcamos en un punto que en clave llamamos Punto Fundora por el hombre que organizaba los desembarcos y que después fue fusilado por Castro. De allí, junto con el otro que había desembarcado conmigo, fuimos a una playa cerca de La Habana y nos quedamos con una familia. A la mañana siguiente, vino un miembro de la clandestinidad para establecer contacto con nosotros. Por la tarde vino a vernos Rogelio González Corzo, el jefe de la clandestinidad. Me dijo que fuera para Yaguajay, en la provincia de Las Villas, para preparar un plan de guerrillas que le aliviara la presión a la gente del Escambray. Así que me fui para allá con un miembro de mi equipo y varios de la clandestinidad.

José «Pepe» Regalado, Unidad de Infiltración
••

José Regalado, Unidad de Infiltración, en su oficina de Miami. Foto del autor.

Nació en La Habana en 1937. Se graduó del Colegio de La Salle y después asistió a la Universidad de Villanueva donde se graduara en 1959. Al estar casado con la hija de un alto funcionario de Batista que fuera asesinado, se convirtió en blanco del nuevo gobierno. Después de sobrevivir un violento encuentro con una unidad revolucionaria que exigió un rescate por su vida, vino a Miami en abril de 1959 y se incorporó a la Cruzada Revolucionaria Anticomunista, uno de los primeros grupos exiliados. Partió hacia Guatemala en el verano de 1960 y luego se le seleccionó como parte del equipo de infiltración al cambiar el plan de guerra de guerrillas al de brigada.

El 16 de enero de 1961, a aquellos que nos habían entrenado como infiltrados en Panamá se nos despertó y se nos dijo: «Hay un grupo que ha pasado su entrenamiento y que irá a Cuba. El resto no irá y se les reincorporará a la Brigada». Yo estaba entre el grupo de más o menos 40 que no habían sido seleccionados para ir a Cuba en ese momento. Cuando nos pusieron en el avión, nos informaron que en realidad éramos *nosotros* los que íbamos a Cuba y no los *otros*.

Así que regresamos a la base aérea en Guatemala. Estábamos disgustados porque pensábamos que allí a nadie le importaba que pronto estaríamos en Cuba. Pero nos dieron tremenda sorpresa más tarde por la noche: cuando nos íbamos, la fuerza aérea salió marchando con la bandera cubana y todo eso. Se plantaron en atención a lo largo de nuestro avión en la pista. El capellán de la fuerza aérea estaba presente; nos bendijo y nos dio una medallita a cada uno. Nos elogiaron con palabras muy hermosas respecto de que éramos los primeros en ir a Cuba. Todo esto nos levantó la moral tremendamente.

Nos llevaron a los Estados Unidos, a una casa de campo cerca de

Homestead, Florida, rodeada de tomatales. La versión por si alguien preguntaba era que éramos un grupo de jóvenes médicos cubanos que estábamos estudiando inglés para pasar los exámenes para poder ejercer la Medicina. Se nos dijo que el primer grupo en partir sería el que iba a Matanzas. Estaba compuesto por Jorge Rojas, el jefe del grupo; Jorge Gutiérrez Izaguirre, apodado «el Sheriff», que era el telegrafista; Jorge Recarey, especialista en armamentos; Antonio Abel Pérez Martín, en guerra psicológica y propaganda, y yo, en inteligencia.

Salimos de Cayo Hueso en dos embarcaciones: una se llamaba *La Avispa*, pintada toda de negro, de más o menos treinta y cuatro pies de eslora. El capitán era Kikío Llansó. A bordo también se encontraba Rolando Martínez, el cubano más valiente que jamás he conocido. La otra embarcación estaba al mando del Capitán Villa, un español. Tuvimos que realizar cuatro viajes a Cuba antes de que al fin pudiéramos desembarcar el 14 de febrero.

Después de desembarcar, llegamos a la Vía Blanca, la carretera que conecta a La Habana con la Playa de Varadero. Al poco rato, llegó un Studebaker con Patricio Fundora y una mujer. El Sheriff y yo nos montamos con él y los otros en otro carro. Nuestra versión por si nos paraban era que veníamos del entierro de un tal Sr. Rodríguez en Matanzas. Mis papeles de identidad falsos estaban a nombre de Juan Rodríguez y la dirección era a dos casas de donde me había criado y por tanto me conocía todos los detalles del lugar. También tenía una identificación falsa de la Juventud Comunista.

Nos llevaron a la casa de un médico que estaba en el MRR con Artime. Al día siguiente almorzamos con el médico y su familia. A pesar de que sabía quienes éramos, tuvo que decirle a su familia que éramos parientes del mayoral de su finca en Camagüey y que habíamos venido a La Habana porque habíamos ganado becas para estudiar en el Instituto de la Reforma Agraria; les dijo que éramos comunistas, simpatizantes de la revolución. Su cuñada estaba presente, y era una católica practicante y fanática que no podía ocultar su odio al vernos. El Sheriff, a quien le encantaba molestar a la gente, comenzó a hablar mal de los curas de Belén. En realidad, ¡él era un millón de veces más católico que ella (se ríe)!

Ese día vino a vernos Rogelio González Corzo, «Francisco», y después vinieron otros más. Al tercer día, Pérez Martín, El Sheriff y yo fuimos seleccionados para unirnos a un grupo guerrillero en Matanzas, y así ayudar con su entrenamiento. El coordinador del MRR en Matanzas se nos unió. Por la carretera, el carro se volcó y tuvimos que pedir que nos llevaran, con equipo y todo. Conseguimos transporte y eventualmente llegamos a un lugar cercano a Jagüey Grande. Allí estaba Yeyo Peña, el jefe de las guerrillas, con dieciséis muchachos. Allí pasamos varios días y tuvimos ciertos problemas con el dirigente local del MRR, ya que nuestra misión era la de ayudar a *todos* los grupos anticastristas, no sólo al suyo. El asunto quedó sin resolverse, aun después de un viaje a La Habana.

Varios días después Pérez Martín y yo recibimos órdenes de dirigirnos a otro frente guerrillero que estaba en Manguito, también en Matanzas. Los guerrilleros estaban en terreno plano y la vegetación existente era espinosa. Todo el tiempo que estuvimos allí sabíamos que nuestra situación era precaria. El gobierno podía acabar con nosotros cuando quisiera. Recuerdo que el padre del joven jefe guerrillero —se llamaba Sotolongo— me llevó en su camión y me pidió que cuidara de su muchacho. Era su único hijo.

El pequeño campamento guerrillero estaba en un bosquecito rodeado por cañaverales. La gente caminaba todo el día por el lugar, y los muchachos —ninguno pasaba de los veinte años de edad— tenían que estar agazapados y camuflados todo el día con la esperanza de que nadie entrara al bosquecito nuestro. Lo único que podía enseñarles eran técnicas de evasión y escape. Una noche me puse a conversar con uno de ellos, un muchacho de apenas dieciséis años. Le dije que se suponía que los revolucionarios ayudaban a gente como él, hijos de la población rural pobre. «No —me dijo—. Peleo porque no acepto lo que me están enseñando que Fidel es Dios... y quiero tener la libertad para hacer lo que quiera con mi vida y no lo que ellos me digan». Había escrito un himno titulado «El traidor que vendió nuestra patria a la Unión Soviética». Este muchacho sabía que iba a morir y me pidió que lo preparara para la muerte. Así que esa noche le enseñé cómo prepararse para «ir allá arriba». Le enseñé el Acto de Contrición y cómo hablarle a Nuestro Señor. Poco después le dije a Pérez Martín que teníamos que decirle a Sotolongo que desbandara a sus guerrilleros y saliera de ahí, ya que si se quedaban serían hombres muertos.

El guía que nos traía comida nos llevó a Pérez Martín y a mí a su bohío. Allí nos cambiamos de ropa y fuimos a Colón en taxi en la noche del 10 de marzo de 1961. Parecía como si fuera de día por todos los fuegos en los cañaverales y fábricas que habían prendido a los saboteadores. Pérez Martín y yo quedamos en encontrarnos en dos semanas, en la bolera de Varadero.

Esa noche me quedé en un hotel en Colón que estaba cerca del paradero de autobuses. Estos venían llenos de milicianos que regresaban de los combates en la Sierra del Escambray, así que era imposible tomar un autobús para La Habana. No podía quedarme en el hotel porque estaba quemado, con las ropas hechas harapos y todas mis pertenencias —un par de calzoncillos, una maquinita de afeitar, un cepillo de dientes y una granada— en una bolsa de papel. Tenía sólo 500 pesos y tenía que estar en La Habana antes del amanecer. Ahí en Colón conocí a una muchacha a quien le caí bien. Ella viajaba con su tía y también estaban tratando de tomar un autobús para La Habana. Comencé a coquetear con ella y decidí usarlas para llegar a La Habana. Alquilé un taxi en la acera de enfrente y me las llevé conmigo. Les dije que estaba camino para estudiar la reforma agraria y que un grupo de amigos me tenían una fiesta de despedida. Durante todo el viaje hablé a favor del gobierno.

Después de dejarlas, tenía que decidir qué era lo que iba a hacer. Por fin decidí ir a ver si mi abuela aún se encontraba en el país. A una tía mía que me abrió la puerta por poco le da un ataque al corazón cuando me vio. Estaba extremadamente nerviosa. Me llevó para casa de otra tía, ya que mi abuela no estaba en Cuba. Tenía tres primos en casa de mi otra tía, uno de los cuales realizaba su Primera Comunión al día siguiente en La Salle, así que les mandé un recado a los Hermanos de La Salle diciéndoles que estaba infiltrado en Cuba y que por favor mandaran a alguien a que me sacara de casa de mi tía. Esa tarde mandaron a María Antonia, una muchacha muy valiente del Movimiento Revolucionario del Pueblo (MRP) de Manolo Ray. Me mandó a ver al dueño de los autobuses de La Salle, quien me llevó a un apartamento en el centro de La Habana. En ese apartamento vivía una señora que se llamaba Nicolasa, miembro del MRP y retirada de la Compañía Cubana de Teléfonos. Cuando me vio tan flaco y con cortaduras por todas partes, comenzó a darme yogur con melado de caña y pequeñas laticas de jugo de melocotón de Libby's que tenía escondidas. Me trató como a un hijo. Ese fue el momento en que empecé a entrenar a los saboteadores.

Ya que no estaba seguro en el apartamento, me mudaron a otra casa. Acabé en el mismo edificio y en el mismo tercer piso, haciéndome pasar por el Agregado Cultural de Cuba en Checoslovaquia, quien también era miembro del Partido Comunista. Todas las pinturas en su apartamento eran anticlericales, mostrando a curas y monjas en actos pornográficos. También tenía una colección de artículos de revistas soviéticas. Sin embargo, usaba zapatos Florsheim y tomaba medicinas estadounidenses. Era el cuñado de los doctores Alfredo y Lily Reboredo, que vivían en el segundo piso. Alfredo era miembro del MRP y Lily de la Organización Auténtica (OA).

Desayunaba y comía todos los días en casa de los Reboredo. Un día le dije a la Sra. Reboredo que quitara el letrero en la puerta de su casa que decía: «Con Dios todo, sin Dios nada», y pusiera otro que dijera: «Fidel, esta es tu casa». También le dije que pusiera un retrato de Fidel en su oficina. Mientras tanto teníamos un operador de mimeógrafo para imprimir propaganda clandestina que trabajaba en el mismo balcón y en el sofá cama, justo donde se guarda la ropa de cama, tenía cuatro libras de explosivos sin detonantes. Poco después comencé a recibir y a entrenar a gente del MRP y de la OA.

El 19 de marzo, Fidel mandó a 5.000 soldados a acabar con las guerrillas en Matanzas. El Sheriff, que se había quedado rezagado para destruir el equipo de telegrafía de campaña, fue capturado y recibió heridas en el tórax. Después de escapar más adelante, al final lo capturaron y lo mandaron a la isla de Pinos a cumplir una condena de 30 años de prisión, de los que cumplió aproximadamente 17. A Jorge Rojas no lo apresaron y fue para La Habana, donde se quedó conmigo.

El 15 de abril comenzaron los bombardeos que precedieron la invasión. Jorge y yo nos despertamos y abrimos una botella de vino para brindar por la libertad de Cuba. De ahí, fui al Colegio Marista a recibir la comunión para estar en estado de gracia, en caso de que me sucediera algo en los días venideros.

LA BATALLA

■ ■ ■

Por primera vez en mis 37 años, estaba abochornado de mi país.

Grayston Lynch, oficial de la CIA designado a la invasión de Bahía de Cochinos.

Nada comprometió en forma tan devastadora la invasión de Bahía de Cochinos como las concesiones respecto al poderío aéreo. Todos los otros obstáculos, interpuestos tanto por la Casa Blanca como por la CIA, en aras de una «negación admisible», quedaron subsanados. A pesar de que en repetidas ocasiones se le expresó al gobierno la importancia de la supremacía aérea, este decidió, por razones puramente políticas, disminuir el número de operaciones aéreas que eran críticas al triunfo de la invasión. Primero se incluyeron los ataques aéreos dos días antes de la invasión y después el número de aviones bajó de veintidós a sólo dieciséis. Más aun, el 14 de abril, la noche antes de los primeros ataques aéreos, se le volvió a pedir a Bissell que redujera de nuevo el número de ataques. Eventualmente sólo ocho aviones de la Brigada volaron a Cuba desde Puerto Cabezas dos días antes de la invasión.[1] No obstante, los planificadores esperaban que, si bien fueran menos los vuelos que se efectuarían dos días antes de la invasión, al combinarlos con los ataques del día de la invasión, se lograría el requisito indispensable de eliminar la pequeña fuerza aérea de Castro en tierra. Tales esperanzas quedarían frustradas en las horas y días venideros.

Los pilotos cubanos de los B-26 despegaron con rumbo a sus objetivos en Cuba antes del amanecer del 15 de abril. La misión, dado el grado de debilidad de la misma impuesto por Washington, podría considerarse como un triunfo para sólo ocho B-26 sin protección alguna. El resultado fue que dejaron a Castro con aproximadamente tres Sea Furies, dos T-33 a chorro y dos o tres B-26.[2] Tumbaron a uno de los aviones de la Brigada, y otros dos tuvieron aterrizajes forzosos en la Isla de Gran Cayman y en la base aérea de Cayo Hueso respectivamente, antes de regresar a Puerto Cabezas.[3]

Mientras tanto, la Brigada ya había zarpado de Nicaragua. Ignorantes de lo sucedido en Washington, la plana mayor de la Brigada rompió en vehemente algarabía al saber de los primeros ataques aéreos.[4] La liberación de Cuba estaba ahora a su alcance; la moral de los hombres ascendió vertiginosamente. Un brigadista cuenta que aun aquellos que iban en la invasión por motivos puramente egoístas, al aproximarse a Cuba, comenzaron a sentir tanto el patriotismo como el sentimiento de que realizaban una cruzada, que sentían los demás brigadistas.[5] Pensaban que con el respaldo de los Estados Unidos no podían perder. Y ahora era el momento para mostrarles a sus compatriotas lo que de verdad valían.

No obstante, el 15 de abril fue un día fatídico. Mientras los aviones de la Brigada se dirigían rumbo a Cuba, el desembarco de Nino Díaz como táctica diversionaria en Oriente tuvo que suspenderse. El grupo de 164 hombres canceló el desembarco al último minuto cuando reportaron la presencia de milicianos en la orilla. Pensaron desembarcar a la noche siguiente, pero a fin de cuentas, nunca llegaron a las playas cubanas.[6]

En Miami, Mario Zúñiga, el falso piloto en rebeldía de Castro, aterrizó su B-26. La prensa inmediatamente recibió la noticia preparada de antemano. La farsa duró bien poco, ya que pronto se puso de manifiesto que la punta de los B-26 de Castro era diferente a la del avión de Zúñiga. Sin embargo, a Adlai Stevenson, el distinguido demócrata que fungía como embajador de los EE.UU. ante las Naciones Unidas, nadie le dijo nada de la farsa prefabricada. Cuando Raúl Roa, el embajador de Cuba ante las Naciones Unidas, protestó y denunció los bombardeos auspiciados por los EE.UU., Stevenson negó categóricamente que los EE.UU. hubieran tenido nada que ver al respecto y dio la versión presentada a la prensa: eran pilotos de Castro en rebeldía los que llevaban a cabo los bombardeos. Completamente seguro de la autenticidad de esta versión, Stevenson mostró en las Naciones Unidas las fotos del avión de Zúñiga con su insignia de la Fuerza Aérea Cubana. Más tarde, bajo investigación de la prensa, comenzó a desenmarañarse toda la patraña y al fin se supo la verdad. Stevenson estaba furioso. La vergüenza al respecto causó nerviosismo en Washington sobre las posibles repercusiones a nivel internacional e influyó notablemente en las decisiones que se tomaron en las próximas horas y días.

Mientras tanto en Cuba, Castro movilizó sus fuerzas. La relativa calma después de los bombardeos dos días antes de la invasión le dio un amplio margen de tiempo para prepararse. Uno no puede menos que imaginarse lo que hubiera ocurrido si Castro hubiera tenido que lidiar inesperadamente con un ataque aéreo de veintidós aviones, en diferentes puntos de la isla, un desembarco en suelo cubano y una serie de ataques aéreos sin resistencia, diseminados por toda la isla por parte de los B-26 desde Girón. En cambio, Castro tuvo sólo que lidiar con un ataque aéreo mínimo, con dos días para recuperarse y movilizar su ejército, sus milicianos y sus fuerzas de seguridad interna. Una de las primeras cosas que hizo fue detener a cualquiera que se sospechara estuviera involucrado en actividades contrarrevolucionarias. Las fuerzas de seguridad ya habían preparado extensas listas en los meses que precedieron a la invasión y por tanto se desplazaron con suma rapidez en contra de la oposición. En dos días, detuvieron a más de 100.000 personas (incluyendo los obispos católicos de Cuba) en cárceles, teatros, estadios, campamentos improvisados o cualquier otro lugar que pudiera servir para estos fines.[7]

En Washington, las cosas iban de mal en peor. Apenas horas antes de la invasión, el presidente Kennedy había suspendido totalmente los ataques aéreos del día de la invasión, destinados a eliminar totalmente la fuerza aérea de Castro. Esta es la decisión más controvertida relacionada con la invasión de Bahía de Cochinos. Los críticos del presidente afirman que esta decisión selló definitivamente la suerte de la castrada invasión, condenándola al fracaso. Algunos piensan que la CIA no le asesoró correctamente durante todo el proceso y le hizo pensar que una medida tal no tendría efectos tan devastadores como en realidad los tuvo. Otros piensan que si Allen Dulles hubiera estado en Washington en vez de encontrarse en Puerto Rico, hubiera podido influir fuertemente sobre el inexperto presidente para hacerle ver lo que todos los que estaban asociados con la invasión estimaban como el factor crítico para el triunfo de la misma: la fuerza aérea de Castro tenía que quedar totalmente destruida antes de que los libertadores desembarcaran en las playas cubanas. Por tanto, el resultado de todas las reducciones, cambios y cancelaciones que se efectuaron semanas y días antes del 17 de abril, fue que sólo se llevaron a cabo ocho ataques aéreos dos días antes del desembarco de la Brigada, en lugar de los más de cuarenta que estaban planificados originalmente.[8]

El Departamento de Estado ya estaba preocupado de antemano respecto a las repercusiones en las Naciones Unidas. Al descubrirse la patraña del piloto rebelde en contra de Castro, el secretario de Estado, Dean Rusk, estimó que el segundo ataque no podía venir (o al menos no podía aparentar venir) de Nicaragua, ya que no podría haber una «negación admisible» respecto a la participación de los EE.UU. Después de consultar con McGeorge Bundy, del Consejo Nacional de Seguridad, Rusk llamó a Kennedy y lo convenció para que diera la orden de suspender los ataques aéreos. No habría más ataques aéreos hasta que los exiliados no hubieran asegurado la cabeza de playa y se pudiera, al menos aparentar, que los vuelos se originaban en Cuba misma.

A las 7:00 p.m. Rusk recibió a Bissell y al general Charles Cabell, quien sustituía a Dulles, aún ausente, a fin de explicar esta decisión. Ambos hombres de la CIA, atónitos, protestaron y trataron de influir sobre Rusk para que viera la necesidad de los ataques aéreos, tal y como se habían planificado.[9] El secretario propuso llamar al presidente y así lo hizo. En presencia de ambos, le expuso a Kennedy las razones de la CIA y también recomendó la suspensión establecida, diciéndole, según Bissell, «que los acontecimientos en las Naciones Unidas eran tales que otro ataque aéreo sería desastroso políticamente para el presidente». Rusk entonces les informó a ambos que el presidente estaba de acuerdo con él.[10]

Ahora, al verse la participación de los EE.UU., Kennedy temía que, además de que se le tildara de agresor, hubiera algún tipo de respuesta por parte de los chinos o soviéticos en cualquier lugar del mundo, de Laos a Vietnam a Berlín. Ya se habían transmitido por radio fuertes protestas condenando los bombardeos respaldados por los Estados Unidos. Todavía hoy en día se debate la credibilidad que Kennedy debió haber concedido a estas amenazas. Algunos creen que el riesgo a nivel mundial no justificaba la aventura en Cuba, mientras hay otros que creen que Kennedy reaccionó en forma excesiva. En su libro *Los años de crisis: Kennedy y Khruschev, 1960-1963*, el eminente historiador presidencial Michael Beschloss nos cuenta sobre la reunión de Kennedy con el ex presidente Eisenhower después de la invasión*:

> Durante una reunión privada con Eisenhower en Camp David, el presidente tuvo que morderse la lengua mientras que su predecesor lo regañaba como a un niño escolar mal portado: ¿«Por qué demonios» no le había proporcionado cobertura aérea a los exiliados? Kennedy le dijo que tenía miedo de que los soviéticos «estarían muy propensos a crear problemas en Berlín».
> El veterano de Irán, Guatemala, Berlín y de la primera fase de la planificación de la invasión a Cuba le dio a Kennedy una de las miradas más estremecedoras jamás vistas: «Eso es exactamente todo lo *contrario* de lo que en realidad hubiera sucedido. Los soviéticos siguen sus propios planes, y si ven que mostramos la menor seña de debilidad, entonces es cuando más fuerte nos presionan. El fracaso de Bahía de Cochinos va a envalentonar a los soviéticos a hacer algo que normalmente no harían».[11]

De cualquier modo, la CIA, tanto en Washington como en Nicaragua, reaccionó a la suspensión de los ataques aéreos con una mezcla de

---

* N. de la Editora: El pasaje fue traducido por Luis Quesada del inglés original.

desánimo y confusión. El equipo en el centro de control de Washington, sintiéndose ultrajado por esta decisión, acosaba al general Cabell para que volviera a ver a Rusk y fuera mucho más enérgico con él. El coronel Jack Hawkins, el jefe de los planificadores militares de la operación, calificó la suspensión de los ataques aéreos de «criminalmente negligente».[12] El general Lyman Lemnitzer, jefe del Estado Mayor Conjunto, cuando más tarde en la mañana se le informara de la orden de suspensión, dijo que era «totalmente reprensible, casi criminal».[13]

Cabell fue a ver a Rusk una vez más, en su apartamento, a las 4:00 a.m. del 17 de abril. Le pidió cobertura aérea con los aviones a chorro del portaviones Essex, cercano a la costa, para el desembarco, que ya había comenzado, de los barcos de la Brigada. Esta petición también le fue negada.[14]

Mientras tanto, habían llevado rápidamente a José Miró Cardona y el Consejo Revolucionario Cubano desde Nueva York a Miami, a las barracas del aeropuerto de Opa-locka, a eso de las 2:00 a.m. del 17 de abril. Allí, encontraron un radio donde escucharon las noticias de la invasión. Furiosos, también escucharon los comunicados de prensa emitidos a nombre de ellos por una agencia de relaciones públicas contratada por la CIA. Su ira fue en aumento al darse cuenta de que no podían salir de las barracas ya que había soldados estadounidenses impidiéndoles el paso. Exigieron tener noticias sobre la invasión y que se les transportara de inmediato a las playas cubanas. Para ese entonces, ya los hombres de la Brigada 2506 habían llegado a la añorada y querida tierra cubana.

16 Y 17 DE ABRIL

La tarde del 16 de abril, Pepe San Román y Manuel Artime celebraron una conmovedora ceremonia a bordo de la embarcación de desembarco *Blagar*. Después de rezar por la seguridad de todos, y de escuchar un discurso patriótico de Artime, saludaron la bandera y se prepararon para la liberación de Cuba.[15] Esa noche, el U.S.S. *San Marcos*, una embarcación-muelle de desembarco se reunió con la flotilla de la Brigada y se le cedió el mando de la misma a los pilotos de la Brigada. A los pocos minutos, el *San Marcos* desapareció en la oscuridad de la noche y la pequeña armada enfiló rumbo a la Bahía de Cochinos.[16] Mientras tanto, los hombres de la Brigada se pusieron sus uniformes de camuflaje con el emblema de la Brigada 2506 cosido en la manga.

Los primeros desembarcos se llevaron a cabo poco después de la medianoche el 17 de abril en una playa cercana a Girón. Cinco hombresrana, acompañados por Grayston Lynch, se lanzaron al agua desde el *Blagar* y se dirigieron a la orilla a colocar las luces de desembarco para que desembarcaran los hombres que iban a Playa Azul. Tuvieron que cambiar el punto de desembarco unas 200 yardas a causa de que había mucho movimiento inesperado de personas en la bodega local. A pocas yardas de la orilla, una de las luces de desembarco se prendió accidentalmente dentro del bote, y a pesar de los esfuerzos para apagarla, esto llamó la atención de un puesto de milicianos cercano. Dos milicianos, creyendo que la luz provenía de un barco pesquero atascado en las rocas de coral, fueron en su *jeep* hasta la playa y, al encender las luces, iluminaron de lleno a los hombres rana, a unas 40 yardas de la orilla con el agua a la rodilla. Lynch marcó la pauta, y los hombres rana abrieron fuego, agujereando el *jeep* y matando a uno de los milicianos. La invasión de Bahía de Cochinos había comenzado.[17]

Los hombres rana marcaron el rumbo para las embarcaciones de desembarco a través de los arrecifes de coral (arrecifes que no esperaban encontrar ahí). Poco después el Cuarto Batallón desembarcó, seguido de Pepe San Román y su estado mayor. Un pelotón del Cuarto Batallón rápidamente capturó la pista aérea, intacta y lista para las operaciones aéreas.[18]

Mientras, a bordo del *Blagar,* Lynch había recibido las noticias inquietantes: Castro aún tenía aviones en operación, y la Brigada debería esperar ataques al amanecer. Se le ordenó que desembarcara todos los pertrechos y suministros y que sacara las naves a alta mar.[19] Por lo tanto, se suspendían los desembarcos en Playa Verde y el Tercer Batallón desembarcó en Playa Azul, desde donde se movilizarían por tierra a sus posiciones en la carretera costera que conducía a Cienfuegos, al este de Girón.[20] Durante toda la noche, antes del alba, los hombres, en carrera frenética contra el tiempo, descargaron los pertrechos y suministros, y desembarcaron los tanques y las tropas. Los arrecifes de coral y los barcos de carga flotando a la deriva complicaron aún más la situación.[21] Tal y como se esperaba, varios ciudadanos comenzaron a ayudar a los libertadores.[22] Con las primeras luces del día, apareció un B-26 de Castro en la distancia.

Mientras tanto, el *Houston,* con el Segundo y Quinto Batallón a bordo, había llegado a Playa Roja acompañado del *Barbara J.* Al igual que en Girón, los hombres rana de la Brigada fueron los primeros en desembarcar. Fácilmente contestaron al fuego ligero en su contra y colocaron las luces de desembarco para los hombres a bordo del *Houston.*[23]

Los soldados en Playa Roja desembarcaron en pequeños botes puestos al agua por medio de aparatos muy ruidosos. Los hombres del Segundo Batallón pronto descubrieron que muchos de los motores de fuera de borda no funcionaban.[24] Solucionaron el problema creando un sistema de remolque que usaba un catamarán que pertenecía a Rip Robertson.

Algunos de los motores arrancaron usando acumuladores del *Barbara J.*[25] Finalmente, después de perder un tiempo precioso, los hombres del Segundo Batallón pudieron desembarcar al mando de Hugo Sueiro, su comandante. Erneido Oliva, el subcomandante de la Brigada, también desembarcó con ellos. Su misión era tomar la playa, luego establecer contacto con los paracaidistas y bloquear el camino a Jagüey Grande y el central Australia.

Mientras tanto, el Quinto Batallón aguardaba las órdenes para desembarcar y unirse al Segundo Batallón. Hay versiones encontradas respecto al hecho de que el Quinto Batallón no había desembarcado y estaba todavía a bordo del *Houston* cuando, con las primeras luces del día, apareció el B-26 de Castro y atacó la nave. A medida que el *Houston,* acompañado del *Barbara J.,* escapaba y salía de la bahía, de nuevo sufrió otro ataque aéreo por parte de dos T-33 y un Sea Fury.[26] En esta ocasión, a pesar de la mala puntería, hicieron blanco en el *Houston* con un cohete.[27] El agua comenzó a entrar a chorros por un enorme agujero en la bodega inferior. Luis Morse, el capitán del *Houston,* hábilmente encalló el barco cerca de la punta occidental de la bahía, a unas 300 ó 400 yardas de la orilla. Mientras que los hombres del Quinto Batallón luchaban por desembarcar, los aviones de Castro los ametrallaron; algunos se ahogaron en el intento. Una vez en tierra, Montero Duque, el comandante del Quinto Batallón, se puso en contacto por radio con Oliva, quien le ordenó que llevara al Quinto Batallón a Playa Larga en la costa, a unas millas de donde se encontraban. Al encontrar una ligera resistencia, el comandante del batallón detuvo su marcha.[28] Así, varados en la playa, quedaron separados del resto de la Brigada. Salvo por una breve escaramuza un poco más tarde, la guerra había terminado para el Quinto Batallón.

Los sucesos en Playa Azul también sufrieron efectos adversos por parte de la minúscula fuerza aérea de Castro. A pesar del fuego cerrado de las ametralladoras calibre .50 desde el *Blagar* y el derribo de uno de los Sea Fury, los aviones de Castro causaron estragos entre los libertadores.[29] El Batallón de Artillería Pesada, al igual que el Tercer y Sexto Batallón, desembarcaron bajo fuego enemigo.[30]

Con las primeras luces del día, las tres compañías de paracaidistas del Primer Batallón saltaron a la zona de combate. Se suponía que una compañía cayera en el camino que se extiende al norte de Playa Roja y estableciera contacto con los hombres que venían de Playa Larga. A causa de la presencia de los aviones de Castro en el aire, los hombres y sus pertrechos se desviaron y no cayeron donde debían de caer. A pesar de combatir valientemente, a veces de uno a uno, no les fue posible reagruparse. La otra compañía, al mando del comandante del batallón, Alejandro del Valle, tocó tierra a salvo en San Blas. Las unidades de avanzada también tocaron tierra sin problemas en los puntos cercanos de Yaguaramas y Covadonga. En San Blas, los ciudadanos ayudaron a los hombres en calidad de enfermeros, y suministrándoles agua y comida. Cinco de ellos se unieron a los combatientes. Ese día, un total de 50 personas se unieron a la Brigada, incluyendo milicianos de Castro.[31]

Por otra parte, en la costa de Pinar del Río, la provincia más occidental de Cuba, el engaño electrónico de la CIA dio resultados provisionales, ya que Castro no se esperaba un desembarco por Pinar del Rio. Incluso envió un gran contingente de hombres al lugar y él mismo fue hacia La Habana luego de haber llegado cerca de la Bahía de Cochinos.[32]

Más tarde esa mañana, Castro le propinó un gran golpe a la Brigada:

sus aviones continuaban atacando sin compasión y alcanzaron con un cohete al *Río Escondido*, cerca de la costa de Playa Azul. El barco estaba cargado de combustible y municiones y por tanto explotó en una gigantesca bola de fuego. De acuerdo a Grayston Lynch, a bordo del *Blagar*, esta bola de fuego tenía más de una milla de diámetro y varios miles de pies de altura.[33] El *Río Escondido* también cargaba equipos de comunicaciones y médicos, críticos para la operación, así como suministros de comestibles.[34]

Sólo quedaban dos barcos de carga a flote, el *Caribe* y el *Atlántico,* y como se habían perdido ya la mitad de los pertrechos y suministros, se tomó la decisión de llevarlos a alta mar, ya que con los incesantes ataques aéreos, había pocas probabilidades de poder desembarcar lo que quedaba en horas del día. Por lo tanto, a la expectativa de cobertura naval (que nunca recibieron) al llegar al límite de aguas territoriales a doce millas de la costa, la flotilla (el *Blagar* y el *Barbara J.*, tres embarcaciones utilitarias de desembarco y los dos barcos de carga) se retiró. El plan era pasar los equipos y pertrechos de los barcos de carga a las tres embarcaciones utilitarias de desembarco, una vez pasaran el límite de aguas territoriales a doce millas y, aprovechando la noche, regresar con el *Blagar* y descargarlas en la playa. Desafortunadamente, los hombres a bordo de la flotilla pasaron el resto del día en alta mar defendiéndose de los aviones de Castro. Los buques de carga, por su cuenta, eventualmente se separaron de las embarcaciones de desembarco en un intento frenético por salir de la zona de combate.[35]

En Playa Roja, mientras tanto, el Segundo Batallón encontró una estación de microondas que hasta hacía pocos minutos, estaba transmitiendo mensajes. Se le ha criticado a la CIA porque desconocía la existencia de dicha estación. Sin embargo, Castro no hubiera demorado en saber de la invasión, aún sin la existencia de la estación, ya que había teléfonos relativamente cerca y milicianos con *jeeps* y automóviles para llegar hasta los mismos.

Castro decidió llevar a cabo su mayor esfuerzo para romper la línea enemiga en Playa Larga, el punto más alejado de la costa y por tanto más adentrado en tierra. A pesar de que se usaron batallones del ejército rebelde y de la policía, gran parte de la batalla estuvo a cargo de los milicianos, un ejército voluntario que defendía la revolución de los contrarrevolucionarios en todos los campos. El objetivo principal de Castro era el de evitar a toda costa que desembarcara un gobierno provisional.[36] Tal parece que el dictador se daba cuenta del impacto psicológico y de las repercusiones internacionales que un gobierno democrático en tierra cubana le pudiera acarrear. El primer encuentro en Playa Larga ocurrió cuando el Segundo Batallón de la Brigada divisó un grupo de milicianos que se acercaba. Los hombres de la Brigada, en buena posición, acechantes, esperaron a que los milicianos estuvieran al alcance de sus armas y abrieron fuego, lanzándoles además una granada de fósforo blanco. Dadas las bajas sufridas, los milicianos restantes se dieron a la fuga.[37] Las tropas de Castro tomaron más de dos horas y media en volver a enfrentarse a la Brigada, mientras que ésta había tomado 40 prisioneros.[38]

El Segundo Batallón, ahora con el apoyo de un pelotón del Cuarto Batallón y dos tanques enviados por San Román, se atrincheró en el camino al norte de Playa Larga. Alrededor de las 2:30 p.m., divisaron una columna de Castro que venía por el camino. Cuando estaba a varios cientos de yardas delante de las unidades de avanzada de la Brigada, ésta abrió fuego con sus rifles, ametralladoras y tanques. Justo en ese momento aparecieron dos B-26 de la Brigada. A pesar de que se les había negado bombardear los aviones de Castro en tierra esa misma mañana, se les había permitido volar en apoyo de los enfrentamientos en la playa (y en algunos casos fueron derribados por los mismos aviones de Castro que ellos podían haber eliminado en tierra). Estos aviones, provenientes de Nicaragua, y con muy poco tiempo de vuelo sobre Cuba a causa de las limitaciones de combustible, ametrallaron las tropas de Castro con sus calibre .50 y lanzándoles bombas y cohetes. Al final, sólo un pequeño grupo de la columna que avanzaba sobre la Brigada sobrevivió. No cabe menos que suponer, al ver la facilidad con que utilizaron su potencia de fuego en detener a sus enemigos, el estrago que los B-26 hubieran causado si hubieran tenido la superioridad aérea prometida y una base en la cercana Girón.[39] Sin embargo, después de aproximadamente veinticinco minutos, apareció un T-33 a chorro de Castro, que en el acto derribó uno de los B-26. El otro, averiado, cayó al agua tratando de llegar a Nicaragua.[40] Nunca se encontraron sus restos.[41]

Poco después de la batalla, dos ambulancias y un camión de la Cruz Roja se aproximaron al camino de Playa Roja, supuestamente a recoger heridos. Los hombres de la Brigada no les dispararon. Minutos más tarde, los centinelas de avanzada informaron que de las ambulancias y del camión estaban desmontando hombres y morteros, y que estaban llegando camiones cargados de tropas. Se les ordenó a los hombres que abrieran fuego. Fue otra derrota.[42]

En el frente de Girón/San Blas, unidades de avanzada de los paracaidistas ya controlaban los caminos en las afueras de Yaguaramas y Covadonga. Cada camino estaba bajo el control de un destacamento de diecinueve hombres con un cañón de .57mm, una ametralladora calibre .50 y una bazuca. En cada grupo también había un pelotón de fusileros y centinelas de avanzada. En el frente de Yaguaramas, los paracaidistas experimentaron un ataque directo por los castristas. No obstante, cuando llegaron refuerzos, contratacaron y pusieron en retirada las tropas de Castro.[43]

A la puesta del sol del 17 de abril, las unidades de tierra de la Brigada habían logrado sus objetivos, a pesar de los problemas que experimentaron. Estaban en suelo cubano en los caminos que atravesaban la Ciénaga de Zapata y habían repelido las primeras oleadas de ataques enemigos. Grayston Lynch nos cuenta: «Los primeros hombres de Castro descubrieron la fuerza invasora a menos de 40 yardas de distancia, y murieron diez segundos más tarde. Transcurrieron tres horas y media para que se notificara a Castro (...) exactamente siete horas después de que estas patrullas descubrieran la fuerza invasora, la Brigada ya había tomado una cabeza de playa de 42 millas de largo por 20 millas de ancho, a un costo de menos de una docena de hombres muertos o heridos».[44] No obstante, el hecho de que Castro, a causa de la suspensión de los ataques aéreos, aún tuviera algunos aviones, ya tenía a la Brigada condenada al fracaso. Los barcos con pertrechos y suministros estaban hundidos, o en alta mar. Los B-26, que ya se suponía estuvieran despegando desde Girón en contra de las tropas de Castro en movimiento, no podían aterrizar, y sólo podían volar en apoyo de las unidades de tierra, desde Nicaragua, a tres horas y media de distancia. Esto les daba un tiempo muy corto de vuelo sobre Cuba. Es más, en lugar de controlar el aire, los aviones de la Brigada volaban totalmente vulnerables, en cielos dominados por aviones de caza enemigos mucho más rápidos que ellos. En total, un avión de la Brigada hizo un aterrizaje forzoso el día de la invasión, y un avión de transporte aterrizó durante el último día para descargar suministros y recoger algunos heridos. Por tanto, la Brigada se quedó defendiendo la cabeza de playa con parque sólo por un día, sin apoyo naval (se suponía que el *Blagar* y el *Barbara J.* le dieran cobertura desde la costa), y de hecho sin cobertura aérea. No obstante, mantenían su fe ciega en los Estados Unidos.

En el frente de San Blas, durante la noche del 17 de abril, las unidades de avanzada que defendían los caminos a Yaguaramas y Covadonga comenzaron a retirarse. Sin parque suficiente, y sin cobertura aérea, se vieron obligadas a replegarse más y más, mientras combatían fuerzas muy superiores en número.

La noche del 17 de abril se llevó a cabo la batalla más intensa de Bahía de Cochinos: la batalla de la Rotonda, en la rotonda de tráfico al norte de Playa Larga. Ya el Segundo Batallón había recibido refuerzos del Cuarto Batallón, más morteros y otro tanque. Al caer la noche, tanto las tropas como los tanques se encontraban posicionados en la rotonda y tenían un amplio campo de fuego. Después de las 7:30 p.m. comenzó el ataque. Primero recibieron andanadas constantes de obuses rusos de 122 mm. A los hombres se les ordenó que no se movieran y mantuvieran silencio. En cuatro horas las fuerzas de Castro dispararon más de 2.000 proyectiles. Los hombres se mantuvieron en sus puestos a medida que se acercaban los proyectiles; algunos se asustaron. Sin embargo, ya que estaban atrincherados en forma larga y estrecha, los obuses pasaban trabajo en encontrar a la Brigada y pronto los proyectiles comenzaron a pasarle por encima.[45] Hubo menos de diez muertos y cerca de 30 heridos en el ataque de los obuses.[46]

Poco después de la medianoche, comenzaron a aparecer las primeras columnas de Castro. Los tanques Stalin, seguidos de la infantería, comenzaron a avanzar hacia la rotonda. Dada la posición ideal en que Oliva y Suerio habían emplazado sus tanques y cañones, los dos primeros tanques de Castro quedaron eliminados por los tanques y cañones de la Brigada. Uno de los tanques enemigos quedó fuera de combate cuando un tanque de la Brigada, ya sin parque, lo embistió repetidamente y le partió el cañón.[47]

Acto seguido, por el camino ahora bloqueado por los tanques, vinieron varios ataques de infantería. Se libró una batalla febril durante casi toda la noche. La Brigada se mantuvo firme en sus posiciones, repeliendo ola tras ola de ataques de tanques e infantería. En la oscuridad y el fragor de la batalla los hombres de la Brigada, exhaustos y desesperados, continuaron combatiendo sin descanso y con poca agua y comida por más de veinticuatro horas. A la mañana siguiente, Oliva se enteró de que la pequeña fuerza de la Brigada de apenas 370 hombres y tres tanques se había enfrentado al ejército de Castro de más de 2.000 hombres y 20 tanques. Se calcula que esa noche murieron 500 soldados de Castro y que los heridos pasaron de 1.000. Por el lado de la Brigada, hubo de 40 a 50 heridos y entre 10 a 20 muertos.[48] Castro también había perdido más de la mitad de sus tanques.[49]

Durante toda la noche, Pepe San Román intentó desesperadamente comunicarse por radio con el *Blagar,* que ya había navegado fuera del alcance de radio. Incluso en un momento salió navegando seis millas mar afuera para tratar de establecer contacto por radio.[50] Lynch, por su parte, se había tenido que enfrentar durante todo el día ataques de los aviones de Castro, la desaparición de los barcos de carga, a pesar de que se les ordenó que regresaran al Punto Zulú (a 50 millas de la costa), y un motín de corta duración por parte de los marinos mercantes rescatados del *Río Escondido.* No obstante, quería regresar a las playas esa noche para descargar lo poco de parque que había a bordo del *Blagar* y el *Barbara J.* Más tarde, se le ordenó que esperara por los barcos de carga, que pasara su carga a las embarcaciones de desembarco y que entrara a las playas la noche del martes.[51]

El lunes por la noche, la fuerza aérea de la Brigada recibió autorización para tratar de atacar los aviones de Castro, tal y como estaba planeado para la mañana del lunes. Era demasiado tarde. Cuando llegaron a San Antonio de los Baños, donde estaba el aeropuerto principal y desde donde despegaba la fuerza aérea cubana para todos sus ataques, el pueblo estaba totalmente a oscuras y cubierto por una espesa neblina. Los pilotos tuvieron que regresar después de fallidos intentos de que les hicieran fuego para así localizar los blancos.

18 DE ABRIL

El martes por la mañana se volvió a establecer la comunicación por radio con el *Blagar*, y se le dijo a San Román que muy pronto cuatro aviones a chorro de la Marina de los EE.UU., sin insignias ni emblemas, llegarían a la cabeza de playa. La Brigada, jubilosa con esta noticia, procedió a marcar con tableros dónde estaba localizado el frente de combate. Sin embargo, los aviones regresaron al mar al poco rato de haber llegado. Aparentemente se les había autorizado sólo a que hicieran un vuelo de reconocimiento y nada más. Más tarde, los aviones estadounidenses volvieron a volar sobre el lugar, y es posible que hayan hecho blanco en algunos objetivos, aunque estos ataques de aviones estadounidenses nunca se han confirmado oficialmente.[52] Lo que sí es cierto es que muchos pilotos estadounidenses que presenciaron cómo los pequeños y anticuados aviones de Castro hacían pedazos a la Brigada, lloraron lágrimas de rabia y de ira.[53] Sabían que hubieran podido derribar con toda facilidad los aviones cubanos y pensaron que Estados Unidos no estaba cumpliendo con sus aliados al comportarse de manera tan despreciable.

El martes temprano, se decidió que a pesar de los esfuerzos de la noche anterior, no era posible mantener la posición de la Brigada en Playa Larga, especialmente por la poca cantidad de parque que les quedaba y que no podían reabastecer pronto. Además, el enemigo estaba concentrando sus fuerzas al otro extremo del camino. Por tanto, soltaron a los prisioneros que habían tomado y se fueron en camiones hacia Girón a unirse a San Román.[54]

A fines del martes, las esperanzas para la Brigada eran pocas. Los suministros que les lanzaban por aire sobre Girón, caían en la ciénaga, o en el mar. A pesar de los heroicos esfuerzos por parte de los hombres rana y voluntarios civiles de la localidad, la mayoría de los suministros se perdió. Mientras tanto, se había mandado el Tercer Batallón desde el flanco derecho de la playa a San Blas, donde entrarían en su primer combate. El Cuarto, de regreso de Playa Larga, ocuparía el lugar del Tercero. Al Sexto Batallón se le encomendó la defensa del camino proveniente de Playa Larga.[55]

En Nicaragua, los pilotos cubanos en Puerto Cabezas estaban coléricos, frustrados y agotados a fines del martes. Llevaban volando todo el día desde Centroamérica a Cuba, donde los mismos aviones que no les permitieron destruir la mañana anterior los estaban atacando; muchos no podían seguir volando. Se suponía que ya para estos momentos los pilotos cubanos estuvieran usando el aeropuerto de Girón y no tuvieran que hacer los largos vuelos desde Nicaragua a un cielo dominado por aviones enemigos. Por tanto, dos pilotos contratados por la CIA acompañaron al grupo de pilotos cubanos el martes, haciendo grandes estragos en las columnas de camiones y tanques de Castro. En total, destruyeron siete tanques y causaron gran número de bajas.[56] Como tenían que volar de regreso a Nicaragua, sólo podían quedarse corto tiempo sobre Cuba. Si vemos el daño que causaron en menos de media hora, no podemos menos que especular lo que hubiera significado la total superioridad aérea y una base en Girón.

Por la tarde, las unidades de paracaidistas que defendían los caminos a Yaguaramas y Covadonga, casi sin parque y frente a fuerzas cada vez mayores de Castro, tuvieron que replegarse a San Blas y unirse a los paracaidistas que estaban allí. Más tarde, Del Valle atrincheró todo el grupo al sur del pequeño pueblo. Al otro extremo del perímetro, en el camino a Playa Larga, Oliva se hizo cargo del Sexto Batallón y se preparó para el ataque. Se llevaron a cabo varias escaramuzas durante toda la noche del martes.[57] El próximo día sería el último de la Brigada en la Bahía de Cochinos.

Mientras tanto, los pertrechos y suministros que le quedaban a la Brigada estuvieron en aguas del Caribe toda la noche del martes. Lynch y su tripulación ya habían pasado la carga del *Atlántico*, de regreso después de haber huido más de 100 millas a las embarcaciones de desembarco. (El *Caribe* aún no había llegado). Cuando enfilaron hacia la costa, calcularon que llegarían a Girón a las 4:30 de la mañana del miércoles. Como sabía que tendrían que llevar a cabo la operación de desembarcar estos suministros a plena luz del día, con los aviones de Castro volando sobre ellos, Lynch pidió cobertura aérea a Washington. A fin de reforzar su petición, les advirtió que sin cobertura aérea se perderían los barcos. Al parecer, esto tuvo efecto en sus superiores, que le ordenaron que se detuviera y regresara al Punto Zulú.[58]

Durante todo el día, el presidente Kennedy siguió el curso de los acontecimientos lo mejor que pudo. Se opuso a las instancias del almirante Arleigh Burke a una participación mayor de los EE.UU. Peter Wyden comenta: «Claramente, al almirante (Burke) le dolía ver cómo el presidente dejaba a un lado todos los canales de mando y toda la tradición».[59] También había rumores de la Unión Soviética. Khruschev amenazaba con ayudar al gobierno de Castro contra lo que todos sabían se trataba de una invasión respaldada por los estadounidenses. El presidente le hizo saber al premier soviético que los Estados Unidos defenderían el hemisferio en contra de cualquier «agresión externa».[60]

El martes por la noche, después de una cena de gala, el presidente se reunió con el general Lemnitzer, el almirante Burke, el vice presidente Johnson, los secretarios Rusk y McNamara y Richard Bissell. Al plantearle Burke las diferentes opciones para que los Estados Unidos ayudara a la Brigada, el presidente, disgustado, le dijo que no quería que los Estados Unidos estuviera metido en esto. Burke, disgustado, le respondió en el mismo tono: «¡Carajo, señor presidente, *ya* estamos metidos en esto!».[61] Se informa que fue durante esta reunión que tanto el presidente como el jefe del Estado Mayor Conjunto se enteraron por parte de Bissell de que no existía la opción de llevar a cabo una guerra de guerrillas. Kennedy de nuevo hizo una concesión: accedió a que los aviones de combate estadounidenses dieran cobertura aérea a los B-26 de la Brigada durante sólo una hora, de 6:30 a 7:30 a.m. del siguiente día.[62]

19 DE ABRIL

Horas antes del amanecer, tres B-26 despegaron rumbo a Cuba, dos de ellos con tripulaciones estadounidenses y el otro con el piloto cubano Gonzalo Herrera. No se sabe por qué llegaron una hora antes que los aviones a chorro. Hay quienes especulan que se debió a que, al momento de dar las órdenes pertinentes, no se tomara en cuenta la diferencia de horario entre Nicaragua y Cuba. El resultado fue que los dos aviones con tripulación estadounidense fueron derribados y sus tripulantes murieron. El otro, piloteado por Herrera, ametralló las posiciones de artillería y las tropas de Castro cerca de San Blas, y después les dejó caer dos bombas que hicieron blanco directo.[63]

Mientras tanto, en San Blas, Del Valle, aprovechando la confusión causada por el ataque de Herrera, ordenó a sus tropas un contraataque quijotesco. Los hombres, casi sin parque, hambrientos y fatigados, cumplieron las órdenes y avanzaron. Las tropas de Castro, sorprendidas, se dieron a la fuga. Al poco rato, los hombres de la Brigada tuvieron que retirarse al acabárseles el parque a muchos de ellos.[64]

En el camino de Playa Larga, Oliva situó a sus hombres para el enfrentamiento final el miércoles por la mañana; desplazó al Sexto Batallón con siete bazucas y tres tanques en la curva del camino. El Segundo Batallón, en reserva, se le unió al Sexto en el frente. En el primer enfrentamiento, los hombres de Oliva eliminaron tres tanques y un carro blindado con las bazucas. Las tropas de Castro, después de recibir proyectiles de fósforo blanco y fuego de los fusiles de la Brigada, se retiraron un poco después del mediodía.[65] Poco después de las 2:00 p.m. vinieron los ataques de infantería de Castro y el combate cuerpo a cuerpo. A una compañía del Segundo Batallón se le ordenó que contraatacara a través de un sector de vegetación tupida, donde el combate adquirió características de pesadilla. Después de un gran esfuerzo, la compañía detuvo brevemente el avance castrista.[66] Ya casi sin municiones, se les ordenó a los hombres que defendían el camino que se replegaran 200 yardas a las trincheras.[67]

Al mediodía Lynch recibió un mensaje de Washington donde se le autorizaba una misión de rescate con la asistencia de la Marina. Le notificó por radio a San Román que se preparara para la evacuación. San Román, valientemente, se negó a la evacuación. Lynch entonces, sin esperanza de cobertura aérea, enfiló hacia Girón con las embarcaciones de desembarco, el *Blagar,* y el *Barbara J.* Llamó a San Román y le dijo que tratara de mantenerse lo más posible.[68] San Román, mientras tanto,

había tenido que abandonar su puesto de mando y se encontraba aga-
chado en la arena a menos de veinte pies del agua. En su acostumbrada
y conocida manera de hablar, describió por radio pausada y respetuosa-
mente los detalles de su caída. Finalmente, poco después de las 2:00 p.m.
San Román informó que los tanques enemigos estaban entrando en
Girón y que iba a destruir su radio. Todo había terminado. Dio órdenes a
sus comandantes en ambos frentes que dividieran las fuerzas en compañías y que fueran al monte hasta que llegaran refuerzos. Acto seguido, él
y su estado mayor se internaron en la ciénaga.[69]

Esa mañana en Miami, Adolf Berle y Arthur Schlesinger se reunieron con el Consejo Revolucionario Cubano. Viajaron juntos de regreso a
Washington, donde se entrevistaron con Kennedy. El joven presidente,
obviamente desconcertado, estaba sorprendido al saber que los cubanos
habían estado prácticamente bajo arresto domiciliario. Se veía claramente que simpatizaba con ellos, y como sabía que tres de ellos tenían
hijos en la Brigada, compartió con ellos que había perdido a un hermano
y a un cuñado en la Segunda Guerra Mundial. Les explicó las razones por
las cuales no había intervenido, y les aseguró su compromiso para con la
libertad de Cuba.[70]

Mientras los derrotados soldados de la Brigada se internaban en la
ciénaga y el monte alrededor de Bahía de Cochinos, se habían convertido
en hombres perseguidos, fuera de la ley en la misma tierra que habían
venido a liberar. Cualesquiera que haya sido su estado el miércoles por la
tarde, habían peleado más allá de cualquier expectativa. Con parque sólo
para un día, sin lugar de retirada y habiéndose enfrentado a 20.000 tropas
enemigas con tanques, artillería, aviones y un leal aliado, la Brigada 2506
se desempeñó magníficamente. La Brigada nunca se rindió, se replegó y
dispersó sólo después de quedar sin parque. En total habían causado
1.600 bajas y 2.000 heridos al enemigo. La Brigada en sí perdió alrededor
de 114 hombres, incluyendo los que se ahogaron. Sólo un poco más de 60
recibieron heridas de gravedad.[71]

Un par de días después de la debacle, Lynch, Robertson y los hombres rana a bordo del *Blagar* y del *Barbara J.* pasaron a una nave de la
Marina de los EE.UU., donde se les informó de lo que tenían que hacer

en las operaciones de rescate. Tenían que ir a tierra y sacar a cualquier miembro de la Brigada que encontraran. Ya en esos momentos, había barcos y aviones de los Estados Unidos en todo el sector de la Bahía de Cochinos. Lynch comenta: «Ahora que la batalla había terminado, teníamos más barcos y aviones en la Bahía de Cochinos que jamás hubiéramos usado. Si sólo se nos hubiera dado uno de esos aviones a chorro unos días antes, no hubiera habido necesidad de una misión de rescate».[72] A pesar de los heroicos esfuerzos de los hombres de la CIA y los hombres rana, fueron pocos los que pudieron rescatar. Los aviones a chorro, sobrevolando el sector para encontrar y rescatar a sobrevivientes, tenían todavía grandes restricciones: Washington les había prohibido hasta el disparar por encima de las fuerzas de Castro que perseguían a los miembros de la Brigada que buscaban ser rescatados. Un capitán de la Marina cita a un piloto naval: «¡Teníamos que ver cómo los cubanos capturaban a los sobrevivientes que nosotros hacíamos salir! Éramos iguales a Judas, entregando a esos pobres de la FEC (Fuerza Expedicionaria Cubana) a los cubanos».[73]

El personal de la Marina y la CIA en la operación hervía de rabia. Sentían que la Casa Blanca les había ordenado comportarse de tal manera que habían traicionado a sus aliados y humillado al país; estaban furiosos con el presidente Kennedy. En Guatemala, el personal estadounidense estaba desesperado. «Su ira contra los políticos en Washington no tenía límite», escribió Peter Wyden, quien después citó al jefe de dicha estación de la CIA: «Si alguno de nosotros se hubiera acercado lo suficiente a Kennedy, lo hubiera matado. ¡Cómo lo detestaban!».[74] El capitán citado anteriormente describe el ambiente a bordo de una nave estadounidense durante la misión de rescate: «El clima emocional pasó de la pena y la humillación a la ira y la frustración hacia quienes habían dejado que toda la operación estuviera gobernada por la indecisión, la incompetencia y la cobardía en las altas esferas».[75]

El jueves, el presidente se dirigió a 1.000 miembros e invitados de la Sociedad Estadounidense de Editores de Diarios en Washington. De nuevo manifestó su intención de no abandonar a Cuba y elogió a los hombres de la Brigada 2506. También advirtió de la fuerza del comunismo y la amenaza que esto suponía en una especie de llamado a las armas. Un poco después, profirió su famosa frase referente a la invasión: «Hay un viejo refrán que dice que la victoria tiene cien padres, mientras que la derrota es siempre huérfana».[76]

Este capítulo presenta las experiencias de varios brigadistas desde el momento de la partida desde Centroamérica hasta el derrumbe total de la invasión. De nuevo, a fin de ofrecer una amplia gama de experiencias, he incluido entrevistas con dos pilotos de B-26, un miembro del grupo de Nino Díaz, miembros de los batallones que desembarcaron en Girón y Playa Larga, un paracaidista que tocó tierra en Yaguaramas, un miembro del Quinto Batallón, un infiltrado de la Brigada y una carta de Rogelio González Corzo («Francisco») momentos antes de su muerte. Uno de los miembros del Segundo Batallón, Luis Morse, era el hijo del capitán del *Houston*. En su testimonio, nos relata su experiencia no sólo como soldado, sino como hijo rumbo a la batalla en compañía de su padre.

D-2 (DOS DÍAS ANTES DE LA INVASIÓN)

Gustavo Ponzoa, piloto de B-26

- -

Gustavo Ponzoa, piloto de B-26, en su residencia en Miami, 1999. Foto del autor.

Nació en Pinar del Río en 1924, se crió en La Habana y se graduó del Colegio Baldor, una escuela privada independiente. Su padrastro era médico, propietario de una conocida clínica de La Habana. Gustavo pasó tres años estudiando Arquitectura en la universidad para complacer a la familia, pero eventualmente, en contra de los deseos de sus familiares, se dedicó a su verdadera pasión: pilotear aviones. Estudió en

Spartan Aviation, Tulsa, Oklahoma, y se convirtió en piloto para Cubana de Aviación. Durante la lucha en contra de Batista, fue miembro por corto tiempo del Movmiento 26 de julio de Castro. Desilusionado con el giro de la revolución hacia el comunismo, se marchó de Cuba en julio de 1960 con otros pilotos de Cubana cuando se enteraron de que se planeaba algo en contra de Castro. Fue a Guatemala para comenzar su entrenamiento a finales de agosto. Después de la invasión, continuó combatiendo a Fidel Castro y voló numerosas misiones al exterior para la CIA.

El día 5 de abril nos dijeron que nos trasladábamos a Puerto Cabezas. Sabíamos que se trataba de la invasión y estábamos todos envalentonados y en son de guerra. El catorce llegó un *Constellation* sin emblemas ni insignias, y comenzaron a descargar todo tipo de municiones, armas, bombas y cajas llenas de mapas y otros documentos. Nos llevaron a una sala de operaciones aislada donde nos sentamos en un par de largas mesas y comenzaron a darnos las instrucciones preliminares. Gonzalo Herrera y yo íbamos a bombardear Santiago de Cuba durante los primeros ataques. Nuestra misión se llamaba «Gorila» en clave; yo era Gorila Uno y él era Gorila Dos.

El 15 de abril, a las 2:15 a.m. despegamos. Ascendimos a la altura prefijada y volamos en silencio de radiocomunicaciones. Cuando nos acercamos a Montego Bay, en Jamaica, me di cuenta de que llevábamos diez minutos de adelanto. Sin decirle nada a Gonzalo, que volaba cómodamente en formación a unos 100 metros míos, hice un amplio giro de 360 grados para matar los diez minutos. Cuando salimos del sector de Montego Bay, estábamos a 8.000 pies de altura, pero comenzamos a descender despacio hasta 500 pies. Sabíamos que podían tener radar, y cuando salieron los primeros rayos del sol bajamos a 200 pies, luego a 50 pies y finalmente a 10 pies sobre la superficie del agua.

Pronto vimos el contorno de las lomas alrededor de Santiago de Cuba. Nuestra misión originalmente nos llevaba a entrar cerca de Guantánamo y aproximarnos a Santiago de Cuba por el este, con el sol bajo y detrás de nosotros. Pero cuando estábamos a 20 ó 30 millas de la costa, vimos uno de los barcos de Castro y pensé que nos había hecho señales. Pensé que en esos momentos no podía perder ni un minuto, pues posiblemente se estaban comunicando con el aeropuerto. Así que le hice señas a Gonzalo y en lugar de ir hasta Guantánamo, fuimos directamente al aeropuerto.

Como piloto de Cubana, había volado a ese aeropuerto tal vez miles de veces. Había un vuelo diario a las 6:00 a.m. y el avión de ese vuelo estaba estacionado justo un poco más adelante de la boca de riego donde cayó mi primera bomba de 500 libras. Vi una intensa bola de fuego roja, y un ala volar 200 ó 300 pies por el aire. En total cargaba dos bombas de 500 libras y diez bombas de fragmentación. La segunda de 500 libras estaba destinada a un punto a 50 metros de los tanques de combustible, pero no explotó cuando la lancé. No obstante, continuamos combatiendo y lanzando nuestras bombas. Llegó un momento en que el aeropuerto estaba tan cubierto de humo que apenas se podía ver. Pasamos veinte minutos sobre el aeropuerto. Lo destruimos todo.

Cuando terminamos, estaba eufórico y dije: «¡Acabamos con ese aeropuerto!». Ya cuando nos íbamos de la zona del combate, descarté el «Gorila» y me dirigí a Gonzalo directamente. Me dijo que le habían dado varias veces. Lo seguí a Nicaragua. Fuimos los primeros en aterrizar y todo el mundo comenzó a dar *vivas* y todo eso. Nos llevaron a un recuento de lo sucedido, y nos enseñaron fotos que había tomado un U-2. Como media hora más tarde, los otros comenzaron a llegar. Ahí fue cuando nos enteramos de que habían derribado un avión, que otro aparato tuvo que aterrizar en Gran Cayman, y que un tercero aterrizó en Cayo Hueso.

Habíamos regresado a las 9:30 a.m. Se suponía que volviéramos a salir de nuevo a la 1:30 p.m. A eso de las 11:00 a.m. el general Reid vino y me dijo: «Gus, tenemos que esperar 48 horas para la misión». Le dije: «¡Coño, general, toda la cabrona invasión se fue al carajo aquí mismo!». ¿Cómo rayos íbamos a darle a esa gente 48 horas? Por la mañana habían salido ocho aviones, cuando podían haber salido diecisiete. Si los diecisiete hubieran bombardeado tres veces al día por tres días seguidos, hubieran destrozado todos los aeropuertos en La Habana y destruido todos sus aviones en tierra. Entonces hubiéramos tenido una gran oportunidad de ganar, porque a la vez que aterrizáramos y cargáramos en Girón para salir de allí en nuestras misiones, ni un sólo camión o tanque hubiera llegado a esa parte de Matanzas.

José Flores, Grupo Especial
■■

José Flores, del Grupo Especial, de pie frente a uno de sus cuadros que muestra un paisaje cubano, Miami, 1999. Foto del autor.

Natural de la provincia de Matanzas, José Flores vivió la mayor parte de su vida en La Habana. Era dueño de una compañía constructora y miembro activo del Partido Auténtico. Opositor a la dictadura de Batista, ayudó a abastecer a los rebeldes de Castro en la Sierra Maestra. Al principio estuvo encantado por la caída de Batista, pero pronto se desilusionó con Castro al ver cómo conocidos comunistas asumían importantes puestos en el gobierno. Luchó en contra de Castro como integrante del Partido Auténtico y finalmente vino a Miami en marzo de 1961. Después de embarcar armas para la oposición en Cuba, se integró a la Brigada en las oficinas del Frente. Después de la invasión se radicó en Hartford, Connecticut, donde siguió en el giro de la construcción y se mantuvo activo en los esfuerzos anticastristas. Actualmente vive en Miami, Florida.

Nos inscribimos en la invasión en las oficinas del Frente en la Avenida Veintisiete en Miami. Cuando salíamos para el aeropuerto a bordo de un camión, vino alguien y nos dijo que el ex presidente Carlos Prío, un líder Auténtico, había pedido a un grupo de nosotros. Iríamos a unirnos a otro grupo en Louisiana al mando de Nino Díaz e iríamos como voluntarios para ser los primeros en desembarcar en Cuba, el 15 de abril, para distraer las tropas de Castro lejos de la fuerza invasora. Pasamos la tarde en la casa de Carlos Prío y pronto nos llevaron a Opa-locka. Toda mi familia, incluyendo mis hijos, estaba en Cuba y no tenía idea de que estaba metido en esto.

Llegamos a Louisiana más o menos el 26 de marzo. Mi entrenamiento fue de menos de tres semanas, y otros allí nada más que se entrenaron tres días. Nos entrenaron en el uso de bazucas, rifles y morteros. Fue un entrenamiento bien simple. Un día nos dieron un desayuno especial y nos dimos cuenta que algo raro pasaba. Cuando al fin salimos para Cayo Hueso el 13 de abril, estábamos todos contentos, cantando canciones patrióticas. En Cayo Hueso, abordamos nuestro barco, el *Santa Ana,* y salimos para Cuba. Todos estábamos entusiasmados y ansiosos por desembarcar y liberar a Cuba. Había un gran espíritu de camaradería entre todos.

Nos enteramos de los ataques aéreos de la mañana y nos preparamos para desembarcar. Mientras tratamos de localizar la playa, podíamos escuchar los aviones. Nueve de nosotros salimos del *Santa Ana* en pequeñas lanchas para tratar de localizar un buen punto de desembarco, pero perdimos las hélices de las lanchas con los arrecifes de coral y tuvimos que regresar. A bordo del *Santa Ana* , nos preparamos para desembarcar al día siguiente. La noche siguiente, un grupo pequeño de nosotros regresó a la playa en las pequeñas lanchas, en la desembocadura de un río seco; había miles de soldados de Castro esperándonos. A una distancia de una cuadra de la playa, usamos el radio para ver si establecíamos contacto con el equipo que nos iba a recibir. Usamos la contraseña «Bacardí» y se suponía que ellos contestaran con «Hatuey». En vez de esto, contestaron con «ron», «Oriente», «Coca-Cola», o «Cuba Libre», pero nunca «Hatuey». Cuando regresamos, informamos lo que habíamos visto y escuchado.

Al día siguiente, nos fuimos del lugar. Después supimos de la invasión en Bahía de Cochinos, y lo mal que iban las cosas. Así que de la costa sur, cerca de la Base Naval de Guantánamo, nos dirigimos a Bahía de Cochinos. Todos insistíamos en que teníamos que ir. En el camino, encontramos uno de los barcos de la Brigada. Nosotros teníamos uniformes verde-olivo, y ellos uniformes de camuflaje. La gente de Fidel también usaba el uniforme verde-olivo, así que la gente en el barco de la Brigada estuvo a punto de dispararnos antes de reconocernos. Nos dijeron que la invasión era causa perdida. Así que regresamos a Oriente, y luego al norte de Cuba. Nos tuvieron en movimiento de un lugar a otro durante los próximos once días. Finalmente llegaron dos destructores americanos, nos transfirieron a uno de ellos y nos llevaron a la base en Vieques.

La Invasión: Playa Azul, Girón

Grayston Lynch, CIA

■ ■

El agente de la CIA Grayston Lynch en su casa en Tampa, 1999. Conjuntamente con Rip Roberston, Lynch era la persona clave de la CIA en la invasión. Foto del autor.

Natural de Victoria, Texas, Grayston Lynch era el hijo de un trabajador petrolero. Se alistó en el ejército en 1938, mintiendo sobre su edad, justo después de graduarse de la secundaria, con apenas quince años de edad. A fines de octubre de 1941 terminaba su servicio militar, pero se alistó de nuevo el 7 de diciembre. Durante la Segunda Guerra Mundial, desembarcó en Normandía y recibió heridas graves durante la Batalla de las Ardenas. También peleó en la Guerra de Corea y después se integró a las Fuerzas Especiales del Ejército. En 1960, lo reclutó la CIA y después de estar destacado en Laos, formó parte de la operación en Cuba. Fue el primero en llegar a tierra durante la invasión de Bahía de Cochinos y fungió como el comandante extra-oficial de la CIA durante la batalla. En los años subsiguientes a la invasión, fue una figura prominente en diversas actividades de los EE.UU. en contra de Castro, trabajando con numerosos exiliados. Actualmente está jubilado y recientemente ha terminado su primer libro: *Decision for Disaster: Betrayal at the Bay of Pigs (Decisión para el desastre: la traición de Bahía de Cochinos).*

Teníamos un catamarán y llevamos la balsa de goma a su lado; nos metimos en la balsa cuando estábamos a unas 200 yardas de la costa. Yo pensaba quedarme en el catamarán, pero cuando nos acercamos para revisar el lugar, vimos que había gente fuera de la bodega, la «Bodega del Pueblo», o algo así, justo donde teníamos que desembarcar. Tenían reflectores que alumbraban todo el lugar. Se suponía que desembarcáramos en la bodega y que después saliéramos a un pequeño muelle de piedra que estaba a la derecha de la bodega donde estaban construyendo un edificio. El estrecho muelle estaba totalmente iluminado por los reflectores de la bodega. Parecía una ruina porque sólo habían construido parte de la pared. Había un camino detrás del lugar bordeando la costa, y detrás todo lo que había era vegetación y estaba muy oscuro. Cualquier tipo de defensa de la playa tendría que estar allí.

Mis órdenes eran las de determinar si aquello era una celada. Si lo era, suspenderíamos el desembarco y lo moveríamos a otro punto alterno. Me dije a mí mismo: «Tengo que estar seguro, así que lo mejor es que vaya y me cerciore por mí mismo». Me metí en la balsa con los hombres rana. Llevábamos las luces para marcar el desembarco en la playa. Todas estaban apagadas; yo mismo hasta les había puesto cinta eléctrica para asegurarlas. Entonces, con toda el agua salpicando por todas partes, parece que una hizo un cortocircuito y se prendió. Estábamos a unas 50 yardas de la costa, y este cabrón *jeep* viene por el camino rumbo a nosotros porque vio la luz. Después nos enteramos que pensaron que era un barco pesquero y que venían a avisarles de los arrecifes de coral. Se detuvo justo frente a nosotros y prendió las luces. Ahí mismo abrimos fuego.

Desembarcamos y crucé el camino. Revisamos detrás del *jeep* y no había nada. Volvimos y pusimos las luces de desembarco en la playa y además fuimos al edificio y pusimos una luz encima.

Llegaron los primeros desembarcos, pero con toda la agitación, a mí se me olvidó prevenirles acerca del coral, e indicarles que entraran despacio. Esta gente había recibido su entrenamiento en Vieques con las embarcaciones de desembarco, así que cuando llegaron a la playa lo hicieron a toda velocidad para entrar a la arena, y por tanto se metieron de lleno en el coral. Tiraron las rampas, y todo el mundo a tierra corriendo. Cada uno de los que vino en la primera oleada cargaba pertrechos adicionales y los iban dejando amontonados al lado de la bodega. Siguieron rápidamente a buscar la carretera a Girón. Hubo algo de fuego ligero al extremo del pueblo, pero eso fue todo; tomaron el pueblo. Pepe San Román desembarcó y montó las tropas del Cuarto Batallón en dos carros viejos y tomaron el aeropuerto.

Entonces recibí un mensaje por radio diciéndome que regresara al *Blagar* porque tenía un mensaje urgente. Regresé al barco mientras los desembarcos proseguían y el mensaje decía textualmente: «Castro todavía tiene aviones en operación. Se espera que los ataquen con las primeras luces. Descargue todas las tropas y pertrechos y saque los barcos a alta mar». ¡Sí, claro, y también hay que hacer el mundo en un sólo día! El desembarco de las tropas y los suministros no iba a terminar hasta la tarde siguiente. Hasta ese momento, estábamos cumpliendo nuestro horario establecido.

Después de recibir el mensaje, le dije a Pepe San Román que si nos iban a atacar por aire, pensaba que sería mejor desembarcar al Tercer Batallón en Girón y llevarlos por tierra a sus posiciones, en vez de llevarlos en la cubierta del *Blagar* a Playa Verde. El Cuarto Batallón inmediatamente tomó el aeropuerto. El Sexto Batallón llegó y comenzó a descargar pertrechos y suministros y almacenarlos en las nuevas casas del complejo turístico.

El Sexto fue el último en desembarcar del *Río Escondido*. Mandé dos grandes lanchones de desembarco para transportar al batallón completo a la orilla. Cuando los lanchones regresaban al *Río Escondido* a descargar los barriles de 55 galones de combustible para aviones, el condenado Sea Fury llegó y le dio con un cohete. Trasbordamos la tripulación al *Blagar*. El capitán había puesto el *Río Escondido* en reversa, así que iba rumbo al medio de la bahía. Entonces vino una pequeña explosión y después una tremenda, como una bomba atómica, y esta nube en forma de hongo que se formó, llegó casi hasta mi barco. Cuando se despejó un poco, se podían ver las dos hélices dando vueltas lentamente mientras el barco se hundía en el agua.

Jorge Herrera, Batallón de Armamento Pesado

Jorge Herrera, Batallón de Armamento Pesado, en su casa, Coral Gables, 1999. Foto del autor.

Nació en 1938 en la ciudad de Bayamo, provincia de Oriente. Se graduó del Colegio La Luz, una institución privada, y después asistió a la Universidad de La Habana a estudiar Medicina. Cuando la universidad cerró sus puertas, salió de Cuba para dirigirse al Wharton School of Business de la Universidad de Pennsylvania. Al regresar a Cuba durante unas vacaciones en 1959, la preocupación por su familia en una situación política en flujo le hizo quedarse. Terminó su carrera universitaria en la Universidad de Villanueva y salió para Miami en noviembre de 1960, donde se alistó en la Brigada. Salió para Guatemala el 12 de diciembre, donde recibió entrenamiento en el uso de morteros de 4,2 mm, como miembro del Batallón de Armamento Pesado. Después de alcanzar su libertad, continuó sus estudios. Actualmente es corredor de bolsa para Merrill Lynch.

Todo el mundo estaba listo y con grandes deseos de ir a Cuba. Creo que si hubieran suspendido la invasión, un 70 por ciento se hubiera negado a cumplir con la orden. Fui a Cuba a bordo del *Atlántico*. El viaje se caracterizó por un calor terrible y por mucha hambre, ya que sólo nos daban pequeñas salchichas para comer. Sin embargo, todos fuimos con grandes esperanzas. La presencia de un destructor de la Armada de los EE.UU., que podíamos ver durante casi toda la travesía, nos hacía pensar que aquello era algo organizado y que íbamos a tener el apoyo necesario. El día antes de desembarcar nos dieron nuestras instrucciones.

Estábamos a varias millas de la costa cuando vimos las balas trazadoras del combate entre los hombres rana y el enemigo. Después de varias horas, a las 5:00 a.m., la lancha de desembarco se hizo al lado de la nave. Pusieron sogas y bajamos a las mismas. El que piloteaba nuestra embarcación de desembarco cometió algún tipo de error y salimos a mar abierto. Comenzamos a dar vueltas porque no veíamos la tierra, pero por suerte vimos la luz de uno de los barcos y enfilamos hacia ella; nos guió a la orilla. Amanecía, y un B-26 de Castro nos ametralló en camino. Eso daba miedo, ver un avión que te dispara y que no puedes hacer nada al respecto. Desembarcamos como a tres cuadras de la orilla, cerca de Girón, y tuvimos que caminar con el agua al pecho, cargados con todo nuestro equipo por los arrecifes de coral.

Nos quedamos en Girón ese día. Esa noche, antes del amanecer, mi grupo salió para Playa Larga con Harry Ruiz Williams para dar apoyo a los que estaban allí, pero tuvimos un accidente terrible. Íbamos cargados de parque y morteros, y no sé lo que pasó, pero el chofer metió el camión en un hueco y nos volcamos. Nadie murió porque Dios es grande. Imagínese todo ese equipo; tan sólo los morteros pesaban 600 libras. Ruiz

Williams y yo pensamos que debiéramos sacar las cajas de municiones del camión y taparlas con piedras a un lado del camino. Así, si los aviones ametrallaban el camión, todavía tendríamos lo necesario para seguir peleando. Pasamos el resto de la noche en el monte, cerca del camino.

La mañana siguiente capturamos a un par de milicianos que nos dijeron que muchos oficiales de Castro se habían rendido. Entonces, a eso de la 1:00 p.m., nos enteramos, ahí parados cerca del camino, que nuestras fuerzas estaban en retirada. Paramos a uno de ellos y le preguntamos qué era lo que estaba pasando. Los hicimos llevar los morteros y el parque que habíamos escondido la noche anterior.

Cuando regresamos a Girón, nos situamos a 500 ó 600 metros al sur del aeropuerto. Allí emplazamos dos morteros y esperamos. Pasó un avión y dejó caer un par de bombas gigantescas. Nos parecían de mayor tamaño de lo que en realidad eran, y retumbaron la tierra. Al día siguiente, el miércoles, sólo nos quedaban unas 80 granadas. Cuando comenzaron a llegar las tropas enemigas, comenzamos a recibir informes de su posición. Manuel Granado hizo una labor formidable como centinela de avanzada. Yo hacía los cálculos y después disparaba. Hacíamos blanco de manera efectiva. También había una unidad de .81 mm que les disparaba y contuvimos su avance a Girón por varias horas. No tenían idea de que no teníamos más parque y tenían miedo de avanzar.

No supimos nada hasta que a eso de las 3:30 p.m., Gabriel Gómez del Río, el otro centinela de avanzada del batallón, vino y nos dijo que estábamos en retirada, que no teníamos apoyo aéreo, ninguna ayuda en lo absoluto. Entonces reventamos los tubos de los morteros con un par de granadas y nos dirigimos a Girón. Allí estaba Erneido Oliva, ese sí que era un militar, los demás éramos muchachos. Nos dijo que teníamos que internarnos en el monte. Nos separamos en pequeños grupos y tratamos de mantenernos juntos hasta que nos capturaron.

Tulio Díaz Suárez, Sexto Batallón

Tulio Díaz Suárez nació en La Habana en 1935. Su padre era abogado y su madre maestra. Se graduó del Instituto del Vedado y entró a la Facultad de Derecho de la Universidad de La Habana, donde participó en protestas estudiantiles en contra de

Batista. Se desilusionó con Castro a principios de 1959 y lo expulsaron de la universidad por tratar de organizar a los estudiantes en contra del régimen. Vino a Miami en abril de 1960 y seguidamente partió con un grupo de estudiantes en una gira por América Latina, dando charlas en contra del gobierno cubano. Semanas antes de la invasión, partió para Guatemala. Después de salir de prisión, se radicó en Miami y se dedicó a los negocios.

Recibí el entrenamiento para cargar un rifle pesado de .57 mm. Fui a Nicaragua desde Guatemala un poco antes que los demás; a un grupo pequeño nos llevaron para ayudar a cargar los barcos. El viaje a Cuba fue de mucha tensión. Había 130 barriles de 55 galones de combustible para aviones en la proa del barco y con 150 personas en cubierta, un cigarrillo hubiera causado un desastre. También estábamos cortos de comida y agua.

Podíamos ver las pequeñas luces de la orilla mientras esperábamos para desembarcar. Cuando escuchamos los primeros disparos de los hombres rana, pensé: «Ahora esto se está poniendo bueno». Cuando uno es joven, esas cosas lo inspiran a uno. Por la mañana, como 156 de nosotros abordamos una de las embarcaciones de desembarco con todo nuestro armamento. Cuando estábamos cerca de la orilla, vino un Sea Fury de Castro y lanzó sus dos cohetes. Vi cuando le dieron al *Río Escondido*. La explosión parecía como un hongo gigantesco, como una bomba atómica, pero en menor escala.

Cuando tiraron las rampas de desembarco, todos fuimos hacia la orilla, con el agua por encima de la cabeza. Cuando desembarqué, me hundí con todos los cohetes, una M-3, una pistola y tres cajas de balas. Finalmente me pude subir al coral y nadar hacia la orilla. Cuando llegué, todos ya estaban allí. Estaba agotado con todo lo que llevaba a cuestas y la tensión nerviosa del momento.

Ya para ese entonces, muchos estaban en los manglares. Comenzaron a gritar: «¡Sea Fury, Sea Fury!». Frente a mí, del este, vi el Sea Fury que venía hacia nosotros. La embarcación de desembarco ya se había ido y estaba atrapado entre la playa y el monte. Encontré la parte más densa de la hierba, me tiré al suelo y abrí fuego cuando el avión pasó por encima. Fue un momento difícil, pero me sentí muy bien porque no me había dado. Me porté como un hombre y eso me dio ánimo.

Vinieron a recoger nuestro batallón en un camión. Como el camión ya estaba lleno, el tirador del .57 mm y yo nos quedamos atrás y nos incorporamos al Tercer Batallón cuando fue a San Blas. El tercer día en San Blas, vimos aviones americanos y pensé: «Bueno, por lo menos esta gente está pasando por acá». Pero parece ser que sólo fueron a tomar fotos y a nada más.

Supimos que todo había terminado cuando comenzamos a replegarnos hacia la playa. A todos se les cambió la cara. A los quince minutos de llegar, los obuses comenzaron a darnos. Escuché a Pepe San Román cuando les cantaba las verdades a los americanos. Primero, muy serio y muy seco. Después les dijo que íbamos a morir, que nos habían abandonado, que con un poco de ayuda hubiéramos hecho lo que vinimos a hacer, y que esto no se les hacía a hombres que les habían sido leales. Había muchos parados allí y no sabíamos qué hacer. Finalmente fuimos hacia el monte.

Ricardo «Ricky» Sánchez, paracaidista

∎∎

Ricardo Sánchez en su oficina de Miami, 1999. Foto del autor.

Ricardo Sánchez nació en La Habana en 1941. Su padre era médico y su madre enfermera. Se graduó de la Ruston Academy y comenzó a trabajar como traductor en el Ministerio de Educación al graduarse en 1959. Quedó decepcionado con el régimen y el giro comunista que llevaba. Irónicamente, su primo Augusto Martínez Sánchez, era uno de los principales subalternos de Castro. Ricardo salió de Cuba en 1960 y se unió a la Brigada en Miami en enero de 1961. Después de salir de prisión, obtuvo su título universitario de St. Joseph's University, en Philadelphia y entró en el giro bancario. Actualmente es un ejecutivo del Union Planter's Bank en Miami.

El comandante de nuestro batallón, Alejandro del Valle, estaba parado en la puerta del avión cuando llegamos a la playa. Estaba muy entusiasmado, como un niño chiquito. Decía: «¡Esto se parece a Normandía! ¡Mira eso!». Se podía ver la febril actividad y los barcos allá abajo. Habíamos saltado a las 7:30 de la mañana y caímos cerca de Yaguaramas, nuestro objetivo. No había nada donde caímos, sólo un pequeño grupo de casas. Pusimos a alguien cerca de un bohío para que vigilara por si algo venía por el camino de San Blas. Ante nosotros se extendía el camino a Yaguaramas, con cañaverales a ambos lados. Emplacé mi rifle pesado de .57 mm más allá de una curva en el camino a Yaguaramas; también había una ametralladora calibre .30, un mortero de .81 mm y una bazuca. La infantería quedó distribuida a ambos lados del camino.

Como una semana o diez días antes de partir, nos quitaron todas nuestra armas pesadas para empaquetarlas y prepararlas para que cayeran en paracaídas. No sé lo que pasó, pero el .57 que me dieron no era *mi* .57. Lo que sucedió es que recibimos nuevos equipos cuando nos los dejaron caer, y se lo atribuyo a que seguro que alguien dijo: «Oye, vamos a ayudar a estos muchachos, vamos a darles equipos nuevos». Lo que no sabían es que cuando nos dieron nuevos equipos, estos no estaban listos y ni tenían las mirillas ajustadas. Tampoco recibí la mirilla telescópica correspondiente. Además, el .57 que me dieron no traía proyectiles antitanque —aunque tenía la capacidad para esto—, sólo proyectiles antipersonal. La idea era que como teníamos una bazuca, ya teníamos algo antitanque y algo antipersonal (el .57).

Cuando ya todo estaba en su sitio, nos pusimos a conversar en grupo bajo un árbol. De pronto, se armó la de San Quintín. Empezaron a dispararnos desde el cañaveral, a unas 100 yardas. Regresamos a nuestros armamentos y nos preparamos. Vimos como cuatro camiones llenos de milicianos que comenzaban a bajarse. Me ordenaron que les disparara con mi .57, y yo era bastante bueno con esa cosa. Disparé, y el tiro se me fue lejos. «¿Qué rayos es esto? ¡Las mirillas de estas cosas no están ajustadas!». Tuve que empezar a probar diferentes ajustes. Mientras tanto, esa gente se estaba bajando de los camiones y preparándose. Nuestro radio quedó fuera con un disparo, así que perdimos contacto con San Blas.

Los milicianos empezaron a venir por detrás, por el bohío donde habíamos dejado a uno de los nuestros vigilando. Él también había visto a los milicianos, pero en vez de venir a avisarnos, se dirigió a un tanque que venía de San Blas; se dio cuenta que era uno de los nuestros. Como no teníamos comunicación con San Blas, no sabíamos que venía un tanque en nuestra ayuda. El caso es que les dijo a los del tanque que nos tenían rodeados. Así que el tanque viene y dispara alrededor del bohío donde creíamos que todavía estaba nuestro vigía. Inmediatamente pensamos que se trataba de un tanque perdido de Castro proveniente de la playa. Se le dijo al de la bazuca que le disparara. Al hacerlo, escuché el enloquecedor «clic, clic, clic». La bazuca no estaba funcionando. Entonces me dijeron que le disparara con el .57. Yo sólo tenía proyectiles antipersonales y me dije: «Sólo voy a echarle candela al fuego, este tipo se va a molestar y va a empezar a disparar». Pero le disparé, y como por suerte, las mirillas estaban desajustadas, y fallé.

El tanque dio marcha atrás; como a los veinte minutos volvió y se plantó frente a nosotros y comenzó a disparar. No había donde meterse. El de la bazuca se metió en unos árboles, al igual que mi asistente. Cuando me iba a levantar y salir corriendo, el centinela vino corriendo y gritando: «¡Oye, somos nosotros!». De acuerdo con lo que nos dijo, estaban tirando bajo, pero sobre nuestras cabezas para darles a los que estaban en el cañaveral.

El enemigo se retiró cuando vino el tanque y nos movimos a un canal de regadío que estaba seco, próximo al cañaveral. Allí vi mi primer muerto. Estuvimos allí hasta las 7:00 o las 8:00 esa noche hasta que vino Néstor Pino, quien luego fue coronel del ejército americano, y nos dijo que teníamos que salir de allí porque el tanque había tenido que regresar. Una vez que los milicianos se dieran cuenta de que el tanque se había ido, atacarían en masa y nos harían pedazos. Retrocedimos como unas cuatro millas esa primera noche y volvimos a preparar nuestro armamento. Nuestro objetivo era llegar a San Blas, pero como no teníamos comunicación con ellos, pensamos que no podíamos dejar que el enemigo fuera directo para allá. Así que a medida que venían por el camino, les disparábamos, y volvíamos a retroceder.

A la mañana siguiente nos volvieron a rodear, y entonces vino un camión con una calibre .30 y nos llevó a San Blas. Llegamos el segundo día, como a la 1:00 de la tarde, y escuchamos Radio Swan en el radio de onda corta. La noticia que daban era la siguiente: «Las tropas invasoras están entrando en Matanzas y han tomado tal y más cual pueblo». Nos miramos y dijimos: «¿Qué carajo pasa aquí? ¿Se olvidaron de nosotros? ¡Todo se fue para otro lado y nos dejaron aquí en el medio del monte para que nos aplastaran! (se ríe)».

Del Valle estaba convencido que nos apoyarían con un bombardeo aéreo masivo, y mandó a dos hombres a que instalaran paneles para nuestra fuerza aérea. Para ese entonces, el Tercer Batallón ya se nos había unido. Como a eso de las 3:00 ó 3:30 empezamos a recibir fuego de artillería en San Blas, y Del Valle decidió que retrocediéramos a como unas 200 yardas del pueblo. El fuego de artillería duró toda la noche, pero siempre caía delante de nosotros y nunca nos dio.

Muy temprano en la mañana, nuestros aviones atacaron al enemigo. Entonces escuché un estruendo a mis espaldas y vi dos tanques y a todo el Tercer Batallón, y algunos del Cuarto, listos para avanzar. Del Valle iba montado arriba de un tanque gritando, «¡Vamos soldados!». Néstor Pino lo miró como si fuera a decirle: «¿Qué demonios crees que estás haciendo?». Del Valle iba a la carga como Custer, y todos estábamos más contentos que nada. Del Valle era una persona super temeraria, la imagen del espadachín, un tipo John Wayne. Mi impresión es que él creía que podía atravesar una pared. Era el típico hombre de acción. Era un líder fogoso. No obstante, como una hora más tarde, estaban todos de regreso porque se les había terminado el parque. Además, venía una larga columna de tanques, y no tenían con que enfrentarse a ellos.

Nos fuimos en retirada. Nos dijeron que iban a dejarnos caer más parque, y nos preparamos con el armamento. Dejaron caer las municiones equivocadas, y es en ese momento cuando más o menos nos dimos por vencidos. Mientras tanto, uno de los comandantes enemigos, Félix Duque, vino en carro por donde estábamos. Lo paramos e hicimos prisionero. Del Valle se lo llevó en un convertible a Girón. Era el oficial de más alto rango capturado como prisionero por la Brigada durante la invasión. Mientras, el camino adelante estaba lleno de tanques. Más tarde, el centinela que había mencionado anteriormente, y que no era tirador de bazuca, pidió prestada una y le dio al primer tanque. Esto bloqueó el camino y toda la columna se detuvo. Cuando empezaron a golpear su propio tanque para sacarlo del camino, comenzamos a salir corriendo. No teníamos nada más con que dispararles.

Camino a Girón a eso de las 5:00 de la tarde, nos encontramos a un grupo de civiles con banderas blancas. Les preguntamos la distancia a Girón. Dijeron que cuatro o cinco kilómetros, pero que allí no había nada. «¿Cómo que no hay nada allí? ¿Y nuestra gente?».

«¡Oh, no —respondieron—, se han ido!». Así que cuando llegamos a Girón, decidimos tratar de llegar a Cienfuegos y las montañas. Nos dijeron que Oliva se había ido por ahí.

Pasamos la noche con unos heridos en un trillo que salía de la carretera a Cienfuegos. A las 6:00 de la mañana, uno de nosotros fue a la carretera a ver si veía a alguien. Pasó algún tiempo y de pronto comenzamos a oír disparos. Julio y yo bajamos del camión con nuestras pistolas. Cuando salimos de los matorrales, allí estaban, en toda la carretera, todos los milicianos y soldados de Castro que se pudiera imaginar. Nos capturaron. Castro estaba a menos de una cuadra de distancia con un grupo de periodistas. Vino y se paró frente a nosotros y nos preguntó: «¿Dónde está el resto de su gente?». Le contestamos: «Estamos solos, con un camión lleno de heridos». «¿Cuántos hay metidos en esto?», nos volvió a preguntar. «Sólo unos cuantos, como mil», le respondimos. «¿Y los americanos?». La respuesta no era la que quería que le dieran, y no quería que la prensa lo oyera.

Nos llevaron a la playa y luego a la central Australia, donde me pusieron en un garaje con las manos atadas a la espalda. Mi primo Augusto entró y de repente lo tenía frente a mí. Me dijo: «¿Qué demonios estás haciendo aquí?». Le respondí: «Todo lo que quiero, no vamos a discutir, es que vayas y les digas a mis padres que estoy vivo». Mi padre era el que había hecho posible que Augusto asistiera a la universidad, ya que su padre había muerto cuando él era muy joven. Mi madre le había conseguido su primer trabajo. Me empujó y me dijo: «¡No te mereces los

padres que tienes!». De verdad él quería a mis padres. De allí mismo
mandó a alguien a que los pusiera presos. Creo que se dio cuenta de que
yo podría perjudicarlo políticamente, así que necesitaba hacer algo para
no estar vinculado a nosotros.

LA INVASIÓN: PLAYA ROJA, PLAYA LARGA

Pepe Hernández, Segundo Batallón
■■

Desembarqué en Playa Larga a bordo de una de las tres primeras
embarcaciones que llegaron a la playa. Mientras desembarcábamos,
desde una de nuestras embarcaciones disparaban una ametralladora calibre .50 hacia la orilla para darnos cobertura; pero estaban disparando un
poco bajo y las balas cruzaban muy cerca. Creo que le dieron y mataron
a alguien de otra de las embarcaciones. El piloto de mi embarcación, a fin
de evadir el fuego, seguía desviándose a la derecha, fuera del camino tra-
zado por las luces. Acabamos en las rocas y tuve que saltar al agua. Al
hacerlo, me hundí completamente con todo mi equipo, que pesaba unas
cuarenta libras; yo sólo pesaba unas 135 libras en ese entonces. Pude salir
con todo mi equipo, pero todo arañado por las rocas de coral.

Nuestro grupo constaba de unos 40 hombres, cuya misión era la de
adelantarnos por el camino y establecer contacto con los paracaidistas
cuando tocaran tierra un poco más tarde, cerca del central Australia.
Teníamos que caminar bastante para llegar, pero se suponía que no
habría resistencia en el camino. Al llegar a la orilla había unos milicianos,
y las primeras palabras que escuché al desembarcar fueron de uno de
ellos, que dijo: «¡Que viva Fidel Castro!». Eliminamos la pequeña resistencia, y seguimos por el camino. Cuando llegamos a la rotonda, llegó un
camión con milicianos y civiles, incluyendo mujeres y niños. Ni siquiera
sabíamos en ese momento que había civiles adentro. Les dijimos que se
detuvieran, y al hacerlo, los milicianos comenzaron a dispararnos. Con
una BAR, el tipo a mi lado le dio al tanque de gasolina del camión, que
explotó, y el camión cogió fuego. Fue una escena terrible, porque vi a

algunas mujeres, al menos a una jovencita, cubiertas en llamas. Pero no teníamos otra alternativa; teníamos que responder al fuego enemigo. Es más, allí le atravesaron un pulmón de un tiro a uno de nuestros hombres.

Ese día, un poco más tarde, estaba en mi posición de avanzada como a siete kilómetros de Playa Larga, con 40 hombres, en un claro semicircular de más o menos 500 metros de diámetro. Desde allí vi a lo lejos tropas de Castro que se acercaban al central Australia. Fui al otro extremo del claro, en el camino, con mis binoculares. Vi un carro blindado en la distancia delante de unos autobuses blancos. Conté diecinueve autobuses. A unos 600 u 800 metros de nosotros, se detuvieron y comenzaron a bajar de los autobuses. Formaron filas y empezaron a marchar cantando. El carro blindado seguía con ellos. Abrimos fuego cuando estaban como a 500 metros. Teníamos un tanque M-41, una ametralladora calibre .50 y un rifle pesado de .57 mm.

En medio de todo eso, aparecieron dos de nuestros bombarderos B-26. Llevábamos un vigía aéreo con nosotros, y éste puso un cuadro de metal brilloso en forma de L en el camino para guiar nuestros aviones hacia el enemigo. Cuando hicieron la primera pasada, saludaron inclinando el ala; la gente de Castro, pensó que eran de ellos, porque los aviones estaban pintados igual que los de la fuerza aérea de Castro, y comenzaron a gritar «¡Viva!». Cuando hicieron la segunda pasada, dispararon sus cohetes. Volaban tan bajo que recuerdo estar en el suelo y mirar hacia atrás y ver que volaban a sólo unos 50 pies sobre el camino. Los vi soltar los cohetes y parecía que se estremecían al hacerlo. Todo duró como media hora a 45 minutos. Después perdimos esos aviones.

Más tarde vimos llegar ambulancias y dejamos de disparar. Entonces vimos cómo se bajaba gente armada de las ambulancias y cómo disparaban desde las mismas. En otras palabras, estaban usando las ambulancias para tratar de seguir avanzando. Después de ver esto, seguimos disparando.

Rafael Montalvo, Segundo Batallón

• •

Rafael Montalvo nació en 1943 y proviene de una de las familias más antiguas de Cuba. Su tío y tocayo fue el general más joven en la Guerra de Independencia y su bisabuelo estuvo preso en España y después lo mandaron a África durante la misma

Rafael Montalvo, Segundo Batallón, en su casa en Coral Gables, 1999. Foto del autor.

guerra. El padre de Rafael, médico pediatra, era el director del Hospital del Niño en La Habana. A la edad de quince años, a Rafael lo mandaron interno a una escuela en Inglaterra después de una reyerta con la policía militar de Batista. Regresó de Inglaterra después de la revolución a una Cuba que encontró cada día más represiva y abusadora. Fue a Georgia Tech, donde una numerosa colonia de estudiantes cubanos constantemente discutía la situación en Cuba. Al cumplir los dieciocho años, en febrero de 1961, y después de un retiro hondamente espiritual de tres días en Conyers, Georgia, se incorporó a la Brigada en contra de los deseos de sus padres.

En los muelles en Nicaragua había una mucha gente en constante movimiento. Los botes de aluminio que usábamos para desembarcar estaban haciendo prácticas por toda la playa; otros subían y bajaban por las redes; los P-51 de Somoza sobrevolaban el sector. Era una euforia total. Pensábamos que estábamos metidos en algo grande, que iba a dar resultado y que era una cosa seria. ¡No podíamos esperar!

El viaje fue extremadamente emotivo. Fue incómodo para algunos, pero a los dieciocho años uno no se siente incómodo con nada. Recuerdo que había quienes protestaban, pero nosotros estábamos perfectamente bien. Esos dos o tres días pasaron rápidamente; era un momento para meditar, para entenderse a sí mismo. Mientras más se acerca el momento, más seguridad tienes de que vas a morir. Es en realidad la única forma de lidiar con esto, para poder hacer algo.

El último día comenzaron a entrar las estaciones de radio, y Castro por supuesto tocaba el himno nacional y otras canciones patrióticas. Esto nos aceleraba totalmente. Teníamos tanto entusiasmo, estábamos tan emocionados. Era increíble. Cuando divisamos la costa, fue un gran momento.

Entramos a la bahía y los aparatos para bajar los botes al agua hacían un ruido tremendo. Bajamos por las redes a los botes de desembarco con 100 libras a cuestas de equipo; yo nunca en mi vida había bajado por una red. Había una luz en la playa que podíamos distinguir a medida que nos acercábamos. Junto a la luz, comenzaron a dispararnos. Las balas trazadoras nos pasaban por encima, pero parecía que nos estaban disparando directamente. Estaba en el primer bote que tocó tierra.

Desembarcamos en la misma playa, en una parte rocosa. Llevaba dos fajas de balas para la BAR y no podía alzar la pierna. Finalmente, pude salir a la orilla. Cuando llegué, había perdido mi pelotón y había un tiroteo en todas las direcciones. Al desembarcar el segundo bote, me dijeron que siguiera a su jefe. Los dos fuimos de cabaña en cabaña por la playa, siguiendo a unos milicianos. Tenía la adrenalina en su punto. Estás listo para reventar todo y ya no tienes miedo. Les pedimos que tiraran sus armas, y para nuestra sorpresa, comenzaron a tirarlas por las ventanas. De ahí, me volví a reunir con mi escuadrón.

Esa noche fuimos al frente, a la rotonda. Fue una noche terrible. Antes de ir al frente, pasamos como cuatro horas bajo intenso fuego de artillería. Daba un miedo del carajo. Los proyectiles caían al agua porque estaban apuntando muy alto. En la rotonda fue horrible. Los tanques, las granadas de fósforo blanco explotando sobre los tanques, la gente moviéndose en las sombras, disparando a todas partes; no ves un carajo, sólo disparas, disparas y disparas y cada vez que oyes algo, disparas. Todo esto casi toda la noche. Nuestros tanques les daban a sus tanques; los dos tanques dándose así (cuerpo a cuerpo). En algún momento, me oriné en los pantalones porque no podía levantarme y dar la vuelta para abrirme la portañuela. Estaba lo más pegado a la tierra posible; el tiroteo era continuo e increíble. El enemigo estaba bien cerca, delante de nosotros. No teníamos trincheras, nada. La única iluminación venía de las granadas; veías a la gente cuando algo explotaba.

A las 4:00 ó 5:00 de la mañana, todo se volvió muy tranquilo. No se oía más que los gritos de los heridos. Uno gritaba: «¡Teniente, teniente, no me dejes! ¡Teniente, hijo de puta, ven a buscarme!». Se pasó toda la noche gritando así, hasta que se fue debilitando. En algún momento me quedé dormido. Me desperté justo antes de las primeras luces y había neblina; aquello daba miedo. Cruzamos el camino y no había nadie, sólo los muertos y gente aplastada por los tanques.

Después retrocedimos hacia la playa. Comenzaba a ser de día y todo estaba muy tranquilo. Se veían muchos milicianos muertos. Un poco más tarde, Sueiro vino y ordenó la retirada. No podíamos creerlo, porque habíamos descojonado a esa gente. Cuando volvimos al camino, alguien, no sé quién, comenzó a cantar el himno nacional, y todos nos pusimos a cantarlo. Nos montamos en los camiones y fuimos para Girón.

Cuando llegamos a Girón, descansamos, cavamos trincheras y todo eso. Cuando estábamos allí le dieron a mi amigo Eddy de las Casas. Habíamos estado hablando cuando escuchamos que venía un avión. Me tiré en la trinchera que acababa de cavar y oía las balas de su ametralladora por todas partes. Cuando salí, fui a buscar a Eddy a la casa donde se había metido. Lo encontré tirado en el suelo y las paredes estaban cubiertas de sangre.

El último día nos llamaron temprano en la mañana para que fuéramos al frente en Playa Larga; el Sexto Batallón ya estaba allí. A mi compañía, la compañía G, se le ordenó que los pasara y que avanzara hasta donde pudiera. Nos metimos en la vegetación entre el camino y el mar, un sector de más o menos 100 yardas de ancho. Éramos 35 hombres y avanzamos milla y media o dos millas hasta llegar a un recodo en el camino. En la vegetación estábamos a 20 ó 30 pies del enemigo. No dejamos a ninguno con vida, no podíamos, porque éramos muy pocos. Fue la primera vez que en verdad vi a la gente a quienes disparaba. Continuamos avanzando; un grupo avanzaba y otro disparaba. En algunos momentos, todos corríamos hacia adelante disparando. A la vez que uno está en eso, sigue adelante. Uno de nuestros tanques le dio a uno de sus tanques y nuestros morteros crearon una cortina de fuego delante de nosotros, que los confundió. Cuando regresamos, pensé que me moría. Estaba totalmente deshidratado y apenas podía mover las piernas. Sin embargo, tuvimos que regresar peleando. Fue una milla y media larguísima. A catorce de nosotros nos hirieron, y otros catorce nos cargaron de regreso, dejando así a sólo siete adelante con el radio.

Cuando regresamos, los jefes ya se habían ido. Había un bote que estaba saliendo de la playa, lleno de gente, y por poco le disparo; estábamos peleando y no se suponía que nos fuéramos. Cogí dos cantinas de agua y una .45. Revisé a los heridos y vi que allí no se podía hacer más nada. Cinco o seis de nosotros fuimos a Girón en busca de azúcar, pero no tenían. La gente allí estaba asustada. Cuando nos íbamos, un avión de Castro ametralló a la gente del pueblo. Cuando todo terminó, uno de los guajiros vino cargando a su hijo. Y esto es lo que me afecta cada vez que lo recuerdo: su hijo tenía un agujero que lo atravesaba de lado a lado, y el hombre lloraba. Pensaba: «¿Qué carajo estamos haciendo aquí?». En esos momentos me sentí terriblemente mal. Nos metimos en el monte. Ya para ese entonces, había gente de Castro por todas partes.

Luis Morse, Segundo Batallón

El ex representante estatal de la Florida, Luis Morse, Segundo Batallón, e hijo del capitán del Houston, en su oficina en Tallahassee, 1999. Foto del autor.

Luis Morse nació en La Habana y se graduó del Columbus School, una pequeña academia privada. Su padre era director de un colegio público y trabajaba como capitán de barco en los veranos. Su madre era propietaria de una tienda. En la universidad, se opuso a Batista activamente, pero se volvió contra Castro al ver cómo éste llevaba la revolución al comunismo. Salió de Cuba en julio de 1960. Después de un viaje de reclutamiento a favor de los campamentos, fue a Guatemala en octubre de 1960, y se integró al Segundo Batallón. No tenía la menor idea de que a su padre le habían pedido que capitaneara uno de los barcos. Luis salió de prisión en abril de 1962 con otros prisioneros heridos y siguió tratando de conseguir la libertad de sus compañeros. Graduado de la Universidad de la Florida, Morse fue representante a la Cámara de la Florida durante catorce años. Después fue subsecretario del Departamento Estatal de Asuntos de la Tercera Edad.

Fue un momento muy emotivo cuando viajamos a Nicaragua y vimos los barcos en los muelles. Cuando fui a mi barco, de pronto vi a mi padre dando órdenes como comandante del barco. Me dije a mí mismo: «Oye, ¿qué estás haciendo aquí?». Verlo fue una sorpresa total para mí.

El viaje estuvo bien. Además de participar en varias sesiones de instrucciones, pasaba el tiempo libre con mi padre en el puente de mando. Fueron momentos muy agradables; en lugar de estar sólo, pensando adonde íbamos, simplemente disfruté de la compañía de mi padre. Fueron momentos muy felices. Estoy muy orgulloso de haber estado allí con él, rumbo al combate.

Cuando vimos las balas trazadoras de Girón, se nos subió la adrenalina. Estábamos contentos y entusiasmados, y sólo queríamos acabar de ir. Desembarcamos en Playa Larga en pequeños botes de aluminio. Tomamos nuestras posiciones en la playa que se nos había indicado y preparamos los morteros en el lado de la playa del pueblo.

Recuerdo que disparamos mucho nuestros morteros. Me pasé todo el tiempo de aquí para allá tratando de mantenerme en actividad. Entonces vi cuando los aviones le dieron al *Houston,* y pensé que mi padre estaba muerto. Después de eso, en realidad, nada me importaba un carajo. No me importaba ni que me mataran. Diría que me estaba comportando de manera imprudente.

Después de la invasión, estaba herido, me capturaron y eventualmente me llevaron al hospital en la base militar de Columbia. Ahí fue donde me enteré de que mi padre estaba vivo. Los compañeros en prisión lo habían elegido como el representante del componente naval en las negociaciones para que nos soltaran, y la gente de Castro le había permitido ir a verme al hospital antes de partir. Fue una reunión emotiva. Después en la cárcel, en el Castillo del Príncipe, pedí que me transfirieran al bloque de celdas donde se encontraba mi padre. Fue una experiencia interesante. Conversamos mucho y nos unimos más.

Jorge Marquet, Quinto Batallón
· ·

Un T-33 le dio al *Houston* con el Quinto Batallón a bordo todavía. El barco comenzó a hundirse. El capitán del *Houston,* el Capitán Morse, conocía el lugar y en lugar de llevar el barco a la orilla, buscó un banco de arena y lo encalló.

La primera persona que bajó del *Houston* fue un oficial que sin autorización saltó del barco. Nunca supimos más de él. Cuando dieron la orden de abandonar el barco, yo estaba con mi primo, que no sabía nadar, y estábamos lejos de la orilla. Le encontré un chaleco salvavidas, pero éste se hundió cuando lo puse en el agua para probarlo. Entonces encontré un pedazo de madera grande, del tamaño de una puerta, y así, montado en ella, ayudé a mi primo a llegar a la orilla.

Cuando llegué a la orilla, el jefe de mi pelotón me dijo: «Todavía hay gente en el barco, muchos que no han podido desembarcar porque no saben nadar. También hay heridos. Quiero que cojas un bote de remos de aquí y vayas con alguien más hasta el barco». Le dije «okay» y me fui con Frank de Varona al *Houston*. Cuando llegamos, llevamos a los heridos y a otros hasta la orilla. Hicimos varios viajes y eventualmente pedí que me relevaran porque estaba agotado.

En la orilla, cavamos algunas trincheras. Cubrimos con camuflaje lo que pudimos sacar del barco. Después tratamos de reunirnos con las fuerzas de Erneido Oliva en Playa Larga, donde se suponía que hubiéramos desembarcado. Montero Duque, el jefe de nuestro batallón, mandó a dos de los nuestros a que avanzaran y vieran las posibilidades de reunirnos con el Segundo Batallón de Oliva. Como una hora más tarde, regresaron y dijeron que no había forma de pasar y llegar hasta ellos; esa es la razón por la que nunca nos pudimos reunir con ellos. Eso es lo que pude determinar como soldado; yo no era oficial y no sé exactamente cómo era la situación.

El Quinto Batallón se quedó allí en la orilla. Cavamos trincheras para poder repeler un ataque, si viniera. Las fuerzas de Castro llegaron como en tres días. Mandó una patrulla de reconocimiento y los emboscamos. Les dijimos que estaban rodeados y gritaron: «¡Patria o muerte! ¡Venceremos!». Los que estaban en las trincheras les dispararon; yo era uno de ellos. Después todo el mundo se fue y trató de que todo les saliera lo mejor posible. Mi primo y yo, con un grupo de diez o doce, nos internamos en la ciénaga.

Juan Figueras, Cuarto Batallón
● ●

Graduado de Belén en 1955, Juan Figueras se opuso activamente al régimen de Batista cuando estudiaba en la universidad. Su padre, un médico camagüeyano, había

Juan Figueras, Cuarto Batallón, en su oficina de Coral Gables, 1999. Foto del autor.

sido representante a la Cámara de Representantes hasta el golpe de estado de Batista en 1952. En 1957, a causa de sus actividades, Figueras tuvo que salir de Cuba al exilio. Regresó a Cuba en 1959, pero al ver las inclinaciones comunistas del régimen de Castro (y por lo tanto convencido de que la revolución había sido traicionada), volvió a salir de Cuba en noviembre de 1960 y fue para los campamentos en enero con su hermano. Regresó a los Estados Unidos con los prisioneros heridos de Bahía de Cochinos en abril de 1962 y ayudó al Comité de Familias Cubanas en la campaña de relaciones públicas para obtener la libertad de los otros brigadistas. Más tarde se graduó de la Universidad de la Florida y actualmente vive en Miami.

Fuimos el primer batallón en desembarcar en Girón. Cuando llegamos, no había resistencia ni nada. A eso de las 4:00 o las 5:00 de la tarde, a mi compañía le ordenaron que fuera a Playa Larga. En camino, nos atacaron varios aviones y tuvimos que tirarnos de cabeza a las cunetas. Finalmente llegamos a Playa Larga a eso de las 8:00 o las 9:00 de la noche. Se estaba llevando a cabo la Batalla de la Rotonda, pero no podíamos distinguir qué era y qué no era una rotonda, ya que no se veía nada. Yo tenía mi .57 y nos dijeron que nos quedáramos cerca del puesto de mando, ¡que estaba prácticamente en el agua! Entonces fue cuando empezaron a cañonearnos con los obuses y me hirieron con uno de ellos.

Mi hermano y algunos paramédicos me atendieron con torniquetes y morfina. La noche entera estaba que perdía el conocimiento y después lo recobraba, para de nuevo volver a perderlo, y así seguido. Lo próximo que recuerdo es que era la mañana y estaban cargándonos en camiones para evacuar Playa Larga. De regreso en Girón, los médicos nos atendieron y de nuevo perdí el conocimiento hasta la noche. Cuando desperté, me dijeron que estábamos en Cayo Ramona, un pequeño poblado en medio de la ciénaga donde había un hospital. Un pequeño grupo de la Brigada, con médicos de la Brigada y soldados heridos, tomó el lugar para operarnos. Allí me operó el Dr. Juan Sordo.

Al día siguiente, el tercero, me desperté dentro de un camión. Le pregunté a mi hermano dónde estaba. Me dijo que estaba al lado de la pista de Girón, esperando a que llegara un avión que venía a recoger a los heridos de la Brigada. El avión llegó, pero nos quedamos en Girón, ya que no tenían tiempo de esperar porque estaba empezando a salir el sol. Perdí el conocimiento de nuevo y no me desperté hasta eso de las 4:00 de la tarde, cuando comenzó un ataque de obuses a Girón. Entonces nos metieron a varios de los heridos en un camión y salimos para Cienfuegos. Más adelante, nos vimos obligados a salirnos de la carretera. Se aparecieron algunos de nuestros paracaidistas con otros brigadistas heridos y se quedaron con nosotros. A la mañana siguiente llegaron los milicianos y nos arrestaron.

Iba en un camión manejado por un miliciano, quien me dijo: «Cuando haya gente delante, tengo que hablarte con dureza, pero realmente no es lo que siento; tengo que comportarme de esa manera». Me llevaron a un pueblo por un par de horas y me dijeron que estaba en malas condiciones, así que me llevaron a Cienfuegos. Allí me amputaron la pierna ese mismo día.

Dr. Juan Sordo, Equipo Médico

• •

El doctor Juan Sordo, en su consultorio en Hialeah. Foto del autor.

Nació en Pinar del Río en 1916 y obtuvo su título de médico de la Universidad de La Habana en 1941. Trabajó como médico de la policía durante catorce años y después estableció una consulta privada. Cuando salió exiliado de Cuba, visitó los campamentos de la Brigada por unos días. Esta pequeña gira lo motivó a quedarse.

Desembarcó en Girón, pero poco después lo trasladaron a Playa Larga. Lo capturaron y lo dejaron en libertad con el resto de la Brigada. Cuando lo entrevistamos, a los
83 años de edad, seguía ejerciendo la medicina en su consulta privada.

Recibimos nuestras instrucciones finales en Nicaragua. Nos mostraron
fotos del lugar donde íbamos a desembarcar y vi algo que era obvio:
había arrecifes de coral en toda la costa, a un pie o dos de profundidad.
Le dije al instructor: «Mire, señor, ahí hay arrecifes de coral que impiden
el acceso a la playa. Para llegar ahí, hay que ir o por la entrada de la Bahía
de Cochinos o al este de los arrecifes, porque no hay nada que pueda
navegar por ahí». Me contestó: «No, no. Esas son nubes». Le dije: «Señor,
yo sé perfectamente lo que son». Conocía el lugar y le dije que eran arrecifes y que el agua allí tenía una profundidad de apenas uno o dos pies.
Me dijo: «Mire, señor, no se preocupe. A usted lo van a llevar así (puso las
manos en forma de taza)». Le contesté: «Sí, "así" encima de los arrecifes
de coral». Por supuesto que había arrecifes de coral y que tuvimos que
saltar al agua, a una profundidad de ocho pies, al lado de los arrecifes. La
gente se cortó y se hizo daño.

Pasé la primera noche en Girón, y después, Oliva, en Playa Larga,
me mandó a buscar. Estuve en Playa Larga toda la noche bajo un intenso
bombardeo de obuses. Cogí una pequeña casa para usarla como hospital,
pero uno de los proyectiles le dio y tuve que sacar a toda la gente de allí
e ir para la orilla. Teníamos unos catorce heridos.

Al día siguiente me llevé a algunos, incluyendo a Juan Figueras, a
Cayo Ramona después que uno de los paracaidistas me dijo que allí
había un hospital. Era algo rústico, con pocas camas y una pequeña sala
de operaciones, todo diseñado para medicina básica y partos. Me llevé un
pelotón conmigo. Allí había dos médicos; uno decidió ayudarme y el otro
no. Le dije a uno de nuestros hombres: «Sienten a este hombre (el que no
quiso ayudarme). Si se mueve, métanle un tiro por la cabeza». El hombre
se quedó paralizado. El otro se ofreció a ayudarme; su padre era el administrador del hospital. Me dieron almuerzo. Ese día operé a como siete
heridos y regresé a Girón.

El 19 me quedé con los heridos hasta las 7:00 p.m., cuando vimos
las luces de las tropas de Castro que comenzaban a llegar. Me fui al
monte, dejando a los heridos a cargo de varios de los milicianos que

habíamos capturado, incluyendo uno que me dijo: «Doctor, no se preocupe, voy a cuidar a sus heridos». Así que me metí en el monte. A la
mañana siguiente me capturaron y me llevaron de regreso a Girón.
Cuando Fidel se enteró de que habían capturado a un médico, me
mandó a llamar. Me miró y me dijo: «Me dicen que eres médico. ¿Cómo
te llamas?». Le respondí: «Juan Sordo». Me puso la mano en el hombro
y me dijo: «¿Cómo es que viniste aquí a matar a tus hermanos?». Yo le
dije: «No vine a matar a nadie. Soy cirujano. Vine a curar a los heridos».
«¿Pero cómo te pudiste meter con los americanos?», me dijo en un tono
como si fuera mi amigo de toda la vida. Así que le contesté: «¿Usted no
se acuerda de lo que dijo cuando atacó el cuartel en Santiago? Usted
dijo que cualquier cubano descontento con el gobierno tenía el derecho
de rebelarse. Usé el mismo derecho que usted usó». Entonces me dijo
que me iba a fusilar. Le dije: «¿Qué se le va a hacer? Usted ganó y yo
perdí. Haga lo que quiera conmigo». Entonces un comandante, cuyo
nombre después supe era Duque, me pegó. Fidel le dijo que no le
pegara al prisionero.

La invasión: la guerra aérea

Esteban Bovo, piloto de B-26

· ·

El lunes por la mañana fui a las playas. Ya para ese entonces, habían
hundido el *Río Escondido* y el *Houston* estaba encallado. Nos dijeron
que soltáramos los tanques auxiliares de combustible y al hacerlo se
trabó uno de ellos, el derecho, con uno de los cohetes. Gus Ponzoa se
puso debajo de nosotros y nos dijo lo que había pasado y que no dispa-
ráramos los cohetes. Concluida la misión, regresamos a la base. A medida
que nos acercábamos, les dijimos que echaran espuma en la pista. Se rie-
ron y dijeron: «¿Qué espuma?». La habían usado la semana anterior para
un avión americano que había tenido problemas. Les dijimos que haría-
mos una pasada para que vieran cómo lucía la situación. Nos dijeron que
el tanque estaba colgando de uno de los cohetes y que saltáramos en
paracaídas. Decidimos que íbamos a aterrizar el avión. Todo el mundo
salió corriendo quitándose del camino (se ríe), pues la pista colindaba

con el polvorín y podríamos todos explotar. Detuvimos el avión entre 100 a 200 pies y salimos corriendo.

El martes por la mañana regresamos a Cuba y atacamos un convoy proveniente de Jagüey Grande. Entramos volando bajo y empezaron a tirarnos con todo lo que tenían, hasta los zapatos. También había mucho fuego antiaéreo. Cuando regresamos a la base, les dijimos del convoy, pero no nos creyeron. Más tarde, un grupo de seis aviones salió y terminó lo que habíamos empezado. Más tarde ese día, fuimos con otros dos aviones a San Antonio de los Baños. Tuvimos problemas al no poder transferir la gasolina de los tanques auxiliares y regresamos a Nicaragua. Uno de los aviones llegó, pero el pueblo estaba totalmente a oscuras.

Después del martes, comenzaron los problemas. Habíamos volado casi dieciocho horas en dos días. Algunas camas ya estaban vacías. Entonces los americanos nos dijeron que volarían por nosotros porque estábamos agotados. Ese fue el vuelo en que murieron los pilotos americanos.

Gustavo Ponzoa, piloto de B-26

. . . .

El 19 de abril, yo lo tengo como el 19, aunque todos me dicen que fue el 18, salimos en seis aviones, dos piloteados por americanos y cuatro por cubanos. Llegamos a Girón a las 3:45 p.m. Por la carretera entre el central Australia y la Bahía de Cochinos, vimos la polvareda de un convoy. Parecía como un polvo blanco que iba subiendo de un desierto. Empecé a volar a eso de 100 pies para poder soltar el napalm que llevaba. Era una columna de 30 a 50 vehículos, camiones y autobuses, repletos de gente. También había dos tanques grandes y uno pequeño. Los agarramos a todos en línea recta. Después me dijeron que en ese ataque hubo más de 4.000 que quedaron muertos, quemados, heridos o desaparecidos.

La invasión: equipos de infiltración

José Basulto

. . . .

José Basulto nació en Santiago de Cuba en 1940 y se crió en La Habana, donde se graduó del Colegio Baldor. Su padre era vicepresidente de una central azucarera, y su

José Basulto posa frente a uno de los aviones de Hermanos al Rescate, Miami, Florida, 2000. Foto con permiso de José Basulto.

madrastra trabajaba en la Universidad de La Habana. Después de una corta estancia en Boston College, en 1959 Basulto decidió regresar a Cuba, donde tuvo estrechas relaciones con la Agrupación Católica Universitaria. Se unió al MRR, y después de un par de meses, regresó a los Estados Unidos y formó parte del grupo original que mandaron a la isla Useppa. Basulto fue a Santiago de Cuba a principios de 1961, y mientras se hacía pasar por un estudiante de Física, mandaba datos de inteligencia a Miami. Después de la invasión, estuvo un tiempo en el Ejército de los EE.UU. y después se graduó de la Universidad de Miami con un título en Ingeniería Arquitectónica. Continuó activamente en una serie de actividades anticastristas y fundó Hermanos al Rescate, un grupo exiliado que llamó la atención internacional cuando la fuerza aérea de Castro derribó sus aviones desarmados en 1996.

En Santiago de Cuba mandé datos de cómo se estaba organizando la clandestinidad y las capacidades que teníamos. Me pidieron que les enviara informes referentes a las defensas a la entrada de la bahía de Santiago porque estaban planeando un ataque a la refinería de la Texaco que estaba allí. También tuve que pasar datos sobre el combustible en los aeropuertos, así como el número y tipo de aviones que tenían.

Me puse a las órdenes de «Francisco», Rogelio González Corzo, tan pronto llegué a Cuba. Los americanos querían mantener a los infiltrados aislados entre sí, y por eso los operadores de radio respondían a una base central en Miami. De esa manera, nos podían mantener divididos y controlarnos individualmente. Como eso no nos gustaba, desarrollamos una clave entre nosotros mismos por si en algún momento teníamos que comunicarnos, lo pudiéramos hacer sin necesidad de los americanos. Ya en aquellos momentos comenzábamos a sospechar que las cosas podían salir al revés.

El 15 de abril estaba en plena labor en Manzanillo, buscando datos de inteligencia para recibir un cargamento de diez toneladas de armas, cuando bombardearon el aeropuerto de Santiago. Yo no estaba, así que me enteré de los bombardeos al regresar. Después recibí varios mensajes que me decían: «¡Ni vayas por el aeropuerto!».

Un par de días después comenzaron a entrar mensajes de máxima prioridad. El día de la invasión, recibí un mensaje que decía que era el momento para que todos los patriotas pelearan por una Cuba libre. También decía que empezáramos a volar puentes, romper las comunicaciones y que les dijéramos a los patriotas que hicieran esto y lo otro. Me encabroné con ese mensaje y les contesté: «Imposible alzarnos. La mayoría de los patriotas están en la cárcel gracias a su condenada invasión». Era un muchacho, y sabía que aquello no podía triunfar.

Me llevé a los hombres con quienes trabajaba más estrechamente a la playa de Siboney, al este de Santiago de Cuba. Allí pasamos el día nadando y les dije: «Bueno, muchachos, hicimos lo que pudimos. Esto es algo que nos cogió de sorpresa. No estábamos preparados, no nos consultaron, así que no somos responsables por lo que pueda pasar de ahora en adelante». El tratar de usar las seis libras de explosivos y tres o cuatro ametralladoras que teníamos en todo Santiago de Cuba hubiera sido estúpido y un suicidio. Así que pensé que debíamos mantenernos sin llamar mucho la atención, y ver lo que pasaba.

Me quedé en Santiago después de la invasión y seguí mandando mis informes. Me fui el 22 de mayo, ya que se había hecho muy difícil que nuestra propia gente en Cuba nos apoyara. La ayuda que antes nos daban desapareció casi totalmente después de la invasión. El sentimiento general era que los americanos nos habían abandonado y que nuestra premisa había estado equivocada. Se dieron cuenta de que estábamos colgando en el aire, sin nada que nos sostuviera, y que los Estados Unidos no iba a darnos todo lo que nos habían prometido.

Tomamos la decisión de salir de allí. Corríamos un verdadero peligro porque mucha gente en la Brigada sabía quienes éramos y dónde algunos de nosotros pudiéramos estar. Así que llegó el momento de irnos y tratar de regresar más tarde. Dijimos que íbamos a hacer un picnic al lado de la base naval de Guantánamo, y saltamos la cerca. Teníamos que atravesar un campo minado y daba un poco de miedo, porque lo hicimos a plena luz del día. Un grupo de Infantes de Marina nos recogió y nos llevó a que nos entrevistaran y contáramos lo sucedido. Más tarde ese mismo día, unas dieciséis personas que trabajaban con nosotros también saltaron la cerca. Esa noche nos pusieron a todos en un avión que aterrizó en Miami por la madrugada. Nos pusieron en un autobus que nos llevó al Hotel Columbus. Y eso fue todo; es como si nos hubieran dicho: «Bueno, muchachos, adiós».

Rogelio González Corzo, «Francisco»

Rogelio González Corzo, nombre en clave Francisco, católico ferviente y jefe del MRR en Cuba, fusilado al final de la invasión. Foto con permiso de Dulce Carrera Jústiz.

Rogelio González Corzo nació en La Habana en 1932, se graduó de Belén y era miembro de la Agrupación Católica Universitaria. Católico ferviente, preocupado por la pobreza en Cuba, se unió al Ministerio de Agricultura en 1959, pero pronto se desilusionó con Castro. Se incorporó al MRR y se convirtió en su coordinador nacional y jefe del movimiento clandestino en Cuba. Lo arrestaron el 18 de marzo de 1961 y lo fusilaron el 20 de abril, justo después de la invasión. A continuación, extractos de la carta que escribió mientras esperaba que lo fusilaran.[77]

20 de Abril, 1961

Queridos padres y hermanos:

Sé lo que representa para ustedes el momento en que reciban la noticia de mi muerte encontrándose ustedes lejos de donde yo estoy. Quiero decirles que esto fue siempre lo que yo le pedí a Dios. Creo que hubiera sido para ustedes un sufrimiento mayor moral y quizás físico si hubieran estado aquí y hubieran tenido que pasar por todo este tiempo que entre mi prisión y mi muerte duró 32 días.

No tienen en ningún momento que abochornarse de mi prisión y fusilamiento; al contrario, espero que estén orgullosos de su hijo y que sepan adoptar una postura correcta en el momento en que Dios y la patria pedían el sacrificio de su hijo. Quiero que sepan que era la única postura que podía tener en situaciones como la que está atravesando la patria en estos momentos.

Esto lo estoy escribiendo a la 1 a.m. del día 20 de abril. Estoy en una celda que le dicen capilla, ya que mi muerte es cuestión de minutos. Quiero que de esta manera sepan ustedes que mi último pensamiento en la tierra fue para ustedes y mis queridos hermanos. [...]

En estos momentos en que la muerte toca a la puerta sabrán, padres y hermanos, que estoy con gran tranquilidad, lo mismo que todos mis compañeros, ya que ello me abre las puertas del cielo y de la dicha eterna. Además, me lleva al lado de abuelito y de mis abuelos donde, si Dios quiere, los espero a todos.

Recuerden, no lamenten, esto es lo mejor. Recuerden que los espero en el cielo, que tengan fortaleza como yo la tengo en estos momentos y que me voy con una sola preocupación de su vida espiritual. Por favor, no la abandonen, que en ningún momento mi problema vaya a afectar al catolicismo de ustedes, al contrario, lo fortalezca.

Sin más, esperándolos en el cielo, queda su hijo, que nunca los olvida y los espera con los abuelos,

Rogelio

RETIRADA Y CAPTURA

■ ■ ■

**Las noches en la ciénaga eran
increíblemente frías. No recuerdo haber estado
en ningún otro lugar tan frío en Cuba.**

Mario A. Martínez-Malo, Segundo Batallón

Después de la debacle, el miércoles, los hombres de la Brigada hicieron todo lo posible por salir del lugar. Estaban seguros de que si los capturaban, los fusilaban. Sólo un puñado tuvo la suerte que Lynch y su gente los rescataran, y al menos uno de ellos pudo llegar a una embajada extranjera en La Habana. Un grupo se escapó a bordo de un velero y los rescataron en el Golfo de México, a apenas 200 millas de la desembocadura del Río Mississippi, cerca de Nueva Orleáns. Cuando los recogieron, desanimados, habían estado en el mar durante quince días sin agua ni comida y habían perdido a doce del grupo de veintidós.[1]

La mayoría de la Brigada se internó en la ciénaga y el monte y trató de llegar a Cienfuegos, La Habana u otro lugar, como la Sierra del

Escambray. Los hombres, perseguidos por los milicianos de Castro que rodearon de manera casi impenetrable el perímetro, se escondieron durante sus intentos de escapar. Muchos se deshidrataron, ya que no encontraban agua potable, y otros llegaron hasta beber su propia orina. Comían cangrejos, lagartijas, serpientes, o cualquier otro animal que pudieran atrapar; todos sin cocinar, por miedo a que un fuego pudiera atraer las patrullas de Castro. Además de fuerzas terrestres, también los perseguían helicópteros que sobrevolaban a poca altura y ametrallaban los lugares donde se escondían. Muchos sufrieron cortaduras profundas a causa de la tupida vegetación. El gobierno había ordenado a muchos de los habitantes locales, guajiros y carboneros en su mayoría, que salieran del lugar en lo que perseguían a los brigadistas.

En total, cerca de 1.180 de los 1.300 hombres de la Brigada cayeron en manos de las fuerzas de Castro.[2] Aunque algunos milicianos se comportaron maliciosamente, unos cuantos fueron discretamente bondadosos y tuvieron compasión con los invasores, aun en el momento en que los capturaron. Algunos informaron a los parientes de los prisioneros que estos estaban vivos y hasta les guardaron algunas prendas. Los hombres se lo agradecieron de sobremanera, indicando que esto mostraba la simpatía existente por la causa de la Brigada, incluso por parte de aquellos que se suponía fueran los más apasionados defensores de Castro.[3] A los brigadistas los llevaron de regreso a Girón en manada, donde los exhibieron ante la prensa cubana e internacional. En la playa, los hombres capturados de la Brigada 2506 sufrieron insultos de sus captores y les aseguraron que iban a fusilarlos a todos. Los afrocubanos fueron los que más maltrato recibieron, ya que eran una vergüenza pública para Castro, que se vanagloriaba de que uno de sus grandes éxitos era el haber logrado la igualdad racial. Se informó que a dos de ellos los tuvieron amarrados a un árbol por más de tres horas, mientras que los hombres de Castro los insultaban, llamándolos «negros de mierda».[4]

Este capítulo sigue las experiencias de la Brigada justo después de la invasión. La mayoría de los testimonios proviene de fuerzas terrestres, incluyendo un sacerdote, a medida que trataban de escapar a los castristas que los rodeaban. La odisea en la ciénaga fue, en muchos casos, peor que el horror de la batalla. La inseguridad de no saber su suerte, el miedo a que los fusilaran y la sed inaguantable, todo esto unido al amargo sentimiento de que se les había traicionado, creó un ambiente de pesadilla durante esta experiencia para los hombres de la Brigada. Además, en este capítulo uno de los miembros del equipo quirúrgico recuerda la suerte del *Lake Charles*. Asimismo se incluyen los relatos de las últimas horas de un infiltrado antes de pedir asilo en una embajada y los recuerdos de un miembro del personal aéreo de tierra sobre el final de la invasión.

Humberto Cortina, Segundo Batallón

El ex representante de la Florida, Humberto Cortina, Segundo Batallón, ante una bandera de la Brigada, en su casa de Coconut Grove, 1999. Foto del autor.

Humberto Cortina, miembro de una acaudalada e influyente familia en la política cubana, nació en 1941. Se graduó de la St. Thomas Military Academy. Cortina, primo de Néstor Carbonell, estuvo en contra de Batista cuando estudiaba. Al igual que todos los cubanos, esperaba que la revolución restableciera la Constitución de 1940. La revolución lo desilusionó cuando vio la cantidad de fusilamientos y el giro hacia el comunismo de la misma. Salió de Cuba en agosto de 1960 y se fue a los campamentos en octubre del mismo año. Eventualmente formó parte del Segundo Batallón y entró en combate en Playa Larga y Girón. Después de salir de la cárcel con los otros prisioneros heridos en abril de 1962, continuó tratando de lograr la libertad de sus compañeros de la Brigada. Años más tarde, fue representante a la Cámara de Representantes de la Florida. Actualmente vive en Miami Springs, Florida.

El último día regresé a la playa con Sueiro y Oliva. En ese momento decidimos que teníamos que llegar a las montañas, y todos nos dimos un abrazo. Un grupo de veinte de nosotros nos metimos en la ciénaga.

Nos dividimos en grupos más pequeños, primero de a diez y luego de a cinco. Yo estaba con Luis Morse, Tito Freyre, Eddy Lambert, y Giro. Cuando nos internamos en la ciénaga, comenzamos a dirigirnos al noroeste, tratando de llegar a La Habana. Estábamos en medio de la ciénaga, donde sólo había algunos pedazos de terreno con poquitos árboles. Cuando avanzábamos hacia los árboles, en un par de ocasiones, varios helicópteros que buscaban a nuestra gente nos vieron. Después pudimos llegar a un bohío vacío y cambiarnos de ropa. En una ocasión, nos encontramos con un grupo de milicianos y combatimos con ellos. A Giro le dieron en la pierna y tuvimos que dejarlo allí. Ya les había dicho a todos que como tratábamos de llegar a La Habana, íbamos a tener que dejar a cualquiera que hirieran. Si se pudiera cargar a esa persona, yo mismo lo haría, pero si la herida era grande, había que dejarlo.

Más tarde, en tierra firme fuera de la ciénaga, caminamos al lado de un camino cercano al pueblo del Central Covadonga. Eddy Lambert y yo íbamos delante y Tito Freyre y Luis Morse detrás. En nuestro primer encuentro, les dije a los individuos que yo era el hijo del «viejo Molina», un nombre que acababa de inventar. Los dos guajiros no nos creyeron, pero seguimos caminando. Pararon un *jeep* lleno de milicianos y estos empezaron a dispararnos. Hicimos varios disparos y escapamos.

Acabamos en el central Covadonga. A eso de las 7:00 o las 8:00 de la noche decidimos ir al pueblo y buscar una iglesia para ver si nos podíamos vestir de curas, o si nos podíamos esconder con los curas. Ahora, Tito Freyre y yo íbamos delante y Luis Morse y Eddy Lambert iban detrás, bien alejados. Al entrar al pueblo, ya veíamos la iglesia. En eso, un grupo de milicianos dobló al camino y les dije: «Buenas noches». Nos contestaron lo mismo, y siguieron su camino. Un poco más adelante, cuatro milicianos de otro grupo nos pararon. Nos preguntaron que quiénes éramos, y de nuevo les dije que era el hijo del viejo Molina. Nos respondieron diciendo: «Alto, manos arriba. ¿Qué hacen aquí?». Les dijimos que éramos alfabetizadores. Pusieron a Tito Freyre a mi izquierda. El miliciano empezó a registrarme; yo tenía la .45 en la espalda. De pronto, comenzó el tiroteo; eran Morse y Lambert peleando detrás de nosotros. En seguida, le di un codazo al tipo que me registraba. Había otro, como a unas diez o quince yardas delante de mí, mirando hacia el tiroteo. Saqué la .45 y le disparé. Entonces me dieron dos veces en las piernas y traté de seguir disparando hacia la llamarada de los disparos que me hacían. Creo que le di al tipo frente a mí. Entonces quedé tirado en el suelo y un miliciano vino y me puso la bayoneta al cuello y me dijo: «No los vamos a matar». No podía sentirme las piernas.

Se llevaron a Tito Freyre y Eddy Lambert se escapó, pero eventualmente lo cogieron subido a un árbol. Me llevaron a Covadonga, donde había muchos milicianos heridos. Estaba tendido en una camilla donde me estaban limpiando las heridas cuando vinieron dos tipos y trataron de estrangularme; uno de ellos me decía que yo había matado a su tío. Diez o quince minutos más tarde trajeron a Luis Morse, que también estaba herido. A Luis y a mí nos llevaron a un pequeño hospital en Cayo Ramona. Mientras estaba allí, tan pronto mencionaba mi nombre, la gente venía y me decía que era un niño bitongo, hijo de un rico terrateniente, y la cogían conmigo constantemente. Tuve unas palabras al respecto con un comandante que vino por allí.

Un miliciano me trajo una lata de jugo de guayaba. Era un muchacho joven que yo había conocido porque era el que vendía los programas en un cinódromo que mi familia tenía. Ahora era miliciano, pero me trajo el jugo y me dijo que iba a tratar de ponerse en contacto con mi familia. Siempre recordaré eso. Esas son las cosas que siempre se recuerdan.

Luis Morse, Segundo Batallón

Oliva nos dio la orden de irnos tierra adentro, y nos dividimos en pequeños grupos. Yo estaba con Humberto Cortina, Tito Freyre, Giro y Eddy Lambert. El primer día fue muy incómodo a causa de los helicópteros. Cada vez que los oíamos, tratábamos de tirarnos al suelo y esperábamos que no nos vieran. Disparaban sus ametralladoras, pero por suerte no nos dieron. Los helicópteros estaban tan cerca que podía verles las caras a la gente que iba dentro.

Al segundo día encontramos un bohío abandonado; nos llevamos ropa, algunas yucas, papas y pollos, que nos comimos crudos porque no teníamos fósforos. De esa forma no saben bien; no lo recomiendo.

Al tercer día comenzamos a cruzar los puestos de control. Al día siguiente, teníamos mucha hambre, y en uno de los últimos puestos decidimos que en lugar de seguir de largo, lo íbamos a tomar para comer. Sorprendimos a esos tipos, les pusimos una pistola a la cabeza y les llevamos la comida. Era leche condensada y pasta de guayaba. En otro puesto nos hicieron fuego y le dieron a Giro. Nosotros cuatro seguimos adelante.

Al fin llegamos a las afueras del central Covadonga y tuvimos una discusión entre nosotros. Humberto decía que entráramos al pueblo y que fuéramos a la iglesia. Yo pensaba que era mejor pasar de largo, y alejarnos lo más posible de la zona de combate antes de tratar de hacer algún tipo de contacto con alguien. Así que decidimos separarnos. Tito fue con Humberto y echaron a caminar. Lambert y yo al fin dijimos: «¡Qué carajo, ya hemos estado juntos en todo este infierno!». Entonces comenzamos a seguirlos. De pronto me di cuenta de que había cinco milicianos caminando a unos diez pies detrás de nosotros. Me viré con un cigarrillo en la mano y les pedí candela. Nos dijeron: «Sigan caminando; están arrestados». Lambert y yo teníamos nuestras pistolas y ya habíamos hablado de lo que íbamos a hacer. Así que me viré para un lado y él para el otro y empezamos a dispararles. Cuando todo acabó, todos ellos estaban en el suelo. Uno estaba muerto y los otros simplemente heridos. Yo estaba herido en el hombro. Lambert miró alrededor y se dio cuenta de que era el único en pie. Simplemente se fue caminando.

Me dijeron que me fusilarían en el acto por el tipo muerto. Más tarde, cosieron mi herida sangrienta, ya que tenían cámaras de televisión filmando y querían ver a un *gusano* (el nombre que los fidelistas daban a los que se les oponían, especialmente a los que se habían ido del país) llorar. Una enfermera muy agradable me dio una de las tablitas para bajar la lengua y me dijo: «Muérdelo para que no te vean llorar». Más tarde nos llevaron a un grupo de heridos a un hospital en Matanzas donde recibimos cuidados mínimos. Siempre he sospechado que en algunos casos hicieron operaciones, incluso amputaciones, que no eran del todo necesarias. A mí lo primero que me hicieron fue coserme el agujero de salida de mi herida en el hombro. Más o menos una semana después tuvieron que volver a abrir la herida porque estaba totalmente infectada. No me habían dado ningún tipo de antibiótico, ni me habían limpiado la herida. Hoy en día no puedo mover el brazo izquierdo. De acuerdo con los médicos que más tarde consulté en Nueva York, si se hubieran tomado el trabajo de simplemente coserme las dos puntas del nervio en los primeros meses, hoy en día tuviera el brazo perfecto.

Pedro Encinosa, personal del Estado Mayor

Pedro y Josefina Encinosa, en su casa en Miami en 1999, ante un mural de la finca de Pedro en Cuba. Foto del autor.

Nació en Santiago de las Vegas en la provincia de La Habana en 1932. Pedro Encinosa era hijo de un terrateniente local y concejal de la ciudad. Encinosa se graduó de la escuela técnica-industrial que llevaba el nombre del General José Braulio Alemán. Se hizo maestro técnico, y también fue concejal. Fue, en algún momento, maestro de Erneido Oliva. Encinosa salió rumbo al exilio en Miami a mediados de 1960 y llegó a los campamentos en diciembre del mismo año. Se le hizo miembro del personal del Estado Mayor y cumplió varias funciones pertinentes durante la invasión. Después de salir de la cárcel en diciembre de1962, entró en el mundo de los negocios, pero siempre se mantuvo activo en la causa anticastrista; esto lo ha llevado a Centroamérica y a puntos tan lejanos como África. Actualmente tiene a su cargo un programa de radio los sábados por la noche en una emisora de radio cubana de Miami.

Eventualmente, otro muchacho de mi pueblo y yo nos quedamos solos, tratando de escapar de los que nos tenían rodeados. Los helicópteros nos ametrallaban a diario. Pasamos veintiún días tratando de escapar en la ciénaga, tratando de ir hacia el norte, en busca de algún pueblo o finca. No pudimos encontrar ropa para cambiarnos el uniforme en los bohíos deshabitados porque nuestra gente ya los había saqueado.

Al fin nos entregamos en el bohío de un carbonero que vivía allí con su mujer y tres hijos. Ya habían regresado, porque a los veinte días de la invasión, el gobierno ya pensaba que el sector estaba despejado y permitió el regreso de los habitantes del lugar. Nos dieron agua y comida, y hasta café. La familia nos convenció para que nos entregáramos. Nos explicó que era inútil seguir y tratar de escapar, cuando ellos, por ejemplo, nos podían entregar con la seguridad de que íbamos a estar bien. Es más, era la orden del gobierno: había que entregar a cualquier «mercenario» que apareciera en el monte, con la garantía de que nada les pasaría.

Teníamos algunas cosas de valor con nosotros. La familia nos dijo: «Si se entregan mañana con todo eso, se lo van a quitar. Si nosotros lo tenemos, no nos lo van a quitar porque estamos con el gobierno. Yo no tengo nada de eso que ustedes tienen; sería bueno que nos dieran el M-3, la pistola y todas esas cosas; además, es algo que se lo vamos a agradecer». ¿Qué podíamos a hacer? Les dijimos: «Miren, aquí las tienen. ¿Y nuestros efectos personales, relojes, sortijas, cadenas?». Nos contestaron: «Si nos entregan esas cosas, les prometemos que las llevamos a sus casas. ¿Dónde vives?». Le dije que en Santiago de las Vegas, y me dijo: «Dáme la dirección y te prometo que te lo llevo». Claro que se lo dimos todo. Puedes creer que cinco o seis meses más tarde, cuando comenzamos a recibir las primeras visitas en la cárcel, mi familia me preguntó acerca de tal y más cual muchacho. Yo les dije: «¿Y cómo lo conocen?». Me dijeron: «Vino a la casa y nos entregó todo lo que le habías dado». Fue un gesto que siempre he agradecido. También demuestra que en el monte había un sentimiento que no estaba tan comprometido con Fidel Castro, los comunistas, ni nada por el estilo.

Fernando Martínez Reyna, Batallón de Armamento Pesado

Fernando Martínez Reyna nació en 1940 en La Habana, donde su familia tenía un negocio. Graduado de La Salle, después asistió a la Universidad de Villanueva. Aunque nunca estuvo involucrado en la política, a la caída de Batista estaba esperanzado con el futuro de Cuba. No obstante, cuando se hizo evidente que la revolución llevaba a Cuba hacia el comunismo, se incorporó al MRR y vendió bonos para dicha organiza-

Fernando Martínez Reyna, Batallón de Armamento Pesado, en su oficina en Miami, 1999. Foto del autor.

ción. Lo arrestaron durante la protesta a la visita de Mikoyan; salió de Cuba en diciembre de 1960 y fue para los campamentos en febrero de 1961. Martínez Reyna salió en libertad con los prisioneros heridos en abril de 1962 y siguió abogando activamente por la libertad de los que habían quedado en la cárcel. Luego entró en la banca y es actualmente un ejecutivo con el Total Bank en Miami.

El 19 de abril, seis de nosotros nos internamos en la ciénaga. Planeábamos esperar hasta el primero de mayo, el Día Internacional del Trabajo, donde siempre hay concentraciones públicas, para tratar de llegar a Matanzas. Pero primero queríamos llegar a algunos bohíos y tratar de cambiarnos de ropa. Nosotros seis nos metimos en la ciénaga con esos planes en mente.

No teníamos brújula, así que muchas veces caminábamos sin saber a donde íbamos. Mientras, los helicópteros de Fidel Castro ametrallaban constantemente el lugar, y ya se nos había acabado el agua. El 21 por la tarde estábamos sentados comiendo unos cangrejos crudos, que estaban deliciosos por el hambre que teníamos, cuando vimos a un par de milicianos. Aunque teníamos una ametralladora y pistolas, nos tiramos al suelo y tratamos de pasar inadvertidos, porque sabíamos que si teníamos un enfrentamiento con ellos, vendrían más. Pasaron de largo, y nos volvimos a sentar junto a las armas, a comernos los cangrejos.

Al parecer, sí nos habían visto, porque de pronto comenzaron a dispararnos por detrás de unas rocas. El resultado fue que hirieron a tres de nosotros; a mí me dieron en la pierna y el brazo. Matamos a uno de los milicianos y el otro escapó. La bala en la pierna me había fracturado totalmente el fémur, y por eso ahora tengo una pierna más corta que la otra. Manuel Rionda me pidió que le abriera la camisa, y vi que la camiseta blanca que llevaba estaba totalmente empapada en sangre. Acordamos que los que no estuvieran heridos siguieran adelante. Yo me quedé con Manuel Rionda y Mandy Cañizares. Al poco rato, ambos murieron. Después llegaron unos milicianos y me llevaron en una camilla. Dos veces me pusieron en tierra y quisieron dejarme allí.

Me llevaron a la playa, donde recibí los primeros auxilios en una pequeña casa con otros prisioneros. Al día siguiente, me llevaron en un camión con otros prisioneros al hospital militar de Matanzas. Como íbamos tirados en la parte de atrás del camión, los chóferes aceleraban cada vez que pasábamos un cruce de ferrocarril. El dolor con los huesos fracturados era terrible cuando esto nos hacía saltar.

Julio Sánchez de Cárdenas, paracaidista

Julio Sánchez de Cárdenas, paracaidista, en Miami, 1999. Foto del autor.

Nacido en La Habana en 1937, Julio Sánchez de Cárdenas se graduó de La Salle y era estudiante universitario cuando Fidel Castro llegó al poder. Su padre trabajaba para el Bank of Boston. No estuvo involucrado en política antes de la revolución, pero se afilió a la AAA (Amigos de Aureliano Arango) después que el nuevo gobierno comenzó a reprimir las protestas universitarias. Salió de Cuba en junio de 1960 y en febrero de 1961 fue para los campamentos, donde se hizo paracaidista. Después de salir de prisión, recibió su título en Historia de la Universidad de la Florida, y recibió un doctorado de la Universidad de Tulane. Actualmente es profesor en la Universidad Interamericana de Puerto Rico y se le considera un experto en religiones del Caribe.

Llegamos a Girón a la tercera noche. Allí había muchos heridos, algunos en muy mal estado. Era un espectáculo grotesco. Pensamos en lo que íbamos a hacer. Uno dijo que lo que quería era montarse en un tanque con una ametralladora calibre .30 y seguir matando gente hasta que lo mataran; ese tipo de locura. Lo que parecía más inteligente era dividirnos en grupos pequeños y meternos en la ciénaga. Me metí en la ciénaga con siete u ocho más.

Estábamos en una parte de la ciénaga donde había agua, así que tuvimos que tomar el agua de la ciénaga. A mí me dio una reacción alérgica y me salieron granos por un lado de la cara, una cosa bien extraña. Casi se me caía la cara de la cantidad de granos. Destrozados y desmoralizados, nos metimos en unos hoyos que habían allí a dormir. Siguiendo mi consejo, comenzamos a rezar el rosario; hasta uno que era protestante lo rezó fervorosamente. No sé cómo sucedió, pero mientras rezábamos vimos que caían unas gotas de agua. Entonces nos dimos cuenta que los huecos en que estábamos eran como un tipo de filtro que dejaba pasar el agua por las paredes. Pudimos abrir un agujero y llenar nuestras cantimploras. Pensamos que como lo habíamos visto al rezar el rosario, parecía un milagro. Yo creo en milagros. Creo que Dios interviene en la vida de los hombres.

Al día siguiente decidimos dividirnos en grupos más pequeños. Había puestos de milicianos por todos los caminos, muy cerca los unos de los otros, para tratar de evitar que los que estábamos en la ciénaga cruzáramos los caminos y escapáramos. Donde paramos a dormir esa noche, había ametralladoras que ametrallaban el sector a cada rato, a sólo 200 pasos de nosotros. Cuando nos dormimos, yo empecé a roncar. Cuando los milicianos me oyeron, comenzaron a disparar en nuestra dirección. Podía sentir y ver las trazadoras pasándome por encima. Estaba tirado en la tierra, boca abajo y tratando de hacer un agujero con la barbilla para enterrar la cabeza mientras rezaba: «Padre nuestro que estás en los cielos, santificado sea tu nombre...». Es lo más cerca que he estado de morirme. Fue la peor experiencia de mi vida.

Al día siguiente nos separamos en grupos aún más pequeños. Fui con otros dos a buscar la forma de cruzar al otro lado del camino y escapar de los que nos rodeaban. Planeamos hacerlo la próxima noche, pero a eso de las 4:00 de la tarde, algunos milicianos nos escucharon y se adentraron un poco en la ciénaga. Nos vieron y nos dijeron que nos paráramos antes de llegar a un monte cercano. Uno de mis compañeros, que tenía la teoría que las hojas desviaban las balas, se echó a correr. Yo quedé petrificado y alcé las manos. Los milicianos me desarmaron y me hicieron prisionero. Me di cuenta de que tenían tanto miedo de lo que yo pudiera hacerles como el que yo tenía de lo que ellos me pudieran hacer.

Me pusieron en un *jeep* y se portaron bien conmigo, aunque me quitaron las botas, mi reloj, y todo lo que llevaba encima. Nos llevaron a la playa, a donde estaban otros prisioneros. En lo que estuve allí, me puse a discutir la teoría marxista con algunos de los guardias. Uno de ellos me dijo: «Tú sabes bastante; ¿cómo es que con tu conciencia viniste acá con estos gusanos?». Comimos y después nos montaron en unos autobuses. Pero antes de esto, nos hicieron desfilar ante unos soldados y gente del pueblo que nos escupió y golpeó. Delante de mí había un joven negro, que como era negro, recibió muchos de los golpes. Le decían: «Negro, ¿cómo pudiste unirte a esta gente ahora que los negros pueden hacer lo mismo que los blancos en Cuba?». El pobre mantenía la cabeza baja, y le dieron bien duro. Ni siquiera había venido con nosotros; era un marinero a bordo de uno de los barcos que habían hundido.

Sergio Carrillo, paracaidista

Además de ser el jefe de un pelotón de mortero de .81 mm y el sacristán, era también paramédico. Tarde, durante el tercer día, mientras regresábamos a Girón, vino un *jeep* cargado de gente. Después de discutir con ellos un poco, cargamos a los heridos en el *jeep* y seguimos hacia la playa. Los Sea Fury seguían atacando y nos disparaban cada vez que pasaban. No teníamos nada con que dispararles, y muchos tiraban sus armas porque se les habían acabado las balas.

Cuando llegamos a la playa, encontramos a un muchacho entre seis y ocho años, herido por uno de los proyectiles antiaéreos. Le había abierto todo el estómago. Los padres, ya te puedes imaginar, estaban fuera de sí. No me quedaba nada para darle al niño, pero de todas maneras, como estaba no iba a sobrevivir. Nos quedamos y tratamos de consolar a sus padres y rezamos el rosario con ellos. Al poco rato, el pequeño murió. Hay un cuento por ahí, que lleno de rabia, salí y ametrallé un Sea

Fury. Lo que pasó es que cuando entramos a la casa del niño, pusé mi arma a un lado. El padre de la criatura fue el que cogió la ametralladora, salió y le disparó al Sea Fury. Finalmente, al día siguiente, nos capturaron en la playa.

Tomás Macho, S.J., capellán

Tomás Macho, S.J., capellán de la Brigada. Miami, Florida, 2000. Con permiso de Tomás Macho.

Tomás Macho nació en Santander, España, en 1916. Los jesuitas lo mandaron a Cuba en 1949 para que sirviera como capellán de la Juventud Obrera Católica, y que fungiera como profesor en el Colegio de Belén en La Habana. Salió de Cuba a mediados de los años 50 para estudiar inglés en la universidad jesuita de Georgetown. Después asistió a Fordham, otra universidad jesuita, donde estudió para obtener su doctorado en Filosofía. Rumbo a El Salvador, a su nuevo destino como profesor en el seminario de San Salvador, hizo escala en Miami. Aquí se encontró con algunos amigos cubanos ya exiliados; se enteró de la necesidad de un capellán para lo que llegó a ser la Brigada 2506, y decidió pedir permiso para ocupar ese puesto. Los jesuitas de El Salvador se lo concedieron. Estaba a bordo del *Houston* cuando encalló en Bahía de Cochinos. En la actualidad está jubilado y vive con su comunidad jesuita en el campus del Colegio de Belén en Miami, Florida.

L legó el silencio, digo silencio porque anteriormente se escuchaba el bombardeo de los aviones. Entonces en la mañana, sabes cómo son los cubanos, algunos dijeron que iban a La Habana. El comandante ya había dado la orden: «Muchachos, esto se acabó. Están libres para hacer lo que quieran». Me conmovió que muchos me dijeran: «Padre, venga con nosotros». Les dije que me quedaría con Llaca, Villaverde y otros que conocía, y que iría cuando ellos se fueran.

Al poco rato, estaba celebrando la Eucaristía, poco después del

Evangelio, cuando llegó uno de nuestros hombres gritando: «¡Milicianos! ¡Ahí vienen los milicianos!». Una lancha intentaba desembarcar en nuestro lugar. Hubo dos reacciones al respecto. La primera fue la de tomar las armas y pelear. La otra fue la de coger comida e irse. Me tiré al suelo y escuché el tiroteo. Los milicianos gritaban «¡Patria o muerte!» como respuesta a nuestro grito: «¡Ríndanse!». Al final, uno de sus hombres murió, a otro no le pasó nada y los otros estaban heridos. Las aguas del mar pasaban sobre el muerto, y un grupo de nosotros fuimos a recogerlo. Le di el Sacramento de los Enfermos. Uno de nuestra Brigada casi empezó a llorar y se lamentó «que cubanos tuvieran que matar a cubanos».

Un nutrido grupo de nosotros nos echamos a andar, con gran optimismo, porque teníamos un radio y escuchábamos las claves secretas de los americanos. Esa noche nos detuvimos y vimos un barco en el horizonte haciendo señales hacia la costa. Nos tiramos al suelo, ya que no sabíamos si era amigo o enemigo. Al día siguiente, el grupo quedó reducido a la mitad de lo que había sido originalmente. Dormimos a la intemperie otra noche y después acampamos cerca de un lugar donde habíamos encontrado agua. El comandante del batallón y el subcomandante nos dijeron: «Vamos a dejarlos y seguir por nuestra cuenta. Vayan ustedes por su cuenta, porque si a nosotros nos agarran, nos van a fusilar». El caso fue que los cogieron a ellos antes que a nosotros.

Continuamos caminando sin rumbo fijo mientras escuchábamos el fuego de los helicópteros arriba. Le dije a Villaverde: «Esto es ridículo. ¿Adónde vamos? ¿Por qué no nos entregamos en un bohío?, y les decimos: "Aquí estamos". Si son malos, nos fusilarán, pero al menos habremos llegado a algún tipo de conclusión. ¿Te das cuenta que así sólo vamos a seguir caminando sin rumbo?». Decidimos regresar a donde habíamos encontrado agua anteriormente. Encontramos otro lugar con agua y decidimos acampar y organizarnos. Me separé del grupo y empecé a rezar, y a eso de las 10:00 de la mañana, vino un helicóptero y aterrizó. Nos ordenaron: «¡Mercenarios! ¡Ríndanse!». Yo, desde lejos les dije: «Miren, claro que nos vamos a rendir. Ni siquiera tenemos armas. No hay problema en lo absoluto». Según tenía entendido, nadie en nuestro pequeño grupo de cinco o seis, tenía un arma. Cuando salí, un miliciano me dijo: «¡Así que aquí tenemos al famoso padre Macho!». Respondí:

«¿Y tú, de dónde me conoces? ¿Acaso eres de la Juventud Obrera Católica, o un alumno del Colegio Belén?». No me contestó nada.

Nos llevaron a un lugar, desconozco su nombre, donde había una escuela. Nos sentamos en la acera. Todo lo que recuerdo era la actitud de la gente del pueblo: no había ni odio ni satisfacción y no hubo insultos. Todo era una gran indiferencia. Pregunté: «¿Hay algo aquí de comer?». Alguien contestó: «Aquí hay una lata de comida rusa». Les respondí: «¿Qué importa que sea rusa? Tenemos hambre». Un miliciano vino y me dijo: «Dame tus botas». Pensé que si ese muchacho podía andar con las miserables botas que tenía, yo podía hacer lo mismo. Así que le dije: «Está bien. Te las doy, pero me das las tuyas». Así que cambiamos.

José «Pepe» Regalado, infiltrado

Un día, después de la comida en casa de los Reboredo, fui al estudio del doctor a escuchar La Voz de las Américas. Entonces, tocaron a la puerta. Era el G-2 que había venido porque habían recibido informes de que había contrarrevolucionarios en la casa. Dije un Acto de Contrición y fui a la sala pensando que era un hombre muerto. Vinieron con metralletas y registraron todo el apartamento. Me senté de espaldas al balcón donde se encontraba un mimeógrafo y una plantilla picada con un boletín de la resistencia anticomunista; había unas cortinas que, desde adentro, hacían parecer que lo que había era una ventana.

Dos milicianos se quedaron conmigo en la sala mientras entrevistaban en la televisión a miembros prisioneros de la Brigada . Empecé a hablar mal de los de la Brigada con los milicianos, diciéndoles: «Esos son unos traidores, hay que fusilarlos a todos. Tenemos que fusilar a todos los curas». Estuvieron allí por más de una hora. No miraron dentro del sofácama (donde estaban los explosivos), ni tampoco al balcón. Como no encontraron nada, se quedaron a hacer la visita. Los invitamos a tomar café. Se disculparon y se fueron. El Señor estaba conmigo; mi Ángel de la Guarda me protegió.

Más tarde esa noche, apenas me podía levantar de la silla. Por primera vez, sentí que se me aflojaban las piernas. Me di cuenta en ese momento de que ya no servía para nada porque era preso del miedo. Salí de casa de los Reboredo y fui a mi apartamento arriba, desesperado por hablar con alguien de mi familia. Necesitaba la familia. Agarré el teléfono y llamé a mi madrina, que estaba en La Habana. Cuando contestó, colgué. Tuve que tomarme un medicamento para poder dormir esa noche. Cada vez que sentía un carro en la calle, pensaba que venían por mí. Sabía que ya no servía para ningún tipo de trabajo clandestino. Ahí fue cuando fui a la embajada italiana.

Alberto Sánchez de Bustamante, equipo quirúrgico

Izq. arriba: *Alberto Sánchez de Bustamante, equipo quirúrgico a bordo del Lake Charles, en Miami con su novia, Margarita, unas semanas antes de partir hacia Guatemala. Foto con permiso de Alberto Sánchez de Bustamante.*

Izq. abajo: *Alberto Sánchez de Bustamante, en su consultorio de Orlando, 1999. Foto del autor.*

Alberto Sánchez Bustamante nació en 1937, proveniente de una familia en la que por cinco generaciones siempre había habido médicos. Graduado de La Salle, era estudiante de Medicina en el momento de la revolución. Vino a Miami en octubre de 1960 y se incorporó a un grupo que iba a prestar funciones médicas durante la invasión en un barco-hospital. Sólo cuando llegaron a Guatemala fue que se les informó que los planes para el barco-hospital habían sido descartados. Por lo tanto, recibieron entrenamiento en armamentos y zarparon a bordo del *Lake Charles*, con el grupo de Operación Cuarenta para desembarcar con éste y llevar a cabo su función médica. Después de la invasión, Bustamante asistió a la Facultad de Medicina y actualmente es ginecólogo en Orlando, Florida. También está muy involucrado en proyectos culturales cubanos con un grupo llamado «Cuban Cultural Heritage».

Se suponía que desembarcáramos al tercer día; pero la noche anterior empezamos a escuchar mensajes de la playa de que había tanques rusos. En otras palabras, sabíamos que todo estaba perdido. Sin embargo, queríamos desembarcar. El espíritu de fraternidad que emerge de una cruzada ideológica como la Brigada 2506 era tal que uno se sentía parte del todo y se consideraba traidor si no participaba. Pensábamos que si dábamos la vuelta y no estábamos dispuestos a ir y morir con el resto de la Brigada, en efecto los estábamos traicionando. Queríamos morir peleando.

A la mañana siguiente, recibimos órdenes de desembarcar. Desde nuestro barco, escuchamos todos los mensajes de los pilotos americanos pidiendo autorización para atacar los tanques rusos. Nunca la recibieron. También recibimos todos los mensajes de los diferentes grupos pidiendo refuerzos, ya que la Brigada se había quedado sin parque. Cuando estábamos bajando al agua los botes de aluminio de desembarco, nos ordenaron que paráramos y que fuéramos a Puerto Rico. Poco después nos ordenaron que regresáramos a Puerto Cabezas.

En esos momentos, en la zona de combate, vimos varios submarinos. Nunca supimos lo que hacían, pero nuestra opinión es que eran submarinos rusos y americanos que filmaban cómo los cubanos se mataban entre sí. Para ellos era un juego, para nosotros era nuestra libertad y nuestras vidas las que estaban en juego. Para ellos era un chiste, los cubanitos matándose los unos a los otros.

El *Lake Charles* regresó a Puerto Cabezas después de dar vueltas por varios días. Teníamos miedo de Somoza, quien nos dijo al partir: «¡Tráiganme las barbas de Fidel!». Pensamos que ahora ese hijo de puta era capaz de deshacerse de nosotros para lavarse las manos del asunto y aparentar que no tuvo nada que ver en todo el desastre. Cuando llegamos a Puerto Cabezas, decidieron quitarnos nuestras armas. No vimos americanos allí, sólo la gente de Somoza. Pusieron las armas en la bodega del barco. Eso nos hizo sentir en peligro, ya que aunque sólo pensáramos que había una pequeña oportunidad de sobrevivir, al menos con nuestras armas nos hubiéramos podido defender. Después vinieron y nos dijeron que nos iban a dividir en dos grupos: los que tenían familia en Miami, embarcarían para allá por avión; los que no tenían familia, irían por barco. Yo no tenía familia en Miami. Un grupo de nosotros decidió que teníamos que hacer algo, porque pensábamos que esos hijos de puta iban a matarnos. Pensamos salir del pueblo y subir a las montañas para tratar de llegar a la frontera mexicana y salvarnos.

Teníamos tremendo arsenal en el barco y, aunque los nicaragüenses eran más que nosotros, pensábamos que podíamos ganarles. Encontramos una abertura a la bodega del barco, por donde uno de mis compañeros, que era pequeño y flaco, podía meterse y abrirnos la puerta por dentro. Así que una noche, a eso de las 4:00 de la mañana, empezamos a sacar las armas y armarnos hasta los dientes. A las 6:00 le mandamos un mensajero a la gente de Somoza diciéndole que, o nos sacaban de allí en veinticuatro horas o tendrían que matarnos, porque íbamos a salir de allí. Pasaron muchas horas, y pensábamos que los camiones blindados de Somoza estarían por llegar en cualquier momento. A eso de las 3:00 de la tarde llegaron dos o tres carros de la Fuerza Aérea de los EE.UU. Los oficiales americanos nos dijeron que no nos preocupáramos, que nos iban a sacar de allí esa noche y que iríamos a nuestras casas en Miami.

Llegamos a la Base de la Fuerza Aérea de Homestead a bordo de los mismos aviones sellados en que habíamos viajado anteriormente. Había catorce o quince carros del FBI y la CIA. Nos metimos tres o cuatro en cada carro, y nos llevaron por todo Miami a nuestras casas.

Jorge Giró, dotación de tierra de la Fuerza Aérea

Cuando la invasión fracasó, nos quedamos en el campamento por unas semanas más. Se corrió el rumor de que los agentes de la CIA y los mercenarios que trabajaban con nosotros iban a matarnos a todos para que no hubiera testigos. Estábamos muy asustados y pasamos de una semana a diez días encerrados en el campamento sin poder salir. Finalmente, Tony Varona, Antonio Maceo y otros se aparecieron a visitarnos en el campamento. Al parecer las autoridades estadounidenses les habían autorizado la visita. Nos prometieron que nos iban a sacar de allí. Al día siguiente, llegaron unos aviones y nos llevaron al aeropuerto de Opa-locka en Miami. Recuerdo que me dieron una camisa, unos pantalones, 38 dólares, y una despedida.

ENCARCELAMIENTO Y LIBERACIÓN

■ ■ ■

**Lo único que nos faltaba era la libertad para
salir de allí, pero teníamos una gran libertad interior.
No nos sentíamos prisioneros ni avergonzados.**

Padre Sergio Carrillo, paracaidista

Los hombres de la Brigada estuvieron detenidos en Girón desde el momento de su captura hasta que se les transfirió a La Habana, excepto los heridos de gravedad, a quienes se les prestó asistencia médica en varios hospitales de Cienfuegos y Matanzas, antes de que se les trasladara a un hospital militar en la capital. En cuestión de varios días, llevaron a los prisioneros a La Habana a bordo de camiones militares, autobuses y rastras. Algunos vehículos hacían paradas en algunos pueblos para que las turbas revolucionarias pudieran burlarse de ellos. Osmany Cienfuegos, uno de los jefes de las fuerzas de Castro en la central Australia, hacinó a 149 hombres de la Brigada como si fueran ganado en una de esas rastras de 40 pies de largo, herméticamente selladas y sin ventilación alguna. A Cienfuegos, hermano de Camilo Cienfuegos, del 26 de Julio (quien murió misteriosamente en un accidente aéreo en 1960), ya se le había advertido en varias ocasiones que la rastra estaba peligrosamente llena, a lo que respondió: «¡Que se mueran! Así nos ahorran el trabajo de fusilarlos».[1] Los hombres dentro de la rastra apenas pudieron respirar durante la odisea de ocho horas. Al abrir las puertas de la rastra en La Habana, nueve habían muerto asfixiados. Uno más murió un poco más tarde.[2] El resto, junto con los otros prisioneros, fue trasladado al Palacio de los Deportes, donde generalmente se montaban peleas de boxeo y partidos de baloncesto.

Durante veinte días, los prisioneros de la Brigada 2506, divididos por batallón, tuvieron que estar sentados en duras e incómodas sillas mientras esperaban que se les interrogara públicamente en el Palacio de los Deportes.

En un determinado momento, tuvieron que ponerse de pie y, frente a las cámaras de televisión, decir su nombre y lugar de procedencia; momento este en que muchas familias al fin supieron que sus seres queridos aún se encontraban vivos. Fue durante esta transmisión, asimismo, que muchas familias supieron por primera vez que sus parientes eran parte de la fuerza invasora. A los hombres no se les permitió que se bañaran, cambiaran de ropa o afeitaran; cubiertos de fango y mugre de la batalla, tuvieron que permanecer sentados por largos períodos de tiempo, a veces hasta de veintiuna horas seguidas. A diario, por espacio de tres horas, se les permitía tirarse en unas colchonetas sucias en medio del Palacio de los Deportes, bajo intensas y brillantes luces. En una ocasión, les dieron jalapa, un poderoso laxante, mezclado con la comida para que se sintieran inhumanamente enfermos del estómago y con incontenibles ataques de diarrea. Eventualmente tuvieron que utilizar mangueras de incendio para limpiar la acumulación de heces fecales en el piso.[3] Los prisioneros, cansados y aturdidos, sin saber cuáles de sus compañeros estaban vivos o muertos, experimentaban cierta alegría cuando veían que escoltaban a un amigo o conocido para que se uniera al grupo.[4] A los jefes de la Brigada, mientras tanto, se les mantenían separados de sus tropas y sufrieron sus propias duras pruebas. A Manuel Artime lo interrogaron y torturaron salvajemente.[5] Según el documental *La Brigada 2506*, en el Palacio de los Deportes también estaban detenidos varios campesinos de la región de Bahía de Cochinos que ayudaron a los invasores. Nunca se ha sabido nada de su suerte.

A veces, el propio Fidel Castro se aparecía a ver a los prisioneros y hasta discutía informalmente con ellos. Tal vez, el incidente que más se recuerda fue cuando Castro se detuvo ante el afrocubano Tomás Cruz y le dijo: «Tú, negro, ¿qué estás haciendo aquí? ¿O es que no sabes que ya los negros pueden ir a las playas con los blancos?». Cruz le contestó valiente y rápidamente que él no tenía complejos raciales, y que no había venido a bañarse en la playa, sino a liberar a su patria. Los hombres de Castro también escogieron cuidadosamente a un grupo de soldados de la Brigada para que comparecieran en un programa de televisión ante un panel de varias figuras importantes, entre las que se destacaba el líder e ideólogo comunista, Carlos Rafael Rodríguez. Un pequeño grupo de brigadistas, exhaustos, desmoralizados, amargados al sentirse traicionados y temerosos de que los fusilaran, accedió a responder públicamente lo que se les preguntara, de una manera que le conviniera al aparato propagandístico revolucionario. Uno de los prisioneros, Felipe Rivero, fingiendo miedo y debilidad, fue parte de este grupo. Sin embargo, en vez de responder como se esperaba, hizo que los representantes del gobierno entraran en un debate con él, y sorprendiéndolos, los enredó y les hizo pasar una vergüenza.[6] Además, el aparato de propaganda del régimen también hizo hincapié en los hijos de familias acaudaladas, así como en los hijos de los líderes políticos en Miami. El gran golpe propagandístico, sin embargo, vino cuando Castro encontró entre los integrantes de la Brigada a ex criminales de la guerra contra Batista. A pesar de que era un grupo minúsculo, el régimen los presentó como un ejemplo más de la composición de la Brigada. De ahí en adelante, se usaron los grupos antes mencionados para apoyar la teoría, por más falsa que fuera, de que los «libertadores» no eran más que un grupo de batistianos y miembros de las clases altas. Para más humillación aún, a los que aparecían en televisión se les entrevistaba bajo un enorme letrero que decía: «PATRIA O MUERTE. VENCIMOS».[7]

A las dos semanas de estar en el Palacio de los Deportes, se les dio a los aproximadamente 1.200 prisioneros de la Brigada las camisetas amarillas que usarían durante su cautiverio. El color tenía un significado simbólico para destacar públicamente la idea de que los «gusanos amarillos», como decía Castro, eran cobardes. Finalmente se les dio jabón y se les permitió bañarse.

Después de las duras pruebas en el Palacio de los Deportes, la Brigada pasó a un hospital naval, casi terminado, cerca de la capital. Aunque las condiciones no eran las mejores, el tratamiento en general mejoró. También se les permitió visitas familiares. Lo que motivó este cambio fue el ofrecimiento unos días antes por parte de Castro de aceptar el pago de un rescate de $28 millones de dólares en tractores tipo Caterpillar por los brigadistas. El dictador autorizó una comisión de diez delegados de la Brigada (elegidos por los prisioneros) a que regresara a los Estados Unidos y planteara sus condiciones al gobierno de los EE.UU. El presidente Kennedy, sin poder llevar a cabo las negociaciones de manera oficial a causa de la ruptura de relaciones entre ambos países, organizó una comisión bipartidista de ciudadanos del sector privado llamada «El Comité de Tractores por la Libertad», para que negociara este rescate. Incluía a Milton Eisenhower, Eleanor Roosevelt, el dirigente obrero Walter Reuther y a Joseph Dodge, un ex funcionario de Eisenhower.

Dicho Comité tuvo problemas desde su gestación. Algunos miembros del Congreso protestaban enérgicamente que los Estados Unidos se convertiría en el hazmerreír del mundo al permitirle a Castro imponer las condiciones del trato. Para muchos, cualquier tipo de trato era equivalente a un chantaje. Otros pensaban que esto iba en contra de los intereses de la seguridad nacional, ya que Castro podría utilizar los tractores para fines militares. También se discutía la legalidad de que un grupo de ciudadanos del sector privado llegara a este tipo de acuerdo con el gobierno de Cuba. Es más, Milton Eisenhower estaba totalmente frustrado ante la reticencia del presidente en declarar públicamente que el Comité era un grupo estrictamente privado, cuya función era la de recaudar fondos, y que la decisión de negociar con el régimen de La Habana era prerrogativa gubernamental. No obstante, finalmente se le hizo una propuesta a Castro a principios de junio: 500 tractores regulares, no del tipo que Castro había pedido. Castro rechazó la oferta, y poco después el Comité de Tractores por la Libertad quedó disuelto.[8]

Cuando quedó claro que no habría trato alguno, trasladaron a los prisioneros del hospital naval al Castillo del Príncipe, una fortificación española del siglo XVIII que fungía de cárcel. Los prisioneros entraron en las profundidades del castillo con guardias que los insultaban y pinchaban con sus bayonetas. Abarrotados en grandes calabozos, como ganado, para cada 100 hombres había un agujero en la tierra que servía como excusado.[9] Durante la estancia en el Castillo, muchos de los prisioneros heridos se unieron al resto de la Brigada.

Cuando la Brigada comenzó de nuevo a sufrir estas pésimas condiciones, la comunidad cubana del exilio se movilizó. Bajo la dirección del abogado exiliado Ernesto Freyre y de Alvaro Sánchez, educado en Harvard, ambos con hijos presos en la Brigada, el nuevo grupo llamado «Comité de Familias Cubanas» comenzó sus gestiones a mediados de julio. Con el tiempo, radicaron sus oficinas en Madison Avenue en Nueva York y trabajaron incansablemente junto a parientes y algunos brigadistas que habían logrado llegar a los Estados Unidos después de la invasión, para la liberación de los prisioneros.[10]

Mientras tanto, en agosto, trasladaron a la Brigada completa a la azotea de la cárcel, donde los pusieron en galeras. Los jefes de la Brigada se reunieron con los hombres, logrando unirlos e implantando de nuevo una disciplina militar. De todo esto salió un patrón de regularidad que incluía planes en caso de que hubiera una revuelta popular en contra de Castro. Además, se dieron varias clases y se establecieron grupos de limpieza. Se volvió a la práctica religiosa, incluyendo que muchos rezaban el rosario por las noches, todos arrodillados en grupo.[11] También se llevaron a cabo ceremonias religiosas protestantes. Fue sólo durante esta estancia en la cárcel que muchos de los hombres llegaron a conocerse entre sí, ya que anteriormente habían estado divididos y recibiendo el entrenamiento como batallones separados, y otros habían estado muy poco tiempo en los campamentos.[12] Durante todo el otoño de 1961, mantuvieron la moral alta, así como la esperanza de libertad.

Estas esperanzas quedaron truncadas cuando para Navidad aún no habían recobrado su libertad. No obstante, los hombres trataron de mantener alto el ánimo por medio del estudio, la enseñanza y la confección de artículos varios, tales como rosarios, con lo que encontraban en la cárcel. Las hostias consagradas entraban de contrabando y se usaban al dar la misa.[13] Una de las galeras organizó un pequeño conjunto musical, con instrumentos musicales rudimentarios que habían fabricado. Después, un grupo de mujeres, organizado por representantes del Comité de Familias en La Habana, se ofreció a traer a los prisioneros lo que se les permitiera. Estas «madrinas», como se les llamó, también eran fuente de información para los prisioneros. A pesar de todos estos esfuerzos, los hombres sufrieron intensamente su estancia en prisión.

Mientras que el Comité de Familias trabajaba sin descanso, Castro montó otra gran ofensiva propagandística a fines de marzo de 1962: el juicio a la Brigada 2506. Dicho juicio se llevó a cabo en el patio del penal, a cargo de un tribunal de cinco miembros bajo la dirección del ministro de Trabajo, Augusto Martínez Sánchez. Se nombró un abogado defensor para los brigadistas, pero estos pensaban que se comportaba más como fiscal que el propio fiscal. Los representantes del régimen, que esperaban que algunos miembros de la Brigada denunciaran públicamente a los Estados Unidos, al igual que lo hicieran hace casi un año en el Palacio de los Deportes, quedaron sorprendidos y llenos de ira cuando esos mismos hombres (con sólo dos excepciones) se negaron a hacerlo durante el juicio.[14] En un momento del juicio, preguntaron a los acusados si alguien quería hacer alguna declaración; al principio no hubo respuesta alguna, pero finalmente un prisionero levantó la mano. Ansiosamente, un miembro del tribunal le preguntó lo que quería decir, a lo que el brigadista respondió: «Pido permiso para ir a orinar». Esto provocó roncas carcajadas del resto de los hombres.[15] Durante el juicio, en otro incidente memorable, se desató un altercado entre algunos miembros de la Brigada y los guardias. Cuando parecía que todo estaba fuera de control, el subcomandante de la Brigada, Ernesto Oliva, tomó el micrófono y gritó: «¡Brigada! ¡Atención!». En el acto, todos quedaron paralizados, incluso los guardias, y se pudo calmar la situación.[16]

Finalmente, los hombres fueron condenados a 30 años de prisión. Castro, sin embargo, aún mantenía la oferta de rescate, sólo que en esta ocasión, cada hombre tenía un precio por su cabeza: $100.000, $50.000 ó $25.000. Los jefes de la Brigada (Artime, Oliva y San Román) tenían un precio de $500.000 cada uno, lo que sumaba un total de $62 millones de dólares. Entre tanto, Castro había puesto en libertad a 60 de los heridos más graves después que el Comité de Familias se hubiera comprometido a pagarle casi $3 millones de dólares por ellos.[17] El grupo de veteranos heridos pronto se incorporó al comité en la ciudad de Nueva York y se metió de lleno en un esfuerzo de relaciones públicas para obtener la libertad de sus compañeros en Cuba. Una vez en Estados Unidos, muchos se entrevistaron con funcionarios estadounidenses y con grupos privados, y a través de la prensa trataron de elevar el nivel de conciencia del público en general respecto a los hombres que aún estaban en prisión. Algunos se presentaron en programas de televisión, tales como el *Ed Sullivan Show* y el *Today Show*.[18] Uno de los veteranos, Luis Morse, incluso accedió a ser uno de los concursantes en el programa popular *To Tell the Truth* para dar mayor visibilidad al problema.[19]

La condición y el trato que recibían los que quedaron en prisión en Cuba descendieron seriamente de nivel después del juicio. Para empeorar la cosa, más de 200 hombres con precio de $100.000 dólares de rescate cada uno, al igual que los dirigentes de la Brigada, se vieron trasladados a la más temida prisión política del régimen en Isla de Pinos. Las condiciones de vida para todos los presos políticos de Castro en la isla eran inenarrablemente duras y brutales. Los brigadistas estuvieron allí durante los próximos ocho meses, separados de los otros presos políticos, y objeto de todo tipo de abusos y maltratos.[20]

El Comité de Familias, entre tanto, prestó atención a los consejos del fiscal general, Robert Kennedy (quien había cobrado especial interés en la causa de los prisioneros), y les recomendó que organizaran una agresiva campaña de recaudación de fondos y que se aseguraran que contaran con los servicios de una agencia profesional al respecto. Después de una ardua labor, el Comité apenas pudo recaudar $1 millón de dólares. Robert Kennedy creía que el Comité debía tener entre sus miembros un negociador tenaz que pudiera lidiar con Castro directamente. Les recomendó al prestigioso abogado James B. Donovan, quien inmediatamente aceptó representar al Comité gratis.[21]

Donovan se entrevistó con Castro a finales de agosto y lo convenció que, en lugar de efectivo, aceptara $62 millones de dólares en comida y medicinas. En las semanas subsiguientes, se llevaron a cabo duras negociaciones respecto al tipo de mercancías, precios de las mismas y embarques.[22] Mientras tanto, Robert Kennedy movilizó el Departamento de Justicia a fin de cubrir la legalidad de la transacción y además fue figura clave en convencer a los fabricantes de medicinas y alimentos de niños para que contribuyeran al canje a cambio de beneficios fiscales. La Cruz Roja estaría encargada de coordinar los embarques a La Habana.[23]

Días antes de las Navidades de 1962, se les informó a los hombres de la Brigada que pronto estarían en libertad. Muchos pensaron que se trataba de un chiste cruel. El 23 de diciembre los llevaron a la Base Aérea de San Antonio de los Baños y les dieron nuevas vestimentas, así como camas nuevas y buena comida. Al momento en que el *African Pilot,* el primer barco proveniente de Estados Unidos cargado con lo acordado para el canje, atracara en los muelles de La Habana, comenzaron a partir los primeros vuelos rumbo a Miami con los miembros de la Brigada. Hubo un momento en que Castro suspendió los vuelos, exigiendo que se le pagaran los $3 millones de dólares prometidos y que aún se le debía por los prisioneros heridos. Gracias a la generosidad a última hora por parte del cardenal Cushing de Boston y el general Lucius Clay, el dinero estaba disponible al día siguiente, y el resto de la Brigada voló a Miami. A 1.000 familiares de los miembros de la Brigada se les permitió viajar a los Estados Unidos a bordo del *African Pilot* en su viaje de regreso.[24] En total, sólo un pequeño número de brigadistas no pudo regresar con el grupo, ya que a un puñado de ellos se les fusiló, o condenó a cumplir largas condenas en prisión.

De regreso al sur de la Florida, los hombres llegaron a la Base Aérea de Homestead. De allí, en autobuses, fueron al Dinner Key Auditorium en Miami, donde se reunieron con sus seres queridos. Los hombres estaban extáticos al ver a sus familias. Habían estado separados durante casi dos años; algunos aún más. Habían adelgazado tanto en la cárcel que en algunos casos sus familiares no los reconocieron de inmediato. Aquellos cuyos familiares habían salido de Cuba a bordo del *African Pilot* fueron a reunirse con ellos al Tropical Park en Miami, adonde se les había llevado. Cuando los líderes de la Brigada llegaron a Homestead, fueron recibidos por algunos miembros de la Brigada que los saludaban militarmente y por una gran cantidad de simpatizantes. Minutos después de su llegada, Robert Kennedy llamó a Pepe San Román desde Washington y le dio la bienvenida. Cuando llegaron al Dinner Key Auditorium, fueron aclamados locamente y sus hombres los cargaron en hombros.[25] Para la Brigada, la batalla había terminado; pero para muchos, la guerra contra Castro acababa de comenzar.

El 29 de diciembre, el presidente Kennedy asistió a una ceremonia en el Orange Bowl de Miami, donde pasó revista a la Brigada y se dirigió a miles de cubanos allí presentes. Después de haberse reunido con los líderes de la Brigada un par de días antes en su casa de Palm Beach, ahora se enfrentaba a la Brigada y a la comunidad exiliada en general. Durante la ceremonia, después que se le entregara la bandera de la Brigada, el presidente audazmente afirmó: «Puedo asegurarles que esta bandera le será devuelta a esta Brigada en una Habana libre». Al pronunciar estas palabras, la multitud rompió en aplausos y vítores. A pesar de que muchos exiliados y veteranos de la Brigada estaban resentidos con Kennedy por haberlos abandonado (y de hecho muchos boicotearon la ceremonia por esa misma razón), los hombres y la multitud se dejaron llevar por la emoción del momento. El joven presidente era aún la mayor—y la única— esperanza para una Cuba libre. A pesar de que se le percibía como que no había sabido manejar la invasión, su compromiso con la causa parecía legítimo para muchos. El hecho de que muchos hubieran tomado las palabras del presidente literalmente contribuyó a aumentar, años más tarde, el sentimiento de que habían sido traicionados. Después que el presidente alabara el heroísmo y significado de la Brigada, la primera dama, Jacqueline Kennedy, se dirigió a la multitud en español, prometiendo que algún día le contaría a su pequeño hijo sobre el coraje y valentía de la Brigada.

Este capítulo detalla las experiencias de los hombres de la Brigada 2506 desde que fueran transportados a La Habana desde Girón, hasta la ceremonia en el Orange Bowl en diciembre de 1962. Después de los testimonios más largos de miembros de la Brigada, que cubren casi todo este período, he añadido una sección dedicada a los relatos más cortos. En este capítulo he tratado de incluir la mayor cantidad de participantes posible.

Jorge Silveira, Tercer Batallón

U na patrulla de milicianos nos capturó y nos llevaron a un pequeño bohío donde nos tiraron al suelo. Allí nos dieron carne rusa enlatada; no esperamos a que la cocinaran porque teníamos miedo que cambiaran de opinión y nos la quitaran. Más tarde nos llevaron en un camión a Girón y nos pusieron en unas casas del lugar. Ese mismo día nos llevaron para La Habana.

Yo iba a bordo de la rastra donde murieron los nueve hombres asfixiados. Hasta ese momento, los milicianos no nos habían tratado mal físicamente, aunque verbalmente nos habían atacado, llamándonos mercenarios, gusanos, batistianos, hijos de puta, maricones, y diciéndonos: «Tú mataste a mi hermano», etc. A un grupo de nosotros nos llevaron a la rastra a cargo de Osmany Cienfuegos. Le dijeron que todos no cabíamos en el camión y que se iban a morir algunos. Su respuesta fue que no importaba, que nos iban a fusilar de todas maneras, que «o se mueren aquí, o se mueren allá». Nos pusieron en el camión, lo cerraron y se puso en marcha rumbo a La Habana.

La experiencia a bordo del camión fue dantesca. Nos golpeábamos entre sí cada vez que el camión se movía, y la gente se fue desesperando por falta de oxígeno. Los gritos eran terribles. Recuerdo que algunos de mis compañeros rezaban en voz alta; eran oraciones de desesperación. Un hombre murió asfixiado junto a mí, aunque no sé quién era porque estaba muy oscuro. Alguien abrió un agujerito con un pedazo de metal. Si no hubiera sido por ese agujerito, muchos más hubieran muerto.

Durante el viaje, que duró ocho o nueve horas, pararon en diferentes lugares y todos gritábamos. No me cabe la menor duda que sabían lo que estaba pasando allá atrás. Todo estaba premeditado. Osmany Cienfuegos dio la orden personalmente, y yo lo culpo directamente a él, y a sus superiores, que nunca lo castigaron por lo sucedido.

Cuando abrieron las puertas de la rastra al llegar a La Habana, la sensación de poder respirar fue tremenda. Los milicianos estaban espantados al vernos. Al partir, todos estábamos parados, pero habíamos acabado en el suelo y tirados uno encima de otro. Nos preguntaron sobre el agua en el suelo: era sudor y orina. Yo estaba completamente desnudo cuando llegué a La Habana, ya que había perdido toda la ropa en el camión; en parte me la quité por el calor, y otra parte la perdí porque me la arrancaron durante el viaje. Uno de mis compañeros me cargó fuera del camión. No podía caminar, porque durante parte del camino, tenía a dos o tres hombres tirados sobre las piernas.

Nos dejaron a la entrada del Palacio de los Deportes, un estadio que se usaba para peleas de boxeo. A los que estábamos heridos nos tiraron frente a las puertas y al resto los llevaron a los asientos del estadio. Vinieron algunos médicos a ver a los heridos y se llevaron a algunos al hospital. El médico que me vio, que no era cubano, dijo que tal vez tenía gangrena en las piernas. Uno de los médicos de la Brigada que estaba con nosotros me vio y me dijo que no tenía nada y que mejor saliera de allí antes de que me amputaran una pierna. Después escuché al médico que me había visto decirle al que estaba con él que si no estaba mejor al día siguiente, tendrían que amputarme la pierna. Esa noche algunos compañeros me dieron masajes en las piernas, y al día siguiente estaba caminando, aunque con dificultad, pero estaba caminando. Simplemente era falta de circulación.

Allí en el Palacio de los Deportes fue casi la primera vez que toda la Brigada estuvo junta, como una unidad. Hasta ese momento, nuestro entrenamiento había sido en batallones. Yo diría que teníamos la moral bien alta. La gente de Castro trató de dividirnos. Primero por batallones, y al hacerlo, la solidaridad fue tremenda. Entonces nos dividieron por proletarios, ex militares, hijos de familias ricas, miembros de clubes, etc. Fidel Castro vino con la prensa internacional, pero tuvo que decirles que se fueran porque no estábamos reaccionando como él esperaba. Durante toda la experiencia en prisión, el objetivo principal de Castro fue que dijéramos que los americanos nos habían mandado y abandonado. Cualquiera de nosotros se hubiera podido pasar al lado de ellos (los comunistas) en esos momentos. Incluso le pidieron a los paracaidistas que entrenaran un batallón de paracaidistas a cambio de su libertad. A pesar de que nos habían abandonado, teníamos la suficiente dignidad para no admitírselo a Fidel Castro y su régimen. La Brigada permaneció unida.

Después de más de veinte días nos permitieron darnos una ducha.

Recuerdo que cuando salí de la ducha me pasé la uña por la piel. Me di cuenta que todavía tenía una costra cubriéndome todo el cuerpo. Después nos llevaron al hospital naval.

El hospital naval fue el Hilton de nuestra experiencia en prisión. Allí estuvimos mejor y nos trataron mejor que en ninguna otra parte porque fue más o menos cuando Kennedy asumió la responsabilidad de la invasión y surgió la posibilidad de cambiarnos por tractores. Ahí fue cuando se mandó la primera delegación de la Brigada a los Estados Unidos para tratar de conseguir los tractores. Mientras estuvimos en el hospital naval, inventamos muchas maneras de recibir información. Por ejemplo, en nuestra sala teníamos un miliciano, a quien llamábamos Pinocho; estaba en contra del régimen y nos mantenía informados, y además nos traía medicinas y comida.

De ahí nos trasladaron al Castillo del Príncipe. Cuando nos cambiaron de lugar, nos quitaron todo lo que nuestras familias nos habían mandado. Llegamos de noche y nos pusieron en la estrella, un patio central, y nos separaron por orden alfabético. Como mi nombre empieza con una de las últimas letras del alfabeto, nos pusieron en las que probablemente fueran las peores celdas, las llamadas «leoneras», que estaban en la parte baja de la prisión, sin ventanas y terriblemente húmedas. Ahí fue donde realmente me di cuenta que estaba encarcelado. Al bajar, teníamos que pasar corriendo por unos guardias que nos pegaban con las bayonetas. Al día siguiente nos dieron café con leche y pan hecho por los propios presos, que para nosotros en ese momento, estaba muy bien. También nos permitieron bañarnos. Al día siguiente vinieron y preguntaron si alguien quería cambiar de celda. Un grupo de amigos y yo nos ofrecimos como voluntarios y acabamos en una de las mejores galeras que había: estaba en la azotea y tenía patio.

En general, las condiciones en el Castillo eran pésimas. Teníamos tan poca comida que a veces cuando nos tirábamos al suelo, no nos podíamos levantar porque nos mareábamos. Hubo veces en que sólo nos daban ocho o diez pedazos de macarrones al vapor tres veces al día. Físicamente estábamos débiles. Para dar una idea de la situación, cuando fui en la invasión (y yo había remado y nadado en Cuba), pesaba 165 libras. Cuando salí de la cárcel, pesaba 118 libras. También recuerdo que no hacíamos mucha actividad física en la prisión. Fue estando allí que cogí hepatitis.

Las cosas se pusieron peores cuando se rompieron las negociaciones con los Estados Unidos. Ahí fue cuando comenzaron los rumores acerca de un juicio y posibles fusilamientos selectivos. En una de las visitas familiares nos pusimos de acuerdo para que una tía mía que estaba en Cuba y las madres de otros dos presos se vistieran de negro y se pararan en la esquina (donde podíamos verlas desde la cárcel) si averiguaban que los rumores acerca de un juicio eran ciertos. El día en cuestión, no sólo estaban vestidas de negro, sino que también tenían sombrillas negras, zapatos negros y medias negras.

Hay que tener en cuenta que en la Brigada estaba representada ampliamente la sociedad cubana. Había guajiros, gente pobre, gente rica, profesionales y analfabetos. Los que eran abogados se reunieron y decidieron que para que nadie cayera en una posición en que no se pudiera defender, simplemente todos diríamos que habíamos venido a luchar contra el comunismo y que no teníamos nada más que decir.

Mi tía era una de las «madrinas», un grupo que nos ayudaba, compuesto por madres y otros familiares de los presos. Generalmente la madrina de la galera tenía a un hijo, o a un sobrino en esa galera. Nos traían comida, medicina, y servían de intermediarias entre la prisión y las familias.

En diciembre de 1962, nos dijeron que nos soltaban en unos días. Algunos lo creyeron y otros no. Se les permitió a nuestros familiares que nos trajeran cestas de comida, y nuestro trato mejoró. El día antes de salir, entregamos las camisetas amarillas que nos habían dado cuando llegamos, y nos dieron ropa nueva. Salí con un grupo en el último vuelo del primer día. Oficiales del Ejército de los EE.UU. nos recibieron en la Base Aérea de Homestead y la mayoría se disculpó de lo que nos habían hecho. Tengo la impresión de que estaban abochornados. Nos dieron ropa nueva y nos llevaron al Dinner Key Auditorium. En la base de la Fuerza Aérea, había pedido la talla que normalmente usaba en pantalones, pero como había perdido tanto peso, ¡me daban dos vueltas!

Cuando llegamos al Dinner Key Auditorium, recuerdo que nos llevaron al escenario. Bajamos unos escalones del escenario, como en una graduación, para ir a donde estaban nuestros familiares. Había muchos abrazos, mucha alegría y muchas lágrimas cuando uno veía a su familia. Cuando al día siguiente, supimos que habían aguantado uno de los vuelos, fuimos al Dinner Key a decirles a los americanos que si no permitían que ese avión saliera, nos tendrían que llevar a todos de vuelta a Cuba.

La ceremonia del Orange Bowl fue un momento de esperanza. Pensamos que el presidente iba a apoyar una nueva invasión. Estábamos dispuestos a regresar a los campamentos en ese momento. Creo que ahí fue cuando ocurrió la traición total por parte de la familia Kennedy, especialmente cuando nos dijo que nos devolvería la bandera en Cuba. Creo que cuando uno es un ejecutivo, uno es responsable por lo que hacen todos los que están bajo su autoridad. Estoy convencido de que Kennedy nos traicionó.

Mario Martínez-Malo, Segundo Batallón
· ·

¡Hacía tanto frío en la ciénaga! No recuerdo haber estado en ningún lugar tan frío en Cuba. Una noche, tenía tanta sed que me tomé mi propia orina. Fue un error. Al tercer día vi unas abejas volando y se me ocurrió que las podía seguir a la colmena. Cuando la encontré, allí había milicianos. Me dijeron: «¡Arriba las manos!». Les dije: «¡Espérense!». ¡Estaba todo lleno de abejas (riéndose)!

Nos llevaron a la playa en una columna. Allí había periodistas. Fue la primera vez que vi gente de países comunistas, ya que casi toda la prensa era de países comunistas. Nos metieron en camiones y nos llevaron al Palacio de los Deportes.

Lo del Palacio de los Deportes fue una experiencia tremenda. Teníamos que estar sentados en unas sillas por veinte y veintidós horas seguidas. Por la noche, nos hacían dormir en medio del estadio, con todas esas luces prendidas, y parecía que estábamos asándonos en una parrilla. También nos dio diarrea por la jalapa que nos dieron; de pronto 1.200 hombres nos levantamos y a defecar. Fue tan terrible que tuvieron que traer bombas de incendio para limpiar el lugar con sus mangueras.

En el Palacio de los Deportes, la gente asimiló lo que estaba pasando. También estábamos esperando y contando a los que faltaban. Mientras nos poníamos a pensar en lo que podía haberles sucedido, de repente, traían otro grupo de prisioneros, y empezábamos a gritar y corear que fulano estaba vivo. También nos interrogaron en el Palacio de los Deportes. Nos preguntaron por qué nos habíamos unido a la Brigada y quiénes eran nuestros familiares. También nos presentaron al público en general en la televisión; uno a uno teníamos que ponernos de pie y decir nuestro nombre. Cuando me tocó el turno, bajé un poco la cabeza y les di otro nombre (usé mi segundo apellido), porque no sabía si le harían daño a mi familia.

Mis padres no sabían que estaba en la invasión; la única que lo sabía era mi hermana en Miami. Al no escuchar mi nombre entre los prisioneros, todos en Miami pensaron, por unos días, que estaba muerto. Un amigo mío había ido al Palacio de los Deportes y le pedí que fuera a ver a mis padres y les dijera que yo era parte de la invasión de Bahía de Cochinos. Fue y se lo dijo; mi madre le dijo que era un mentiroso y no quería creerlo. Más tarde, me vieron en la televisión.

En el hospital naval estábamos en un lugar limpio, pero no cabíamos. Veinte de nosotros en un cuartico, pero las condiciones sanitarias eran mucho mejores. También fue el momento en que se habló del intercambio. Allí tuvimos nuestras primeras visitas, pero fue la única vez que vi a mi familia, porque le dije a mi padre que se fuera de Cuba para Miami.

Después de eso nos mandaron al Castillo del Príncipe. Nuestra primera impresión fue terrible porque nos llevaron a los calabozos. Allí el agua se filtraba y goteaba constantemente y la humedad era increíble, ya que estábamos bajo tierra. Las condiciones sanitarias también dejaban mucho que desear. Nos dividieron en grupos de aproximadamente 400 en cada uno y nos quedamos en los calabozos por un par de meses antes de que nos mandaran a las galeras en la azotea.

Después del juicio, a cada uno nos condenaron a 30 años de prisión. Pero también nos pusieron un precio a cada uno para que nos rescataran; yo estaba en el grupo de los de $100.000. A los que estábamos en ese grupo, un día nos sacaron del Castillo del Príncipe, nos llevaron al aeropuerto de San Antonio de los Baños y nos pusieron en un pequeño avión.

Algunos creían que íbamos para Miami. Yo les dije: «¿Cómo demonios vamos a ir a Miami, si aquí hay seis tipos armados?». No teníamos la menor idea de adónde nos llevaban. De repente, el avión viró y empezamos a pensar «¿Adónde vamos?». Yo les dije que creía que íbamos al sur. ¡Dios mío, isla de Pinos!

Cuando llegamos al aeropuerto, nos estaban esperando. Me di cuenta que los próximos días no iban a ser fáciles, porque los milicianos de allí tenían otra mentalidad. Nos llevaron en camiones. De pronto, escuchamos un ruido tremendo al llegar frente a los edificios donde estaban los otros presos políticos. Nos recibían como héroes.

Nos pusieron en un lugar donde nos dijeron que había estado preso Fidel cuando Batista lo encarceló. Había estado allí con dos o tres personas más; nosotros éramos 209. Apenas si tenía espacio para dormir en el suelo con las piernas dobladas. Era una celda bajo tierra en forma de «L» con una ventanita como a diez pies de altura. No teníamos almohadas, y a no ser por los calzoncillos, estábamos desnudos. No teníamos jabón: un sólo inodoro y tres duchas. Aquello sí que era difícil. La comida era increíblemente mala, y estábamos apiñados. Tener un vaso para el agua era como un tesoro. Cuando formamos parte de La Pacífica (una huelga de hambre en la prisión), entraron, se llevaron todo lo que teníamos, les dieron golpes a algunos y nos hicieron la vida insoportable.

Tratamos de mantenernos alertas y ocupados. Organizamos clases, seminarios o cualquier cosa para tener la mente ocupada en algo. También recogíamos diferentes recetas de cocina entre nosotros; llegó un momento en que teníamos más de 600. También planeábamos viajes. Me hice muy amigo del padre Macho, que había sido profesor mío en Belén. A veces nos daba misa.

Una vez, como quince o veinte de los hombres se enfermaron de verdad. Estaban vomitando porque habían cogido algún tipo de disentería y los tuvimos que poner junto a la ducha y el inodoro. Se dieron cuenta que muchos de nosotros estábamos enfermos cuando estaban terminando las negociaciones para nuestra liberación. Sabían multiplicar: si quince o veinte se morían, perdían dinero. Así que trajeron suero y médicos. El día antes de partir nos trajeron comida. Después de haber estado tanto tiempo sin comer bien, la gente se enfermó con el sabor y el olor de la comida. Era terrible porque todos estábamos vomitando a la vez en un lugar cerrado. Me recordó cuando nos dio diarrea en el Palacio de los Deportes con la jalapa.

Fue precioso cuando aterrizamos en un lugar americano. Recuerdo que en la Base Aérea de Homestead nos dieron helado. Nos llevaron al Dinner Key Auditorium, donde había cientos de personas. Me di cuenta que estaba tan flaco que mi familia no me iba a reconocer. Además, me habían rapado la cabeza. Fui donde estaba mi padre y me le paré delante. Movió la cabeza y siguió como buscándome con la vista y le dije: «¡Oye, soy yo!». Me contestó: «¡Mario! ¡Espérate aquí mismo! ¡Voy a buscar a todo el mundo!». Cuando llegué a casa, eran como las 3:00 o las 4:00 de la mañana. Había un primo mío de doce años de edad que usaba talla veintiocho en pantalones. Me puse un par y empecé a reírme en el espejo porque podía contarme las costillas. Pesaba 95 libras.

Fui a la ceremonia del Orange Bowl, más por curiosidad que por Kennedy. Sabía que era la última oportunidad en que estaría con mis comandantes de Bahía de Cochinos.

Eduardo Zayas-Bazán, hombre rana

Me hirieron en la mañana del tercer día, cerca de la bodega donde habíamos desembarcado. Cuando llegaron las tropas de Castro esa tarde, estábamos en una casa-club donde estaban todos los heridos. De los cinco hombres rana en Bahía de Cochinos, dos estábamos heridos: Felipe Silva y yo. Sin embargo, los demás se quedaron con nosotros. Podían haber tratado de escapar, pero dijeron que no nos iban a dejar solos y que nos quedábamos juntos. Siempre les estaré agradecido por eso.

Fue un momento muy difícil; estábamos totalmente desmoralizados. Por alguna razón, me separaron de los otros heridos y me llevaron en un camión a uno de los ingenios, donde me dieron los primeros auxilios. Entonces me montaron en un Buick del 56 con otro prisionero que tenía metralla por toda la espalda. Dos milicianos nos acompañaban: el chofer llevaba un sombrero de fieltro de salir que le había quitado a algún cura, y el otro nos apuntaba con una metralleta. Encendieron el radio y sintonizaron Radio Swan. Estaban diciendo que el Che Guevara se había suicidado y que estábamos entrando en La Habana victoriosos y todo tipo de propaganda engañosa. Recuerdo que uno de ellos me preguntó: «¿Estás casado?». «Sí», le contesté. «¿Tienes hijos?», me preguntó. Le dije: «Sí, un niño de cinco meses». «¡Qué pena! —me dijo— porque nunca más vas a volver a verlo». Fue un sentimiento horrible. Mi mundo se había desmoronado.

Antes de la invasión no cuestionábamos nada que hicieran los americanos porque les teníamos fe ciega. No es sólo que pensara que no me iba a morir, sino que nunca me pasó por la mente que la invasión no fuera a triunfar. Los americanos estaban allí conmigo; recuerda que Gray Lynch había desembarcado con nosotros. Cuando viajamos de Puerto Cabezas a Playa Girón, había seis barcos americanos en el radar. En ese entonces, los americanos nunca habían perdido una guerra. Creíamos que los de la CIA y el FBI eran superhombres que lo sabían todo. Creíamos totalmente en nuestra causa y en los americanos que nos estaban ayudando a devolver la democracia a Cuba.

Nos llevaron a los dos prisioneros a Yaguaramas y después a una estación de policía en la provincia de Matanzas. Nos pusieron en una celda y se turnaban en hostigarnos. Nos decían: «¡Quítense las botas! Total, no las van a necesitar porque vamos a fusilarlos». Allí nos tuvieron durante varias horas, supongo que esperando órdenes. Nos volvieron a montar en el carro y nos llevaron a la jefatura del G-2 en la Quinta Avenida en La Habana, donde nos dejaron en el carro entre una y dos horas. Después de eso, nos llevaron a la Ciudad Militar en el Campamento de Columbia a tempranas horas de la mañana. La noche del 19, dormimos allí con otros 50 ó 60 prisioneros de la Brigada. Pasamos el día siguiente ahí, y en la noche del 20, nos pusieron en dos autobuses y nos llevaron de regreso a Girón. Estábamos de regreso en Playa Girón la mañana del 21, donde ya había entre 200 ó 300 prisioneros más. Creo que alguien decidió que en lugar de fusilarnos, nos llevarían ante las cámaras de televisión. Ese día de nuevo nos llevaron a La Habana por segunda vez. Nos llevaron al Ministerio de Transporte y pusieron a un grupo frente a las cámaras de televisión. A mí no me seleccionaron porque tenía los pantalones raídos, y estaba ensangrentado. Me llevaron al Hospital Militar de Columbia y me enyesaron la pierna. Estuve allí diez días antes de que me llevaran al Palacio de los Deportes.

Durante el día, los prisioneros en el Palacio de los Deportes estaban obligados a estar sentados en las gradas. Los que estaban heridos estaban en el suelo en algunos de los cuartos anexos. Durante mi interrogación, querían saber acerca del entrenamiento recibido, y tratamos de darles la menor cantidad de información posible. Del Palacio de los Deportes, nos mandaron al hospital naval. Aquí volví a reunirme con los hombres rana. Mi padre y mis hermanas me visitaron mientras estuvimos allí.

Un par de meses después nos llevaron al Castillo del Príncipe. Ese fue el peor lugar. Había muchos prisioneros comunes allí y los guardias eran casi animales que nos hostigaban con sus bayonetas. Mi esposa me escribía tres veces a la semana y recibía fotos de mi hijo. Esas fotos lo eran todo para mí. Me daban esperanza; había que tener esperanza, de otra forma te desesperabas. Las visitas familiares eran pocas, dependiendo de cómo iban las negociaciones con los americanos.

El juicio se llevó a cabo porque básicamente no sabían qué hacer con nosotros. En realidad pensaron que al momento de celebrarse el juicio, habría muchos de nosotros que hablaríamos mal de los americanos. Contaban con eso, y no sucedió. Así que no sabían qué hacer; no sabían cómo darle conclusión al juicio. Es más, pospusieron el juicio por un par de días, justo a la mitad del mismo. El juicio fue más bien un espectáculo, con un tribunal compuesto por ellos, y el resto de nosotros sentados en este enorme patio, rodeados por guardias. A Castro finalmente se le ocurrió la idea, o alguien se la dio, de condenarnos a 30 años o pedir un rescate por cada uno de nosotros.

Cuando salí (con los prisioneros heridos), a varios de nosotros nos llevaron a Nueva York y tres de nosotros fuimos al *Today Show*. También fuimos a ver al gobernador de Nueva York y al cardenal Cushing. Aquellos que hablábamos inglés estábamos en una campaña de relaciones públicas a favor de los presos, y en mayo me operaron de la rodilla en el New York Hospital.

Sergio Carrillo, paracaidista
■■■ ■

Mi familia se enteró que estaba en la invasión cuando me vio en televisión en el Palacio de los Deportes. Tenía una prima que era pobre
y vivía en un solar y que tenía un televisor. Era del tipo que gritaba
«¡Paredón!» y todo eso. Cuando me vio, dice que cambió su punto de
vista totalmente. Nadie sabía dónde había estado. Es más, mi padre y mi
hermano eran milicianos en aquel momento, y habían disparado contra
nosotros sin saber que yo estaba en la invasión. Claro, que yo tampoco
sabía que ellos también estaban en la batalla.

Los problemas raciales comenzaron en el Castillo del Príncipe. Tuve
varios encuentros con los guardias que me preguntaban que si era negro,
cómo había venido en la invasión. Una vez durante una inspección después
de una visita, estaba a la mitad de la fila. Allí había un guardia mulato que la
tenía cogida conmigo, y me mandó para el final de la cola. Cuando todos se
fueron, me ordenaron que me quedara. Allí mismo, en frente de todas las
mujeres, me hicieron desvestirme completamente. Había racismo de parte
de algunos guardias, pero no por parte de todos. Castro había tratado de dar
la impresión de que bajo su régimen, los blancos y los negros no tenían problemas y no podían aceptar que una persona negra hubiera podido venir
con la invasión. Era como si dijeran: «Ahora que todos son libres, y tienen de
todo —de acuerdo a ellos—, ¿cómo es que tú, negro, vienes a invadirnos?».
Ese era el problema que tenían: la mala propaganda que habían recibido.

Tomás Cruz era un militar. También era pastor evangélico que predicaba mucho en la prisión. Ayudó a muchos tanto espiritual como
moralmente. Cuando estábamos en el Palacio de los Deportes, yo estaba
como a cuatro o cinco puestos de él. Fidel Castro pasó, pero se detuvo
cuando vio a algunos negros. Fidel le preguntó a Tomas Cruz: «¿Qué es lo
que estás haciendo aquí? ¿Pero tú no sabes que ahora los negros pueden
irse a bañar a la playa con los blancos?». Cruz le respondió que él no
había venido a ir a la playa, sino a derrocarlo. Fue un incidente famoso.
Fue una respuesta tan rápida que Fidel no se la había podido imaginar.
No le pudo contestar porque se quedó atónito.

En la Brigada, nunca hubo problemas raciales. Lo más grande de la

Brigada es que allí había de todo, desde los más pobres hasta los más ricos, clase media y clase alta. Sin embargo, nunca hubo discriminación. Se desarrolló un sentimiento de amistad que todavía existe. Había una gran armonía y amor entre nosotros porque pasamos tantas dificultades juntos. Creo que lo que más une a las personas son las dificultades.

Lo más grande del juicio fue el valor de Erneido Oliva. Yo estaba cerca de él. No sé lo que pasó, pero fue un problema entre un miembro de la Brigada y un guardia. El brigadista le quitó el arma al guardia y se armó una pelea que pudo haber resultado en muchas muertes. Como no podían detenerla, llamaron a Oliva. Ya en esos momentos, la pelea se había extendido a grupos grandes. Oliva se dirigió al micrófono y todo lo que dijo, bien alto, fue: «¡Brigada!, ¡Atención!». Todos pararon y quedaron paralizados. Al momento, todos se cuadraron en atención y se pudo salvar la situación.

Héctor García, uno de los mejores guitarristas clásicos del mundo, estaba en mi galera en el Castillo del Príncipe. No sé cómo, pero se consiguió una guitarra y por las noches nos daba conciertos. Formó un coro y celebramos la Misa de Navidad en latín, lo que impresionó bastante a los guardias. Nuestros parientes nos habían pasado hostias de contrabando metidas en algodón. Usamos una taza como cáliz y un poco de vino que también había entrado de contrabando. Además rezábamos el rosario todas las noches y dábamos instrucción religiosa. Los protestantes también tenían sus ceremonias y había gran respeto mutuo entre nosotros. En la cárcel, se les enseñó a leer a muchos que eran analfabetos y también se dieron clases de Historia e Inglés; era como una pequeña universidad. Lo único que nos faltaba era la libertad para salir de allí, pero teníamos una gran libertad interior. No nos sentíamos prisioneros, ni avergonzados.

Palacio de los Deportes

José Basulto, equipo de infiltración

■ ■

El ver a mis amigos desfilando por televisión, dando testimonios y manipulados por el gobierno de Castro, fue una de las experiencias más difíciles de mi vida.

Rafael Montalvo, Segundo Batallón
● ●

No sé cómo expresar el estado en que estábamos; derrota total. ¿Qué pasó? ¡Lo que pasó fue una mierda! Nos sentíamos muy mal. Sin embargo, estábamos muy altaneros y muy orgullosos; sabíamos que las razones por las que peleamos eran válidas. Nunca las cuestionamos al igual que nunca cuestionamos nuestro propósito.

Andrés Manso, Sexto Batallón
● ●

Mi familia se enteró que yo estaba en la invasión cuando nos enfocaron con las cámaras de televisión en el Palacio de los Deportes. Se desmayaron. También nos interrogaron. Uno a uno teníamos que pararnos delante de un miliciano que tomaba nuestro datos: edad, de dónde éramos y nuestro batallón. También nos preguntaron nuestros motivos en venir a Cuba. Todo fue muy normal, muy decente.

Julio Sánchez de Cárdenas, paracaidista
● ●

Cuando salimos por televisión, cada uno tenía que decir su nombre. Mi madre se enteró que yo estaba en la invasión mientras miraba la televisión. Era viuda y estaba sola; yo era su único hijo. Fue algo que le dolió mucho. Por televisión, Castro comenzó haciéndonos algunas preguntas para discutir con nosotros. Algunos brigadistas le hicieron preguntas. Una de las preguntas fue sobre el Partido Comunista. Dijo que no tenía vínculos con el Partido Comunista. Entonces levanté la mano y le pregunté que si en realidad no tenía vínculos con los comunistas, qué era lo que encontraba tan ofensivo del Partido Comunista. Cuando una pregunta no le venía bien, cortaba a la persona y empezaba a hablar de otra cosa.

Jorge Herrera, Batallón de Armamento Pesado

■■■

Una vez que estábamos detenidos en masa en el Palacio de los Deportes, la primera noche, esos hijos de puta nos pusieron algo en la comida que dio unos increíbles ataques de diarrea. La gente se estaba defecando hasta en los pasillos. Tuvieron que venir los bomberos y limpiar aquello con sus mangueras. Ahí se puede ver la crueldad y maldad a la que el sistema había llegado.

PRISIONERO HERIDO

Fernando Martínez Reyna, Batallón de Armamento Pesado

■■

Estaba en el hospital militar. Un día vinieron los guardias y me dijeron que me vistiera. No tenía idea de para qué. Me pusieron en un carro; un guardia junto a mí con una metralleta, otro guardia y el chofer. Cuando llegamos a mi casa y vi los arreglos florales, llegué a la conclusión de que alguien había muerto. Uno de los guardias me dijo: «Tu padre ha muerto y te vamos a dejar ir al entierro. Vas a estar aquí media hora. No puedes hablarle a nadie, excepto a tu madre. Si le hablas a alguien más, lo llevamos preso». Así que vi a mi madre. Los guardias, armados, estuvieron junto a mí todo el tiempo. Cuando nos fuimos, le di las gracias a uno de ellos. Claro, como eran déspotas, me dijo: «Dale las gracias a la revolución».

HOSPITAL NAVAL

Juan Clark, paracaidista

■■

Castro tenía especial interés en los paracaidistas. Creo que era la primera vez que habían saltado paracaidistas en una zona de combate en las Américas. Castro llegó al quinto piso del hospital naval (donde yo estaba), y en una forma muy jovial, nos dijo: «Muchachos, ¿cómo los ha tratado la revolución?». Se pasó más de una hora con nosotros. Le pregunté por qué no había tenido elecciones. Me contestó: «Voy a dejar que hables con esa gente —se refería a los que construían unos bloques de apartamentos—, y mira a ver cuántos quieren elecciones». Le respondí: «¿Y cuántos de esos que sí quieren elecciones podrán venir a trabajar mañana sin tener problemas?». Eso no le gustó. No lo mostró, pero los que estaban con él, sí.

Negociaciones para la liberación de los prisioneros

Néstor Carbonell, Operación Cuarenta, asesor del Frente Revolucionario Democrático
■ ■

Yo estaba trabajando con Miró y Varona en Washington, D.C. Ellos tenían a sus hijos presos y naturalmente estaban interesados en evitar los fusilamientos. (Había gran temor de que fueran a fusilar a los hijos de los líderes del exilio conjuntamente con los jefes de la Brigada). Pero a la vez, ellos tenían la responsabilidad principal de arreciar la lucha contra Castro y de no hacer concesiones a la tiranía. Era una situación muy delicada. No se oponían a las gestiones del Comité de Familiares, pero ciertamente no estaban involucrados en las negociaciones.

Yo me encontraba con ellos en Washington cuando recibimos informes de que iba a haber fusilamientos. Varona se dirigió a la Casa Blanca con otros dos o tres miembros del Consejo Revolucionario y se reunió con el Consejero Nacional de Seguridad, McGeorge Bundy. Varona le dijo: «Tenemos conocimiento de que Castro va a fusilar a algunos de los prisioneros, y hay que evitar esto. No nos importa lo que haya que hacer diplomáticamente o de cualquier otra forma». Aparentemente, Bundy se molestó y estuvo bastante evasivo en la respuesta. Varona se le encaró diciéndole: «¡Tienen que parar eso; si no, la sangre de esos inocentes va a *salpicar* la Casa Blanca y manchar este edificio y a todos los que están aquí hoy!». Las postura de Miró fue también digna, pero reflexiva y melancólica. Él le escribió una carta a su hijo, enviada por canales diplomáticos, en la que básicamente le decía: «He ofrecido mis servicios como abogado criminalista para defender a la Brigada. Desafortunadamente, no creo que esto sea factible. Ojalá que aceptes tu destino con dignidad. Es un privilegio sufrir y morir por la patria. Que Dios los bendiga a todos». Así fueron las reacciones de estos dos dirigentes. Se complementaban el uno al otro: Varona: indoblegable, directo y confrontante; Miró: igualmente firme, pero más pausado y diplomático.

Hugo Sueiro, comandante del Segundo Batallón, delegado de los prisioneros

Fuimos a ver a Miró Cardona y le contamos lo que estaba pasando. Después fuimos a Washington D.C., y más tarde a Miami a hablar con los familiares en el Hotel Columbus. Ahí tuvimos duras experiencias. Tenía dos hombres de nombre Gilberto Hernández en mi batallón. El padre de uno de ellos me preguntó: «¿Cómo está mi hijo?». «¿Cómo se llama su hijo?», le respondí. Me dijo el nombre y tuve que decirle que su hijo estaba muerto. «¡No! —me dijo—. Vi su nombre en la lista». Fue muy duro.

Humberto Cortina, Segundo Batallón

Me soltaron con los prisioneros heridos. En ese momento, los compañeros de mi grupo me eligieron para que los representara y tratara de recaudar los $62 millones de dólares. Participé en todo, ya que hablaba inglés muy bien. Un día en Nueva York, Harry Ruiz Williams, el jefe de nuestro grupo, me llamó y me dijo que teníamos que bajar porque nos iban a recoger. Así que Harry y yo bajamos y era Bobby Kennedy. «Vamos a comer a Quavares», nos dijo. Fuimos al restaurante y nos sentamos en una mesa afuera. Bobby llamaba a Harry «Enrico», y yo hablé muy poco. Bobby nos dijo: «Hay alguien aquí que va a venir a tomarse algo con nosotros». Era Frank Sinatra. De todos los Kennedy, Bobby es el que me caía mejor. Yo tenía 19, y aquello era impresionante para mí.

Nos quedamos en el Hotel Schuyler. Seguimos usando las camisetas amarillas. Hablé muchas veces a los periódicos. Les dije que si no encontrábamos los fondos necesarios para traer a todos nuestros prisioneros, regresaríamos a Cuba y nos quedaríamos con ellos.

CASTILLO DEL PRÍNCIPE

Mario Abril, Segundo Batallón

Me pusieron en la galera número uno. Las ventanas daban a la ciudad, así que se podía ver La Habana. Durante ese período conocí a Héctor García, el guitarrista, que también era miembro de la Brigada. Un día lo había visto escribiendo música, y le dije: «Oye, yo también soy músico». Hablamos, nos hicimos amigos, y organizamos un coro. Recuerdo que la noche del 24 de diciembre celebramos la Misa de Gallo y el coro cantó. No sabían leer música, y tenían que aprendérselo de memoria; yo me convertí en el maestro. Esa Navidad, vi a un guardia afuera, solito, tirando piedritas con su rifle al hombro. Le dije: «Oiga, tome un poquito de chocolate caliente. Páseme la cantimplora». Me pasó el vaso de la cantimplora y le serví una taza de chocolate y se la pasé por entre los barrotes de la puerta. Hablamos un rato y le pregunté si tenía hijos; sí, tenía hijos. No hicimos alusión a las circunstancias, aceptamos tácitamente los papeles que teníamos que desempeñar. Le dije: «Feliz Navidad», y me contestó: «Lo propio», y regresé a la misa.

Tomás Macho, S.J., capellán

(Lo siguiente es una carta del P. Tomás Macho, S.J., al Sr. Nuncio de Su Santidad, escrita desde Castillo del Príncipe, el 14 de abril de 1962, en la que le ruega no tomar ninguna medida para sacarlo de prisión hasta que el resto de los brigadistas sean puestos en libertad también.)

Excelentísimo señor Nuncio:

Le escribe el capellán jesuita, uno de los tres capellanes de la Brigada 2506 que guarda prisión en el Castillo del Príncipe.

Primeramente deseo manifestarle mi gratitud por su visita el pasado mes. Por mucho tiempo la había deseado. Educado en el espíritu ignaciano de fidelidad a Nuestra Santa Madre Iglesia Católica, fue para mí de gran consuelo espiritual la visita del representante de Su Santidad. Gracias por este consuelo espiritual y también por los regalos con que se dignó obsequiarme.

En segundo lugar quiero manifestarle mi actitud ante la sentencia a que he sido condenado: el pago de $100.000 de indemnización o 30 años de trabajo físico obligatorio. Tratando de seguir el ejemplo de Cristo, como Él recibió el cáliz de Su Pasión como dado por el Padre, así recibo esta condena por el gobierno revolucionario como venida de la mano de Dios. Él ha querido que así sea; hágase Su voluntad. Con su gracia confío poder sobrellevar la prisión cuanto sea necesario.

Sé que tanto la Santa Sede como la orden a que pertenezco, la Compañía de Jesús, carecen de medios para abonar semejante suma de dinero. Por tanto no se afane en querer recogerla. Más aún, mi voluntad, pensada ante Dios en la oración, es no abandonar mi puesto, sino permanecer preso mientras la Brigada 2506 permanezca en prisión. Creo que ese es mi deber. Todo el mundo sabe lo que es un capellán militar en un ejército. El capellán no es un combatiente, sino un sacerdote que presta sus auxilios espirituales a los católicos que lo necesiten. Esa ayuda espiritual sigue siendo necesaria. Ahora me toca el apostolado de la presencia y del irradiar la luz y el consuelo que brota del evangelio. Porque no hay dinero, y aunque lo hubiera, porque no lo aceptaría separadamente, mi puesto está aquí. Ruégole haga conocer a mis superiores esta mi decisión para su tranquilidad.

Quisiera también rogarle haga valer su condición de decano del Cuerpo Diplomático y de Nuncio Apostólico ante el gobierno revolucionario a fin de que me permitan, y a los otros dos compañeros, celebrar la Santa Misa, aunque no fuera más que en privado y en domingo. Fui tomado prisionero en la Ciénaga de Zapata el día 25 de abril. Hasta ese día celebré la Santa Misa. En el Palacio de los Deportes me fueron requisados más tarde el cáliz y la patena. Desde entonces no he tenido el consuelo de asistir ni celebrar el Santo Sacrificio. Entiendo que en circunstancias similares los capellanes han sido autorizados para celebrar, aun en los campos de concentración.

Empezamos la Semana Santa. Espero esta carta llegue a sus manos hacia el domingo de Resurrección. La Resurrección de Cristo es un hecho histórico y un símbolo para los que en Él creemos. Permítame, siguiendo la costumbre cristiana, desearle unas felices Pascuas de Resurrección en este primer día del calendario cristiano.

Ofrezco a Dios Nuestro Señor mi prisión y oraciones por la Santa Iglesia Católica, en particular por Su Santidad Juan XXIII y por el próximo Concilio Ecuménico. Termino besando su anillo e implorando su bendición.

Permítame despedirme de Vuecencia con la forma paulina «vinctus in Domino», filialmente.

Tomás Macho, S.J.

EL JUICIO

Antonio González de León, Segundo Batallón
· ·

El juicio fue muy emotivo. Para ese entonces uno tenía un sentimiento distinto a cuando habíamos acabado de perder, cuando estábamos totalmente desmoralizados. Había pasado un año y teníamos un espíritu de combate. Se veía la calidad humana allí; la idea de que aunque nos habían vencido, no estábamos derrotados.

Rafael Montalvo, Segundo Batallón
· ·

Uno de nosotros, después de su captura, había admitido que trabajaba para la CIA, el FBI, el gobierno americano, los Niños Exploradores; lo que fuera que le sugerían, él lo admitía. Se asustaba muy fácilmente y tenía miedo a los enfrentamientos. Cuando empezó el juicio, lo sacaban fuera todas las noches y lo traían de vuelta después de haberlo aterrorizado.

El primer día del juicio, nos pidieron que rindiéramos testimonio. Fueron al primero en la primera fila, y este les dijo: «No tengo nada que decir; rehuso defenderme». El segundo dijo lo mismo. Continuaron preguntando y estaban confundidos porque pensaban que la gente quería dar su testimonio. En la parte de atrás, Luis González Lalondry levantó la mano. El juez le dijo: «Usted, ¿qué es lo que tiene que decir?». Luis les contestó: «Le pido permiso para ir a orinar». Aquello fue tremendo. Los guardias estaban fuera de sí, y se armó un tumulto. Los jueces corrieron y se encerraron. Nos llevaron de vuelta a nuestras celdas, y pasamos la noche entera cantando... «Tú ves, yo no lloro, tú ves».

Al día siguiente llamaron al tipo que se asustaba por todo. Estaba sentado bien para atrás. Caminó hacia adelante, primero despacio y con la cabeza baja. Pero a medida que caminaba, comenzó a alzar la cabeza, caminar más rápido y recobró su postura. Cuando llegó, este hombre, que siempre hablaba en un tono tan bajo que no se le podía oir, habló esta vez con voz firme, con claridad y en voz alta. Le ordenaron: «Ahora, vas a declarar». Les respondió: «No, señor, no voy a hacerlo». Fue un acto de gran coraje. Se armó otra tremenda. Lo mandaron de vuelta a su puesto. Desafortunadamente, un par de tipos hablaron en contra de los Estados Unidos.

Después del juicio, las cosas se pusieron peores, con la comida, los guardias, con todo. La única excepción fue durante la crisis de los cohetes. Los guardias venían y nos decían: «Oye, tú sabes que yo soy tu amigo» (riéndose).

Jorge Marquet, Quinto Batallón

Un compañero mío, Juan Torres Mena, tuvo un problema durante el juicio. Un guardia le insultó la madre, y Juan le pegó al guardia. Le dieron un bayonetazo. Se armó el caos; la gente se tiró a los guardias, y hubo golpes y piñazos. Erneido Oliva gritó: «¡Brigada! ¡Atención!».

Todos pararon. Oliva le habló a las tropas y les dijo: «Señores, no hemos venido aquí para esto. Vinimos a morir para liberar a Cuba. Tenemos que dar un ejemplo de dignidad».

Cuando estábamos presos, teníamos un gran sentido de unidad. Se creó una gran confraternidad. Muchos llegamos a conocernos los unos a los otros en prisión, porque cuando estábamos divididos en diferentes batallones, sólo conocíamos a los de nuestro batallón o compañía. Pero en la cárcel, nos pusieron en galeras y conocimos a otras personas.

Isla de Pinos

Tulio Díaz Suárez, Sexto Batallón

· ·

Tenía un rescate de $100.000 y me mandaron a la Isla de Pinos. Allí la vida era monótona y no nos sacaban al patio nada más que dos veces. Una vez, nos dieron comida podrida, y algunos cogieron disentería. El agua también escaseaba. Lo peor de un lugar así eran los gritos de los que estaban en las celdas de castigo. Cuando hacía frío, los guardias les tiraban cubos de agua y heces fecales a los prisioneros, más o menos cada hora; los prisioneros por su parte, se quejaban e insultaban a los guardias que los castigaban.

Tomás Macho, S.J. Capellán

· ·

Cuando nos trasladaron a la prisión en Isla de Pinos, a cinco de nosotros, los tres líderes, San Román, Oliva y Artime, a un brigadista llamado Arozarena y a mí, nos escogieron para estar en las celdas de aislamiento. Un guardia pasaba a veces por delante de la puerta, se reía y empezaba a burlarse de mí. Me decía: «¿Curita, quieres que te traigan una chiquita? ¿Qué haría con ella, padre?». En otra ocasión, vino otro y se paró frente a la puerta de hierro y me dijo: «¿Crees en Dios?». «Sí, creo en Dios», le dije. «¡Reniega de Él!», me dijo. Me quedé callado para no provocarlo. Seguí mirándolo. «¡Rápido!», me dijo, y metió el rifle por entre los barrotes y lo rastrilló. No le contesté nada; se fue riéndose y diciendo: «¡Qué San Pedro venga con sus llaves y te saque!».

REUNIÓN

Jorge Marquet, Quinto Batallón

llegamos a la Base Aérea de Homestead y nos dieron ropa nueva. Todo fue muy oficial. Había alguna gente aplaudiendo y animándonos, pero ningún tipo de manifestación. Vimos a algunos médicos; si pensaban que tenías algo contagioso, ibas para el hospital. Yo tenía un quiste en el costado a causa de la falta de vitaminas. Por pura coincidencia, el médico que me vio me había tratado en Cuba cuando yo era joven. Le dije: «De verdad que quiero ver a mi familia». Me contestó: «Mira, ven a mi consulta después y olvídate de eso. Voy a decir que no tienes nada».

De ahí fuimos al Dinner Key Auditorium, donde esperaban nuestras familias. Yo vine en el último avión que detuvieron porque Fidel Castro quería dinero por los prisioneros heridos. El ambiente en el Dinner Key era maravilloso. Mis padres, mi esposa, la bebita que había nacido mientras yo estaba fuera, todo el mundo estaba allí. La bebita le decía a mi padre «Papá». Nunca me había visto en su vida. Todo el mundo estaba sumamente contento.

Pedro Encinosa, personal del Estado Mayor

abía un barco llamado el *African Pilot*. Fue a Cuba cargado de mercancía para nuestra liberación. El arreglo era que a su regreso, el barco podría traer a algunos de nuestros familiares. Desgraciadamente, ni mi padre ni mi madre decidieron ir, pero mi esposa e hijo sí.

Después de desembarcar en Fort Lauderdale, los llevaron a la famosa reunión en el Tropical Park. Los trajeron en autobús al parque y ya nosotros estábamos esperándolos. Se podía ver a las familias cuando bajaban de autobús. Cuando vi a mi mujer e hijo... bueno, ya te puedes imaginar.

El Orange Bowl

Doctor Juan Sordo
· ·

Yo era el jefe del cuerpo médico. Kennedy me pasó por delante, se detuvo y me estrechó la mano. Yo le estreché la mano y todo eso, pero murmuré, entre dientes: «¡Hijo de puta!».

Fernando Martínez Reyna, Batallón de Armamento Pesado
· ·

No fui a la ceremonia del Orange Bowl. Repudié ese acto. Un grupo, entre 50 y 100, rehusamos asistir al acto. Pensé que era demagogía pura lo que dijo Kennedy de devolver la bandera a los cubanos, después de que nos había traicionado.

Grayston Lynch, CIA
· ·

Fue la primera vez que jamás nevó en el Orange Bowl: Kennedy los llenó de nieve.[†] A Rip Robertson y a mí nos prohibieron acercarnos a nadie de la Brigada, porque los contaminaríamos: les íbamos a decir la verdad. Esta gente había estado presa todo ese tiempo, y cuando

---

[†] *Nota del traductor:* Lynch aquí utiliza la expresión inglesa «*gave them a snow job*», que puede traducirse idiomáticamente como «los embaucó en grande». De ahí la alusión a la nieve en el Orange Bowl. Hemos preferido traducirla tal y como aparece y dar esta explicación a fin de que se entienda lo que quiere decir el Sr. Lynch.

regresaron, no sabían lo que había pasado. Así que al regreso de la Brigada, estuvimos en Key West toda una semana. Kennedy agarró a los líderes de la Brigada y se los llevó a Palm Beach, y de nuevo Bobby «los llenó de nieve».

Andrés Manso, Sexto Batallón

▪ ▪

Indudablemente, me sentí bien ese día, pero no estaba entusiasmado. De cualquier manera que uno lo mire, todo fue cuestión de política. Nos dijo que nos devolvería la bandera en una Cuba libre. A fin de cuentas, no me sorprendió. No fue una gran alegría saber que estaba con el presidente que nos había traicionado. Como quiera que lo pongas, fue él quien nos traicionó.

Alberto Sánchez de Bustamante, equipo quirúrgico

▪ ▪

Todos estábamos muy entusiasmados con esto. Pensábamos que Kennedy, por la culpabilidad que sentía por lo que había hecho, haría algo. Hay que ponerse en el lugar de Kennedy. Sentía la culpabilidad por lo que nos había hecho y además la humillación desde el punto de vista internacional: que el país más poderoso del mundo perdiera contra un carnicero como Castro. Estoy convencido de que él y su hermano llevaban esto por dentro. La ceremonia fue muy emotiva. Llegó y dijo: «Les devolveré esta bandera en una Cuba libre» y todo eso. Ya para entonces había terminado la crisis de los cohetes, donde nos traicionó por segunda vez.

LOS QUE SE QUEDARON ATRÁS

■ ■ ■

**Lo que me hizo darle la bendición a sus actividades
fueron mis propios sentimientos del deber: Dios me lo pedía;
la Iglesia me indicaba que era el camino correcto.**

Myrna Pardo Millán

La desesperación que sintieron los hombres de la Brigada 2506 durante toda su experiencia sólo se compara con la que sintieron sus familias. Algunos de los «hombres» eran meramente adolescentes. Uno sólo se puede imaginar la preocupación experimentada por el padre de cualquiera de estos jóvenes. Algunos estaban en la cincuentena; el mayor tenía 61 años. Sin embargo, la mayoría estaba en la veintena o la treintena. Casi todos los hombres habían dejado a un ser querido en Cuba, en Miami, o en ambos lugares.

Los padres, esposas, hijos y hermanos tenían una idea de donde se llevaban a cabo los entrenamientos entre 1960 y principios de 1961. Seguramente a aquellos que estaban bien informados les habían comentado acerca de los campos de entrenamiento en Centroamérica. No obstante, dado el secreto de la misión, no se podía confiar en ninguna información completamente. Las familias de los brigadistas se diferenciaban fundamentalmente de la típica familia en tiempo de guerra, ya que muchos eran exiliados recientes en una tierra extraña, y otros vivían bajo el yugo del propio gobierno que sus hombres querían derrocar. Los exiliados pugnaban con el nuevo ambiente y además sufrían la carencia de bienes materiales, así como la soledad y la preocupación.

La religión desempeñó un papel clave en la vida de muchas de las familias. Las parroquias católicas del Gesu y Corpus Christi en Miami eran las más concurridas para la oración comunitaria de los exiliados. Al igual que su fe religiosa, la fe en los Estados Unidos era también inquebrantable. Estaban seguros de que al final de la contienda, vencerían y volverían a vivir libres en su patria. La preocupación principal era que sus seres queridos salieran ilesos de la lucha.

En Miami, al conocerse las noticias de la invasión, muchos miembros de la comunidad cubana se unieron a las familias en un acto de oración en el Gesu. Estos actos públicos, incluyendo una manifestación en la Bayfront Park exigiendo la intervención de los EE.UU., también se llevaron a cabo cuando estuvo claro que la invasión había fracasado. En todo caso, las familias pasaban gran cantidad de tiempo escuchando la radio y en espera de noticias. Las familias que estaban en Cuba albergaron sus esperanzas y sufrieron en silencio, aislados y con temor de sus propias vidas, al igual que las de sus brigadistas.

El período después de la invasión fue el peor momento para las familias. Ese fue el momento en que las familias de los que habían muerto recibieron esa mala noticia. Para el resto, fue el comienzo de una larga y solitaria odisea. Se desesperaron con la posibilidad de que fusilaran a muchos de sus seres queridos, y después se sintieron más tranquilos cuando se habló del rescate y la liberación. Al igual que los hombres presos, en un lapso de tiempo de veinte meses, sus emociones subían y bajaban, como en una montaña rusa, o en un cachumbambé (balaucín). Esto fue aún peor para muchas esposas que se encontraron solas en los Estados Unidos y con la responsabilidad de cuidar a sus familias. Entre tanto, los parientes cercanos que estaban todavía en Cuba tenían que soportar los insultos y provocaciones de los revolucionarios.

El júbilo del regreso de la Brigada de Cuba fue probablemente mayor para las familias que para los propios brigadistas. Era el final de un camino y el comienzo de otro: comenzaban sus vidas como familias cubanas exiliadas.

En este capítulo se detallan las experiencias de ocho mujeres. Tres quedaron viudas muy jóvenes a causa de la invasión: dos tenían a sus esposos entre los nueve que perecieron en la rastra, y la otra perdió a su esposo cuando su B-26 se precipitó al mar después de un combate sobre Playa Larga. Una de ellas, cuyo marido salió con los prisioneros heridos, trabajó estrechamente con el Comité de Familias Cubanas; otra, que estaba en Cuba durante todo el proceso, salió a bordo del *African Pilot*. También se incluye en este capítulo el testimonio de la novia del jefe del movimiento clandestino, Rogelio Martínez Corzo («Francisco»), y dos cortos testimonios de la madre de un veterano y de la prima de un brigadista desaparecido en combate.

Myrna Pardo Millán

Izq.: *Myrna Pardo Millán y su esposo, José «Pepe» Millán. José murió en la nefasta rastra. Foto con permiso de Myrna Pardo Millán.*

Myrna Pardo Millán nació en 1937; su familia era de Morón, en la provincia de Camagüey. Su padre era representante a la Cámara y Myrna vivió casi toda su vida en La Habana, donde se graduó del Colegio del Sagrado Corazón. Actualmente reside en Miami Beach, Florida, y nunca ha faltado a la ceremonia anual del 17 de abril, que se celebra en el monumento a la memoria de Bahía de Cochinos.

Arriba: *Myrna Pardo Millán en su casa en Miami Beach, 1999. Foto del autor.*

Mi esposo, José «Pepe» Millán Velasco, se mudó al lado de mi casa cuando yo tenía catorce años. Era siete años mayor que yo, y siempre fue para mí el hombre mayor de al lado. Nos conocimos y empezamos a salir cuando tenía dieciséis años. Nos casamos cuando yo tenía dieciocho años. Él estudiaba Derecho en Villanueva y era jugador profesional de jai alai. Su familia nos ayudó en la construcción de una pequeña casa en el barrio el Biltmore, en La Habana. Y éramos muy felices.

El partido político de mi padre fue uno de los que apoyó a Batista; él apoyó las últimas elecciones que se hicieron en Cuba para buscar una salida al golpe de estado. Ni mi esposo ni su familia estuvieron involucrados en la política. Durante los primeros momentos de la revolución, cuando quemaban las casas de la gente y hacían otras cosas terribles, a mi familia no la atacaron violentamente. Venían y rodeaban la casa preguntando por mi padre. Mi esposo tenía muchos amigos españoles que desde el primer momento le dijeron: «Esto es comunismo». Así que obligamos a mi padre a que fuera a un convento de las Carmelitas, donde tenía amigos. No quería salir de Cuba bajo ningún concepto, porque pensaba que no había razón para hacerlo. De allí, el padre José Luis, rector del convento, lo llevó a la embajada de Nicaragua. Salió de Cuba en febrero de 1959. Después mi familia tuvo que soportar muchos registros en la casa; fueron tiempos terribles.

Mi padre fue para Miami y mi madre iba a visitarlo. Mi esposo y yo vinimos a verlo a mediados del 59. Cargamos todo en el carro y vinimos en la lancha con los niños, que en ese entonces tenían uno y dos años de edad. Yo estaba en estado de mi tercer hijo. Cuando estábamos en Miami, Pepe regresó a Cuba al poco tiempo a ver si conseguía dinero de su padre. No teníamos nada más que lo que habíamos traído, y mis padres no tenían nada. El gobierno de Castro les había confiscado todas sus propiedades y bienes. En todo caso, pensamos que nuestra estancia sólo sería cuestión de unos meses.

Cuando Pepe regresó, más o menos en un mes, empezó a trabajar y vendimos su viejo Porsche. Con lo poquito que ganábamos, dimos el dinero de entrada para un *duplex*[†], y estábamos muy contentos. El *duplex* estaba tan vacío; ni siquiera teníamos un refrigerador. Sin embargo, nos sentíamos como si viviéramos en un palacio. Éramos tan felices. La emoción del siglo era salir a comer helado; era un gran gasto, pero para nosotros era como una celebración. Sin embargo, eran momentos difíciles por los problemas en Cuba. Siempre teníamos el radio puesto, ansiosos de saber lo que estaba pasando allá. En 1960, comenzaron a llegar a Miami muchos amigos nuestros; íbamos al aeropuerto casi a diario para ver quién llegaba. Todos nos empezamos a congregar en la iglesia de Corpus Christi. Era una vida tan extraña, tan difícil.

Pepe estaba jugando jai alai durante la temporada en Palm Beach, pero no dejaba de hablar y pensar en Cuba, y en todo lo que estaba pasando. Empezó a ir a reuniones con amigos, ya que al parecer había esperanzas de que algo se pudiera hacer. Pero sobre todo, mi esposo era muy religioso, muy católico. Yo también soy muy católica. En aquel entonces, la Iglesia nos daba la idea de que teníamos que hacer algo en contra del comunismo y no quedarnos con los brazos cruzados al respecto. El sentido del deber de defender nuestra fe fue lo que impulsó a mi esposo a involucrarse en algo para remediar la situación. Lo que me hizo darle la bendición a sus actividades fueron mis propios sentimientos del deber: Dios me lo pedía; la Iglesia me indicaba que era el camino correcto. Hoy en día lo cuestiono un poco, pero así fue y le dejé ir a los campamentos. Se fue el 6 de enero de 1961, y los dos estábamos convencidos de que ese era nuestro deber. Los niños tenían uno, tres y cuatro años de edad. Yo tenía veintitrés años.

Mi padre y mi tío lo llevaron el día que se fue para los campamentos

---

[†] *Nota del traductor:* Un *duplex* es una sola construcción, con dos apartamentos; es bastante común que el dueño de la propiedad resida en uno de ellos, y alquile el otro como fuente de ingresos.

y no me dejaron ir. Fue el día más negro de mi vida. Mi esposo y yo nos amábamos profundamente. Los meses transcurridos desde el momento en que se fue hasta la invasión fueron terribles. Los niños eran pequeños y teníamos muy poco dinero. Recibíamos sus cartas con la dirección del remitente en alguna parte de los Estados Unidos. Estaba en el Batallón de Armamento Pesado y nos contaba lo mucho que estaba aprendiendo, cómo lo habían ascendido y las buenas condiciones físicas en que se encontraba.

Cuando Kennedy llegó al poder, pensé que era maravilloso: ¡un presidente católico! Estaba fascinada. Pensábamos que sus declaraciones eran un poco contradictorias, pero tal vez decidimos no creer lo que oíamos. Escuchábamos Radio Swan todo el tiempo.

Una noche estaba durmiendo y soñé que Pepe me llamaba por teléfono. Levanté el auricular, aún recuerdo el frío del aparato, y era Pepe. Le dije: «Pepe, ¿cómo es que me estás llamando?». Me contestó: «Sí, sí, te estoy llamando. Oye, no te preocupes por lo que oigas. Ten calma». Le pregunté: «¿Ganamos?». Me respondió: «Ni ganamos, ni perdimos. Pero ten calma. Sea lo que sea que oigas... ten calma, ten calma». Hoy todavía puedo escuchar esas palabras en mis oídos. Era el 17 de abril. Me despertaron los gritos que venían de abajo: «¡Empezó la invasión!». No podía creerlo. El corazón se me salía del pecho.

Estábamos pegados al radio tratando de saber lo que pasaba. Todos los primeros informes eran magníficos y todo era una gran euforia. Entonces, una pausa y silencio; no se supo nada más. Al día siguiente, comenzaron a llegar noticias: que eran prisioneros, que habían desembarcado en el lugar equivocado y habían desembarcado en la ciénaga, y que se estaban ahogando. Tantas cosas horribles. Yo me quedaba en casa casi todo el tiempo escuchando el radio. Íbamos a misa diaria a Corpus Christi con un grupo de amigas que tenían a sus esposos en la Brigada. Fuimos también a una misa que dieron en la iglesia del Gesu. Las noticias iban de mal en peor, no quiero ni siquiera recordar todo lo que decían. Trataban de ocultarnos las cosas a los que teníamos a alguien allá.

Después vinieron las listas de los prisioneros. Todo el que leía el nombre de su esposo o hijo en la lista estaba emocionado, porque sabía que al menos estaba vivo. Un día se anunció que el Frente había recibido cartas de los prisioneros para sus familias. El nombre de mi esposo aparecía en la lista, así que al menos respiré tranquila. Todos fuimos a la oficina en Biscayne Boulevard y comenzaron a pasar las cartas bajo un árbol. Cuando vi que no había una carta para mí, me dije: «Aquí hay algo raro. Pepe al menos me escribiría una notica». Empecé a sentir algo muy extraño. Sin embargo, mi suegro, anticomunista y antifidelista rabioso, me consoló, diciéndome: «Yo sabía que Pepito no se rebajaría a escribir».

Un poco después vinieron los delegados de los prisioneros para las negociaciones. Un grupo de nosotras que teníamos a nuestros esposos presos fuimos a verlos. Cuando le pregunté a uno de ellos sobre Pepe, bajó la cabeza y siguió sin decir nada. Me pareció muy raro. Al día siguiente fui a la oficina del Frente para ver si había alguna noticia y vi a amigos de mi esposo que no habían desembarcado. Tampoco me dieron la cara.

Al día siguiente, estaba en casa, arreglando los armarios de los niños; con todo el nerviosismo me dio por arreglar los armarios. Alguien tocó a la puerta (llorando). Mi padre entró y me dijo: «Myrna, muy malas noticias de Pepe». Una notica que había sido escrita por uno de los muchachos en la rastra y que había sido mandada por el novio de mi hermana, que también estaba en la Brigada. Decía: «Dile a Myrna que me muero rezando y pensando en nuestros hijos y que la quiero».

Fue terrible, pero Dios me dio la fuerza para controlarme por mis hijos. A diario mis hijos rezaban para que su padre pudiera sacar a los comunistas de Cuba. Tratamos mucho para que no sufrieran. Era horrible. Mis suegros quedaron destrozados. Mi suegra murió a los dos años y mi suegro cinco años después.

Lo que más me duele es que cuando empezaron a hablar acerca de la rastra en que murieron asfixiados todos esos hombres, yo creía que era mentira. Pensaba que estaban inventando eso para mover la opinión pública. A pesar de lo malos que eran Fidel y los comunistas, pensaba que era imposible que hicieran algo semejante. Cuando supe que Pepe era uno de los que murió en la rastra, fue como si me hubieran aplastado completamente. Me dolió tanto pensar que yo había creído que no era cierto. Después supe que Pepe, antes de morir, había perdonado a los que lo estaban matando. Estaba rezando el rosario cuando murió.

Durante los meses que la Brigada estuvo presa, me mantuve en contacto con mis amigas; el grupo que habíamos perdido a nuestros esposos parecíamos brujas, todas vestidas de negro. Recuerdo estar con Cuca Pino, Ia Freyre, Margarita Oteiza y Dulce Carrera Jústiz, cuyo novio había sido fusilado. También nos reuníamos con otras que habían perdido a sus hombres, como las esposas de los pilotos. Nos ayudamos mucho entre nosotras. Siempre salíamos juntas a todas partes, y a la iglesia, con nuestros niñitos. Antes habíamos sido amigas, pero el lazo que ahora nos unía era aun más fuerte. Mi fe fue esencial en ayudarme a mantenerme. Cuando Pepe murió, yo de verdad creía en la vida eterna y que la vida no terminaba. Ahora, por primera vez lo entendía a cabalidad, porque el cuerpo de Pepe había muerto, pero él no había muerto.

Cuando soltaron la Brigada, todas estábamos emocionadas. Teníamos tantos amigos allí y estábamos muy contentas. Llevábamos nuestro dolor, pero compartíamos la alegría. Sin embargo, el Orange Bowl fue muy doloroso. Teníamos tantas ilusiones y fe; el caso es que decidimos creer porque teníamos que creer en algo. Sabíamos que Kennedy nos había traicionado, pero estábamos seguras que venceríamos con el apoyo americano. Además, me sentía muy orgullosa en el Orange Bowl: los muchachos estaban allí y Kennedy había hecho reconocimiento público de su valentía. Fue terrible que nuestros seres queridos no pudieran estar allí y que la libertad de Cuba no se hubiera alcanzado todavía, pero pensábamos que era algo que al final conseguiríamos.

Después de eso, tenía que seguir viviendo. Tenía que tratar por todos los medios que los niños no sufrieran. Eran tan pequeños. Yo les decía: «Papi está en el cielo. Fue tan bueno y valiente que Dios se lo llevó al cielo». Debbie, la más pequeña, me preguntaba: «¿Lo podemos llamar por teléfono? Al menos, ¿por qué no nos escribe como antes?». Myrna Mari, la mayor, siempre quería mandarle sus dibujos a su padre, al igual que cuando estaba en los campamentos de entrenamiento. Era un bombardeo emocional. No te imaginas. Pasamos mucho con mi hijo, que tenía tres años y medio cuando murió su padre. Cuando tenía siete u ocho años, alguien le preguntó lo que iba a hacer cuando fuera grande, y él le respondió: «Ir al cielo con Papi». Era un niño muy tranquilo y muy serio la mayor parte del tiempo. Gracias a Dios que todos me han salido maravillosos.

Ninguno de los amigos de Pepe que estuvieron en la rastra con él vino nunca a hablarme porque había sido algo horrible. Pero hace tres años y medio, recibí una llamada de California. Era un hombre de la Brigada. Me dijo: «Casi me muero de un ataque al corazón hace unas semanas. Le dije a mi esposa: "No puedo morirme sin hablar con la viuda de Millán. Antes de morir, me pidió que hablara con ella". Así que quisiera verte y hablarte». El año pasado, ese hombre vino a Miami con su hijo. Reuní a mis hijos para que estuvieran presentes y escucharan lo sucedido a su padre. Nos contó sobre su experiencia. Cuando habló de la rastra, su propio hijo no podía creerlo. El hombre nos dijo que era tan horrible que nunca se lo había contado a sus hijos. Fue en realidad un crimen terrible. Nos contó que en la rastra, él comenzó a gritar desesperadamente, y que Pepe le dijo: «Cálmate. No te vas a morir. Yo soy el que se va a morir y te voy a pedir que vayas y hables con mi esposa e hijos y les digas que los quiero mucho». Dijo que después rezaron juntos.

Rosa María «la» Freyre
• •

Nació en 1941 y se graduó del Colegio del Sagrado Corazón en La Habana. Se casó, días después de cumplir los dieciocho años, con Alfredo «Cuco» Cervantes, un ejecutivo de veintisiete años de edad de la Standard Oil en Cuba. Ernesto Freyre, el padre de Rosa María, era un abogado laboral en Cuba, y después, conjuntamente con Alvaro Sánchez, fue una de las figuras centrales del Comité de Familias Cubanas. Actualmente reside en Miami y es copropietaria de Express Travel, una de las más conocidas agencias de viajes de Miami.

Cuco empezó a conspirar contra Batista más o menos cuando empezamos a salir. No era miembro de ningún grupo específico, pero en la Standard Oil estaba con un grupo de jóvenes muy metidos en la distribución de panfletos y cosas así. Aunque todos habíamos estado en contra de Batista, después del juicio de los pilotos en 1959, nos dimos cuenta en realidad de lo que pasaba con Castro. Mi padre hablaba mucho de lo que era una verdadera dictadura y del significado del comunismo, y cómo sería mucho peor que lo que teníamos anteriormente, aunque esto hubiera parecido terrible. Lo que más impresionó a mi padre, y más influyó sobre nosotros, era que el gobierno revocaba las decisiones de los tribunales. Así que Cuco empezó a hacer lo mismo que había hecho en contra de Batista.

Salimos de Cuba en octubre de 1960. Podíamos sacar $150 por persona y las prendas que lleváramos puestas; parecíamos «caballos de feria» con todas la joyas. Vine con mi bebé de mes y medio de nacido. Alquilamos una casa de madera en Miami y allí vivíamos diecinueve personas. Cada vez que llegaba alguien de la familia, iba para allá. Estábamos apretados y no sabíamos cocinar ni hacer los quehaceres de la casa, pero aprendimos. Pensábamos que íbamos a regresar pronto porque los americanos nos iban a apoyar, ya que era imposible que tuvieran el comunismo a sólo 90 millas.

Cuando mi hermano Tito llegó, él y Cuco se alistaron en la Brigada. Los dos fueron, firmaron y después nos dijeron lo que habían hecho. Todos los apoyamos. Tito sólo tenía dieciocho años, y mi madre, aunque apoyaba su decisión, estaba un poquito preocupada. Te digo, yo creía que lo que habían hecho era muy hermoso y heroico. Aunque sabíamos que era algo riesgoso, nunca pensamos que iba a terminar como terminó. Todos pensábamos que los americanos iban a entrar con ellos. Tito y Cuco salieron para los campamentos a principios de enero.

El 17 de abril nos enteramos de que la invasión había comenzado. Creíamos que era con aviones americanos, y ésas eran buenas noticias. Entonces por un tiempo nadie supo nada. Al día siguiente, todo cambió. Todo el mundo estaba alrededor del radio, esperando a ver qué nombres daban y de quiénes hablaban. Entonces empezaron a dar los nombres de los que estaban presos. Pensamos que aquellos cuyos nombres no anunciaron, regresarían a casa. Creía que Cuco estaba entre los que habían escapado y que pronto estaría en Miami. Era, y todavía lo soy, una optimista empedernida, así que para mí fue una gran sorpresa cuando supe que había muerto. Al principio creía que era mentira. Murió en la rastra; era asmático. Sus padres estaban en Cuba y tuvieron que identificar el cadáver.

Días más tarde, estaba en el litoral, cerca de donde vivíamos con mi hermana Conchita. Me dijo: «Te ha tocado una cruz y una pena. Hoy tienes que decidir entre que te admiren o que te tengan lástima. Está en tus manos». Nunca he olvidado eso. Pensaba que era el fin de mi vida. Acababa de cumplir veinte años. Hoy veo a mis hijos y no puedo imaginar que algo semejante les pudiera suceder.

Mi padre, junto con Álvaro Sánchez, Berta Barreto y otros, se dedicó a la tarea de obtener la libertad de los prisioneros. Mamá y yo nos reuníamos con los estudiantes universitarios, buenos amigos míos, pero que ideológicamente estaban opuestos al canje de los prisioneros. Íbamos a verlos con las otras viudas y explicarles que era sólo un canje por medicinas y comida.

Mi padre era un héroe. Era un abogado laboral y todo lo que siempre le oía decir era sobre la justicia para los trabajadores. Desde el exilio, modernizó las leyes laborales de Cuba para el futuro. De una forma u otra, Papá siempre trabajó para Cuba en el exilio.

Fue un gran alivio cuando soltaron a los prisioneros. Esperé a mi hermano en casa y no fui al Dinner Key Auditorium. Si hubiera estado allí, le hubiera quitado un poco la alegría a Mamá. Ella recibía al suyo, pero el mío no iba a regresar. Fui a la ceremonia del Orange Bowl. En verdad, detestaba a John Kennedy. No le creía nada de lo que decía, y le echo la culpa de todo. Bobby Kennedy aceptó que habían cometido un error y fue el único de los Kennedy que trató de arreglar en algo la situación.

María Leonor Portela

María Leonor Portela con algunos niños de su orfanato en Guatemala, 1999. Con permiso de María Leonor Portela.

María Leonor Portela nació en Oriente y se crió en Camagüey. Era aeromoza de Cubana de Aviación y se casó con el piloto de la fuerza aérea y graduado de la Escuela de Cadetes, José Alberto Crespo. Crespo salió de Cuba en diciembre de 1958, un poco antes de la caída de Batista, a causa de problemas que tenía con la jefatura de la fuerza aérea. Crespo y Portela regresaron a Cuba al mes siguiente, unas pocas semanas después de la caída de Batista. Durante la invasión, el B-26 de Crespo se precipitó al mar cuando intentaba regresar a Nicaragua después de haber dado su apoyo al Segundo Batallón, en el camino entre Playa Larga y Jagüey Grande, el día 17 de abril. Nunca se encontraron sus restos. Actualmente, Portela reside en Guatemala, donde está a cargo de un orfanato.

Regresamos a Cuba a fines de enero de 1959. No quería que él regresara porque tenía miedo. Conocía a la gente en el movimiento revolucionario y sabía que no iba a ser fácil. El nuevo jefe de la fuerza aérea había llamado a mi esposo cuando estábamos en Miami y le dijo: «Te necesitamos aquí. Regresa». Mi esposo me dijo que no había problemas y que él quería regresar. Volvió a Cuba y fue a la fuerza aérea al día siguiente. Cuando llegó, lo metieron en la cárcel en el Campamento Militar de Columbia.

Nadie era amigo de uno si habías estado involucrado con los militares. Así que me fui a ver a Haydée Santamaría, la mano derecha de Castro. Yo la había conocido antes en Miami. Era comunista, pero era una idealista, una mujer justa. Yo estaba desesperada y no sabía a quién más acudir. Cuando la fui a ver, allí había un grupo de mujeres vestidas con uniforme militar, buscando trabajo. Era repugnante ver a toda esa gente que no había hecho nada por la revolución. Santamaría me miró y me dijo: «¿Qué quieres de mí? ¿Qué me has venido a pedir?». Le respondí: «No he venido a pedir. He venido a exigir, porque mi esposo está en la cárcel. Si esto es lo que es el Movimiento 26 de julio, y esto es lo que es Castro, ambos son una basura. Mira, si van a fusilar a mi marido entonces te voy a pedir un gran favor: déjame presenciarlo. Tengo fuerzas para eso y para más. Si su vida depende de que les ruegue a uno de ustedes, entonces pueden matarlo mañana, pero déjenme presenciarlo». Me miró, se sonrió y me dijo: «Cuando una mujer defiende a un hombre de la manera que tú has defendido a tu marido, tiene que ser muy bueno y merece vivir. ¿Dónde está?». «En Columbia», le dije. Me despidió, diciéndome: «Mañana a las dos encuéntrame allá».

Fue a Columbia y exigió que pusieran en libertad a mi esposo. Entonces me lo entregó. Después de eso, la llamé cuando los pilotos fueron a juicio y los condenaron a 30 años. Le dije: «Necesito un salvoconducto para que mi marido pueda salir del país». Me respondió: «Mira, tuve un problema con Castro por tu marido. No puedo hacer más nada por ti. Dile a tu marido que no busque trabajo y que no ande mucho por la ciudad. Sal del país tan pronto puedas».

Sabía que estábamos solos. Como yo todavía volaba, me di cuenta que los ciudadanos de los EE.UU. no necesitaban pasaporte para ir a Cuba; llenaban un pequeño formulario y lo entregaban a la salida con un cuño. Con eso, podían salir del país. Me robé uno de los formularios y le puse un cuño de inmigración. Tenía amigos que trabajaban allí, y mientras estaban distraídos, le puse el cuño. El 5 de abril lo pasé por el aeropuerto como un ciudadano americano. Yo salí al día siguiente.

Regresamos a Miami y empezamos a trabajar. El primer trabajo que mi esposo consiguió fue en una fábrica de ventanas. Era horrible. Una vez lo cogieron en Fort Lauderdale tratando de montar una bomba en un P-51. Iba a volar a Cuba y dejarla caer donde se reunían Castro y sus ministros, pero el FBI lo agarró. Delante de mí le dijeron que: «Las relaciones entre Cuba y los Estados Unidos son buenas. No queremos problemas, y si haces algo en contra de Castro, te encontraremos dondequiera que vayas en el mundo. No vamos a permitir esto».

Cuando mi esposo se fue para los campamentos, yo estaba en el octavo mes de embarazo. Siempre tuve la sensación de que si él regresaba a Cuba, iba a morir. Pero él sufría mucho por sus amigos presos en Cuba. Me dijo: «Nunca estaré contento si me quedo aquí sentado y no hago nada por mis amigos en la cárcel. Tengo que hacer esto». Yo le dije: «Eso es suicidio, sabes». «Probablemente tengas razón —me contestó—, pero tengo que hacerlo». Mi hijo nació el 12 de octubre de 1960. Podía cartearme con mi esposo, pero las cartas estaban censuradas y la entrega era irregular.

El 15 de abril, como todo el mundo, escuché por radio que algo estaba pasando. Cuando el avión vino a Miami y el piloto dijo que se había sublevado contra Castro y todo eso, sabíamos que todo era un engaño, porque conocíamos al piloto. Lo que no sabíamos es que mi esposo había tomado parte en el bombardeo de Columbia.

Durante la invasión, mandaban dos B-26 a la vez a las playas. Mi esposo salió a eso de las 2:00 o las 3:00 de la tarde. Volaba con Chirrino Piedra. Eran muy amigos y siempre habían estado juntos. Lo quería como a un hermano. Fueron y llevaron a cabo la misión y ya iban a regresar. Tengo un primo que estaba en la playa y escuchó la conversación entre Piedra y mi esposo por radio. Mi esposo le dijo: «¡Vámonos! Los cazas deben de estar al llegar». Piedra le contestó: «Espérate, todavía tengo municiones y voy al central Australia», que estaba un poco más tierra adentro. Entonces mi esposo salió al mar y comenzó a dar vueltas para esperarlo. Cuando se comunicó con mi esposo, le dijo: «¡Tengo un Sea Fury en la cola y no puedo quitármelo!», y entonces lo derribaron.

Mi esposo emprendió el regreso. Pero ya tenía tres aviones que lo perseguían. Bajó, casi pegado al mar y zigzagueando, ya que era la única manera posible de escapar los cazas. Mi marido ya estaba en aguas internacionales y todavía lo perseguían. Se aparecieron dos aviones americanos y volaron sobre mi esposo, y esos tipos (los pilotos de Castro) se fueron. Uno de los pilotos de Castro, Del Pino, escribió en su libro que había dicho lo siguiente: «Déjenlo ir porque el avión está en muy malas condiciones». Y lo estaba: no tenía instrumentos, estaba perdiendo combustible, todo. Entonces los aviones americanos se fueron y mi esposo quedó volando solo sobre el mar abierto; ya eran casi las 6:00 de la noche. Finalmente empezó a transmitir una señal de socorro («¡*Mayday*!»), y pudo establecer contacto por radio con otro avión que venía de la base. En éste venía un cura, el padre Cavero, quien les preguntó a mi esposo y al navegante si querían que les oyera la confesión antes de que cayeran al mar. Así lo hicieron y se confesaron por radio. Después de eso, fue cuestión de veinte minutos. Silencio, y nada más.

Fue muy cruel. Todos en Miami decían que los pilotos no participaron en la invasión. No tuvimos noticias por cuatro o cinco días y el Frente nos decía que los pilotos estaban bien. Todo era una sarta de mentiras y confusión. Fui con dos de mis amigas, ambas esposas de pilotos, a una misa en el centro de la ciudad, y la gente se burlaba de nosotras diciendo: «Tu marido no fue en la invasión». Era horrible. Nadie nos notificaba oficialmente de nada. Un mecánico que había regresado de los campamentos y era amigo de mi esposo vino a verme como una semana después de la invasión. Le pregunté: «¿Qué le pasó a José Alberto?». Me miró, y ahí fue cuando me di cuenta que estaba muerto. Me contestó: «No sabemos. Está desaparecido». Eso fue lo único que jamás me dijeron. Después de tres días de no haber ido al trabajo, llamé y les dije que no sabía si mi esposo estaba vivo o muerto. Me dijeron: «Bueno, ese es problema suyo, no nuestro». Tuve que volver al trabajo. Recuerdo muy poco de lo que sucedió durante los próximos tres años.

Después de la muerte de mi esposo no quería saber nada de Dios. No quería creer que existía un Dios; no podía comprender cómo Dios había podido hacerme esto a mí. Esto duró por más de diez años. Al fin y al cabo, no tenía paz ni tranquilidad, y sufría de depresión tras depresión. Realmente fue un infierno. En 1975, me invitaron a un grupo de oración en la Iglesia de la Inmaculada Concepción en Miami. Me di por vencida y dije: «Señor, haz lo que quieras conmigo, pero no puedo aguantarlo más». Después de eso, tuve un reencuentro con Dios, como una conversión. De ahí en adelante, mi vida cambió.

En 1976, hubo un terremoto en Guatemala y me pidieron que ayudara a coordinar la ayuda que se mandaba desde Miami. En Guatemala vi de cerca el desastre; más de 20.000 personas muertas y 100.000 heridos. Todo el país estaba devastado. Ahí fue cuando sentí la necesidad de irme para allá. Era como un llamado de Dios para que fuera y me ocupara de esos niños. En esos momentos, comencé a mandar medicinas y juguetes durante las Navidades. Diez años después, pude recaudar $3.000 en un almuerzo y me fui para Guatemala donde abrí una casa para los niños en 1986.

María «Mary» Wilrycx Allen

Arriba: *María «Mary» Wilrycx Allen y Carlos Allen en el valle de Viñales en la provincia de Pinar del Río, Cuba, 1952. Carlos, Sexto batallón, perdió el brazo derecho en la invasión. Fotografía con permiso de María Allen.*

Nacida en La Habana, María Wilrycx se casó con Carlos Allen Dosal a la edad de dieciocho años, después de graduarse del colegio católico de Nuestra Señora de

Izq.: *María Wilcryx Allen en su oficina en Miami, 1999. Foto del autor.*

Lourdes. Carlos trabajaba en el negocio de la familia, una de las compañías tabacaleras más grandes de Cuba, que había sido fundada por su abuelo. Carlos entró en combate en Girón, donde perdió el brazo derecho. Salió en libertad con los prisioneros heridos en abril de 1962. Carlos se mantuvo activo en actividades anticastristas hasta su muerte en 1973. Mary actualmente reside en Miami, donde es propietaria y dirige Allen Financial Services.

Nos casamos muy jóvenes y tuvimos una vida normal y feliz. Yo estaba dedicada a mi hogar y a nuestros hijos. Al principio de la revolución, todos creíamos que Cuba estaba saliendo de una dictadura. Pero cuando vimos lo que sucedía con las intervenciones y todo lo demás, sabíamos que era el comunismo y experimentamos un cambio radical, de 180 grados, en nuestras vidas.

Al momento vimos los problemas que se avecinaban y mi esposo empezó a trabajar en contra de la revolución. Vivimos en terrible agonía y tensión durante el tiempo que estuvimos en Cuba bajo el gobierno de Fidel Castro. Un día el gobierno nos confiscó Competidora, la fábrica de cigarrillos de la familia. Fue un lunes por la mañana. Carlos fue a trabajar y se encontró que allí había unos milicianos que le dijeron: «¡Fuera! Esto es nuestro ahora». Un par de días después, vinieron a buscarlo cuando se dieron cuenta que no podían con el funcionamiento de la fábrica. Querían obligarlo a que les enseñara lo que tenían que hacer. Pronto salió de Cuba y se involucró en grupos que tenían que ver con Cuba.

Cuando Carlos estaba en Miami, a mí me arrestaron. Llegaron unos milicianos a mi casa y la viraron al revés buscando armas y documentos. El capitán de la policía que estaba con ellos quería que le traspasara el título de propiedad de un carrito alemán pequeño que yo tenía. Me dijo: «Si me das el carro, te dejo tranquila» Le dije que: «No, el carro es mío y no tengo por qué dárselo». Así que me llevaron a la estación de policía en un carro patrulla. Allí me sentaron en un banco, junto a un hombre negro que estaba sangrando mucho por un golpe que había recibido. Esto lo hicieron para asustarme y que les traspasara el carro. No lo hice. Dos días después, me soltaron. No regresé a casa porque tenía miedo de estar sola. Me fui a quedarme a casa de mi madre. Dos o tres días después vendí el carro. Fue muy duro. Tenía mis dos hijas pequeñas y estaba en estado de mi hijo. Me sentía muy sola y triste por todo lo que estaba pasando en Cuba.

Salí de Cuba en noviembre de 1960, poco después de que naciera mi hijo. En Miami trabajé en una fábrica de hacer cortinas. Mi esposo trabajó en un hotel en Miami Beach. En la primera casa que alquilamos teníamos la condición de que el bebé no llorara. Nos dijeron que si lloraba, nos echarían. Hoy eso me da risa, pero en aquellos momentos estaba muy nerviosa.

A fines de marzo de 1961, Carlos se fue a los campamentos. Al principio estaba asustada, porque no iba a ser fácil quedarme sola con tres niños y sin dinero. Pero conocía a mi esposo, y cuando dijo: «Me voy», sabía que era mejor que se fuera pacíficamente en vez de ponerme a llorar, gritar, y todo eso.

El 17 de abril, escuché las noticias de la invasión por radio y recé para que Carlos estuviera vivo. Asistí a todos los actos públicos durante esos días en el Bayfront Park y en la iglesia del Gesu. Nadie sabía lo que estaba pasando, si estaban presos, si los iban a mandar a Rusia, o si los iban a fusilar a todos. Pero desde temprano sabíamos que habían sido traicionados y que ésta era una guerra con dos enemigos.

La primera noticia que recibí de Carlos fue que había muerto. Algunos amigos nuestros nos dieron la noticia cuando vinieron a darnos el pésame. Pensaron que la habíamos oído. Más tarde, prácticamente tuvimos un entierro en mi casa. Todo el mundo vino y lloró. Yo miraba todo aquello y simplemente no podía creerlo.

Lo que en realidad había pasado es que Carlos, después de la invasión, había tratado de llegar a nuestra finca en Cienfuegos con dos compañeros. Un grupo de milicianos los atrapó y, en la pelea, tuvieron que matar a muchos de ellos. (Carlos siempre me había dicho que lo peor en el mundo era matar a una persona). De cualquier manera, ahí fue donde lo hirieron. Lo llevaron a un hospital en Cienfuegos, donde le amputaron el brazo derecho. Una enfermera allí nos mandó a decir que estaba vivo; su familia era bien conocida en esos lugares por la finca que tenían. Cuando la enfermera me llamó, me dijo: «Un miliciano le salvó la vida. Le dio una patada y se dio cuenta que aún respiraba. Lo pusieron en una camilla y se lo llevaron». El miliciano que lo recogió después fue a verlo al hospital para decirle que aunque habían perdido, él tenía que saludarlo, ya que nunca en su vida había visto hombres pelear por una causa como ellos habían peleado, que ellos habían peleado ferozmente. Le dijo que siempre usaría el cinturón que Carlos había usado; eso es lo que fue a decirle al hospital. A Carlos lo llevaron al hospital en Matanzas. Le hicieron varias operaciones, porque habían hecho mal la amputación la primera vez. Sufrió mucho físicamente.

Cuando regresó de Cuba con los prisioneros heridos, fui al aeropuerto con mis tres hijos. El niño tenía poco más de un año y las niñas seis y siete. Durante todo este tiempo les había dicho que su padre estaba en Nueva York buscando trabajo. Antes de ir al aeropuerto, les hablé y les dije lo que en realidad había sucedido. Lo entendieron, pero se pusieron muy nerviosos cuando lo vieron sin un brazo. Para mí, era como si toda la vida lo hubiera conocido así. Estábamos viviendo un milagro. Era un milagro de Dios. Fue la Virgen quien sacó a la Brigada de la cárcel.

Carlos estaba en malas condiciones. Lo operaron en el New York Hospital, donde lo abrieron desde la mitad de la cabeza hasta la mitad de la espalda para quitarle los nervios que iban al brazo perdido, ya que vivía en un dolor agudo que lo atormentaba. A causa de esto, no se le podía tocar en todo el cuerpo. A pesar de que la operación lo alivió hasta cierto punto, nunca se curó completamente y siempre sufría de terribles dolores.

El tiempo que pasamos trabajando con el Comité de Familias fue difícil porque teníamos muy poco dinero. Pero teníamos que hacer todo lo humanamente posible para obtener la libertad del resto de la Brigada. Fue una experiencia dura y traumática. A veces, los que decían que iban a ayudarnos, no lo hacían. Muy a menudo tocábamos a las puertas de las embajadas latinoamericanas y no querían recibirnos. Más tarde, cuando la Brigada salió, todos esos mismos diplomáticos querían venir a nuestras casas.

Cuando íbamos a Nueva York, nos seguía la CIA, el FBI y la gente de Fidel. Recuerdo una noche que fuimos a comer al Village. Había uno en la mesa a nuestra derecha, y otro en la mesa a nuestra izquierda. También escuchaban nuestras conversaciones telefónicas; era como si estuviéramos en la cárcel.

Cuando finalmente soltaron a la Brigada, Carlos se fue con Harry Ruiz Williams para embarcarlos en los aviones. Al último avión, el que llevaba a los líderes, Fidel lo detuvo porque dijo que quería dinero por los prisioneros heridos. Fue un día horrible para mí, porque Castro dijo que quienquiera que estuviera en el avión, no iba a regresar a Miami, y Carlos estaba en el avión. En cuestión de horas, resolvieron el problema.

El Dinner Key Auditorium estaba completamente lleno durante las reuniones. Fue una cosa tremenda. Estábamos en presencia de un milagro. No se suponía qué hubiera sucedido, pero yo siempre tuve fe. Hubo quienes se enfermaron con toda la tensión y el nerviosismo durante los meses anteriores. Algunos días pensábamos que habíamos resuelto todo, y al día siguiente nos decían que nada. Era un sube y baja, sube y baja. Así es con Fidel Castro.

Me sentí muy orgullosa de lo que mi esposo y sus compañeros habían hecho por Cuba. Fueron a Cuba con ideales muy claros y lucharon valientemente por su causa. Fue muy duro para nuestra familia, pero eran tiempos interesantes. Carlos no dejó de luchar por Cuba hasta su muerte.

Josefina Encinosa

. . . .

Josefina Encinosa es la esposa de Pedro Encinosa, cuya entrevista aparece anteriormente en esta obra. Era peluquera en Bejucal, provincia de La Habana, y vivía en Santiago de las Vegas con su familia. Tenía veintisiete años de edad al momento de la invasión.

Desde el momento en que Pedro se fue para Miami, mi vida consitió en viajar entre Bejucal y Santiago de las Vegas. No supe que había estado en los campamentos o en la Brigada hasta después de la invasión. Sin embargo, en mi pueblo había unos milicianos que les decían a todos que Pedro se había ahogado en la ciénaga. La mamá de Pedro, la pobre, estaba muy mal. Se pasaba el día entero acostada y no quería comer nada.

El nombre de Pedro apareció en una lista quince días más tarde y empezamos a tratar de averiguar dónde lo tenían. Como una semana después, se apareció en la casa un jovencito que había sido alfabetizador en la ciénaga. Al principio, creíamos que era un chiquillo miliciano que había venido a molestarnos. Le dijimos: «No, no queremos nada». Respondió: «Señora, vengo de parte de Pedro Encinosa». En seguida le dije: «¡Hijito, entra, entra!». La mamá de Pedro estaba encantada. El muchacho llevaba una gorra que Pedro le había regalado, y me enseñó el reloj que Pedro también le había regalado. El muchacho nos dijo que Pedro estaba bien y que se había entregado en una casa. Le dimos algo de tomar y algunas golosinas. Le pedí que me dejara la gorra de Pedro, pero me dijo: «Ay, señora, me gustaría que me dejara quedarme con ella. Ahora puedo volver a San Antonio y decirles que uno de los mercenarios me la dio». Pobrecito, tenía sólo trece años, y estaba tan sucio.

En mi pueblo me hostigaban mucho. Me seguían y me decían que Pedro nunca iba a salir de la cárcel y que se iba a morir. Me decían que yo era joven y que debía rehacer mi vida. En aquellos momentos, la gente venía y gritaba frente a mi casa: «¡Abajo los gusanos! ¡Abajo la gusanera!». Un día, el grupo militar que había estado acampado en la ciénaga en la Bahía de Cochinos pasó en un camión. Mi hijo, que era chiquito, quería salir a verlos. Así que fue con un vecino, ya que yo salía de la casa muy poco. Todo el mundo estaba gritando: «¡Abajo los gusanos! ¡Al paredón con los mercenarios!». Yo miraba por una ventana, y vi cómo mi hijo, a su manera enredada, les dijo: «Yo soy un invasor de Bahía de Cochinos, y a mucha honra». Hasta los insultó porque se puso furioso que dijeran todas esas cosas de su padre.

El hostigamiento era constante. Si estaba sentada en el portal, o si salía, pasaban carros o camiones con milicianos, y al reconocerme, comenzaban a gritar todas esas cosas. Yo no les hacía caso. Nunca me arrestaron ni me dieron golpes; todo lo que hacían era hostigarme.

Tuve tantos problemas en Cuba. Como era peluquera, la gente venía a mi casa a arreglarse el pelo. Cuando alguien venía vestida de miliciana, mi hijo se quedaba mirándola fijamente. Siempre le preguntaban: «¿Quieres ser miliciano?». Él contestaba: «No, yo soy un invasor de Playa Girón, y a mucha honra, como mi padre». Creíamos que nos iban a meter presos a todos. Una miliciana me dijo una vez: «No te preocupes. Es natural, los míos dicen que son milicianos y a mucha honra. Es natural que quiera parecerse al padre».

Cuando visitábamos la prisión, teníamos que estar allí a las 7:00 de la mañana. Los registros eran vergonzosos, ya que nos quitaban toda la ropa para humillarnos. Nos virábamos para no mirarnos. Una vez, había una señora a quien le faltaba un seno por un cáncer que había tenido. Cuando la mujer guardia le sacó el seno postizo, se puso a jaranear con la otra guardia: «Oye, ¿qué hacemos con esto?». La mujer le dijo: «Esto es algo con lo que no debes jugar. Si tengo que vivir este momento mil veces, lo haré porque mi hijo está allá adentro. Dios mediante, nunca tendrás que pasar por un momento como este».

Un día llevé a mi hijo a la prisión. Compramos unos cuantos caramelos para que se los diera a su padre. Cuando pasó adentro, lo registraron, y una de las milicianas le quitó el caramelo. Durante el registro también le toquetearon las partes pudendas, y él les dijo: «NO te permito que me toques las partes pudendas, porque mi padre dice que nadie me las puede tocar». Estaba desnudo cuando se me vino llorando. Otra mujer le dijo al guardia: «Déjalo que se quede con el caramelo». Ella dijo que no.

La época del juicio fue terrible. Vigilábamos la prisión día y noche, por si acaso movían a los hombres. Al lado de la prisión había una calle que se dividía en dos con un área arbolada en el medio. Fuimos allí con una imagen de Nuestra Señora de la Caridad, la patrona de Cuba. Porque no nos podían ver allí rezando y todo eso, mandaron un grupo de la Federación Cubana de Mujeres, quienes nos cayeron encima con palos y mangueras. A algunos les dieron duro. A mí no me golpearon porque me eché a correr. Cuando las federadas (así se llamaban las de la Federación

Cubana de Mujeres) tiraron al suelo la imagen de la Virgen María, el hombre y la mujer que la habían traído se tiraron encima para protegerla. Las federadas les pegaron y golpearon muy duro. Fue terrible. Yo conocía a una de las federadas porque era de Santiago de las Vegas; ella luego me juró que no había estado allí. Eso lo llevo dentro porque su familia era muy amiga de Pedro.

Dulce Carrera Jústiz

Dulce Carrera Jústiz, novia de Rogelio González Corzo, ca. 1960. Foto con permiso de Dulce Carrera Jústiz.

Dulce Carrera Jústiz nació en La Habana, se graduó del Colegio del Sagrado Corazón en 1957, y acto seguido se dedicó a obras de caridad social. Su padre era un conocido abogado y estadista y su abuelo era un profesor y diplomático de fama establecida. Conoció a Rogelio González Corzo, quien después se convertiría en el famoso Francisco, en 1958, y más tarde se comprometieron. Aunque lo fusilaron antes de que se casaran, se le considera como una de las viudas de la invasión. Vive en Miami. Aquí también citamos a su hermana Elvira, quien falleciera un año después de esta entrevista, y que estuvo ligada al movimiento anticastrista de principios de 1960.

Vi a Rogelio por primera vez en la Iglesia de San Antonio de Padua en 1957. Luego, la Agrupación Católica presentó una obra de teatro en la universidad. Fui, y cuando me senté, estaba sentado a mi lado. Todavía me erizo cuando me acuerdo. Cuando llegó el intermedio, nos presentaron. Rogelio, que era ingeniero agrónomo, al poco tiempo se fue para Baton Rouge, Louisiana, a tomar cursos sobre el cultivo del arroz. Comenzamos a salir cuando regresó de Louisiana en 1958.

Rogelio era un hombre muy serio y muy recto. Católico ferviente, comulgaba todos los días; la religión era para él lo más importante de su vida. Estableció numerosas cooperativas que prestaban dinero a los pobres por toda Cuba. Cuando Fidel Castro llegó al poder, Rogelio se convirtió en el director de Agricultura, y Sorí Marín era el ministro; después, a ambos los fusilaron el mismo día. En todo caso, una vez dentro del sistema, Rogelio vio lo rápido que todo marchaba hacia el comunismo.

(Aquí interviene su hermana Elvira) Ya mi padre se lo había dicho. En casa, un día, Papá le dijo: «Mira, Rogelio, toda la gente que están nombrando en televisión (a puestos del gobierno) son miembros del Partido Comunista, y no se van a ir. Así que ten cuidado». Rogelio le dijo: «Los vamos a quitar poco a poco». Papá le respondió: «No se van a ir, y van a cogerse todo el país».

(Dulce continúa) Después de eso, Rogelio empezó a asistir a reuniones. Entonces entró en la clandestinidad. Estaba en el MRR y coordinaba todas las actividades dentro de Cuba. Mandó a sus padres y hermanos para España y quería que yo también me fuera del país. Me negué a hacerlo.

Un día hablamos por ocho horas y me dijo que teníamos que aparentar que nos habíamos peleado. Después me llamaba usando otro nombre, y me mandaba flores de igual forma. Nos vimos varias veces mientras estaba en la clandestinidad. No sé dónde era que lo veía, porque me recogían y me llevaban a verlo en casas seguras, generalmente por menos de media hora. A veces se escondía en casas pertenecientes a mi familia. Una vez me llamó y me dijo: «Hola, ¿cómo estás? Bien. ¡Ay! perdón, tengo el número equivocado». Era sólo para que escuchara su voz. Una vez me llamó desde los Estados Unidos. Otra vez, vino de los Estados Unidos a bordo de un submarino y me trajo varios regalos de recuerdo.

(Elvira) El 18 de marzo me enteré que habían capturado a Rogelio. Reaccioné fuertemente. Sabía que iban a averiguar quién era, a pesar de sus papeles falsos y todo eso. Le dije al Directorio Estudiantil: «Los rusos, los chinos y los checos son los que están mandando en este país. Van a averiguar quién es, en seguida». Pasé dos semanas sin decírselo a Dulce. Me estaba muriendo por dentro.

(Dulce) Cuando mi hermana entró al garaje un día, llorando, inmediatamente dije: «Cogieron a Rogelio». El padre Llorente me llamó y me dijo que no habría problema, que lo iban a sacar. Un poco más tarde, estaba frente a mi casa y vi pasar dos carros militares. Cuando miré, Rogelio me estaba mirando desde uno de ellos. Fue la última vez que lo vi. Finalmente lo llevaron a La Cabaña (una fortaleza-prisión en La Habana), y lo fusilaron el 20 de abril. No se me permitió asistir al entierro. Tenía veintidós años. La última vez que hablamos, me dijo que nos casaríamos en tal y tal día. Yo le dije «Perfecto», y tenía todo preparado para la boda.

Esperanza Díaz Suárez

Nació en 1906 en Santiago de Cuba, provincia de Oriente, y a los siete años fue a La Habana para asistir al colegio. Después se hizo maestra. Es la madre de Tulio Díaz Suárez, cuyo testimonio aparece anteriormente. Ella y su esposo trabajaron estrechamente con el Comité de Familias Cubanas para lograr la libertad de la Brigada.

Mi esposo era una persona muy educada y perspicaz. En seguida vio lo que estaba detrás del régimen de Castro. Me dijo: «Tenemos que tener cuidado, porque ésta va a ser una revolución que no nos va a llevar a ninguna parte; lo que va a hacer es ahogarnos y ahogar al país». Salimos de Cuba a principios de 1960.

Tulio vino a la mesa un día y nos comunicó su decisión de unirse a la Brigada. Ya era un adulto, y aceptamos su decisión, aunque con gran dolor. Yo misma lo llevé a la oficina en la Avenida Veintisiete. Después que llegamos, no nos dejaron verlo, ni hablarle. Todo era muy secreto. La última vez que lo vi, fue a través de una reja y me dijo: «Mami, cuando me llamen para irme, enciendo un cigarrillo para que sepas que soy yo».

Cuando nos enteramos de la invasión, tratamos de averiguar quién había sobrevivido. Fuimos a la oficina del Frente y mi hermano le preguntó a uno allí si el nombre de Tulio estaba en la lista. Nos dijo que sí. Después nos dijeron que lo que nos habían dicho antes había sido un error, y que el nombre no estaba en la lista. Te puedes imaginar cómo estábamos con tanta inseguridad. Más tarde, supimos que estaba preso. Nos sentimos fatal porque no sabíamos cuál sería su suerte. Había rumores de que se iban a llevar a todos los prisioneros a Siberia y que había bombas colocadas debajo de la prisión en Isla de Pinos.

Isabel Quiñones

Isabel Quiñones en su casa de Hialeah, 1999. Foto del autor.

Isabel Quiñones era la prima de Antonio Sánchez, a quien se le clasifica como desaparecido en combate desde la época de la invasión. Eran del pueblo de Morón, en la provincia de Camagüey.

Antonio había estado estudiando en La Habana. Su padre lo mandó a estudiar a los Estados Unidos y ahí fue donde se unió a la Brigada. Sus padres no sabían nada y se enteraron de su participación sólo durante la invasión. Daba miedo todo durante la invasión. Mi esposo me dijo: «Alguien del ejército me dijo que me fuera a casa y me quedara allí, porque esto se iba a poner feo». Después, cuando anunciaron los nombres, nos enteramos de quiénes habían estado en la invasión.

Creí que la madre de Antonio se iba a morir cuando se enteró de la noticia. Es más, murió poco después, muy afligida. Sus padres estaban destrozados; todo lo que tenían era su hijo. Ninguno de nosotros sabía que se iba a la guerra. Tenía sólo diecinueve años de edad. Creíamos que eso era para gente mayor, pero todos eran tan jóvenes. Siempre he dicho que los mejores muchachos de Cuba se unieron a Bahía de Cochinos, y allí se quedaron.

DESPUÉS DE LA CONTIENDA

■ ■ ■

La llama eterna en honor a los caídos de la Brigada 2506, Miami, Florida. Foto del autor.

Los hombres de la Brigada 2506 regresaron a los Estados Unidos llenos de esperanza para una Cuba libre. Algunos tuvieron que lidiar con grandes dificultades emocionales y psicológicas;[1] otros siguieron peleando como pudieron. Aun antes de que la Brigada saliera en libertad, en diciembre de 1962, algunos de los que habían escapado ya trabajaban para la CIA y realizaban misiones comando en contra de Castro.[2] A su regreso, muchos más se unieron a estas actividades. La agencia abrió una oficina en Miami llamada JM WAVE, que pronto se convirtió en una de las mayores en tamaño de la CIA en todo el mundo. Tenía a 2.000 cubanos en su nómina, incluyendo a muchos veteranos de la Brigada. Llevaron a cabo un sinnúmero de actividades, todas encaminadas al derrocamiento de Castro.[3]

Además, a los pocos meses de su regreso, muchos miembros de la Brigada se incorporaron a las fuerzas armadas de los EE.UU.[4] Algunos tuvieron distinguidas y exitosas carreras como oficiales. Erneido Oliva, por ejemplo, se jubiló como general, subcomandante de la Guardia Nacional del Ejército, del Distrito de Columbia, en 1993.[5] Sin embargo, de acuerdo a Howard Feeney, Kennedy fue quien arregló los nombramientos como oficiales, principalmente para desarticular la Brigada, como parte de su promesa a la Unión Soviética de no intervenir en Cuba, y porque la Brigada se había convertido en una «vergüenza política».[6] La permanencia en las fuerzas armadas de los EE.UU. fue relativamente corta para la mayoría de los veteranos de Bahía de Cochinos.

Muchos esperaban ser parte de una fuerza que invadiría a Cuba, y quedaron desalentados al ver que tal operación no iba a realizarse. Una invasión a Cuba utilizando a los veteranos de Bahía de Cochinos y otros exiliados, parecía como el paso lógico a la promesa de Kennedy del Orange Bowl. Joan Didion explica: «Al igual que otros intentos *ad hoc* para neutralizar a la Brigada 2506, el programa de reclutamiento se trató de un engaño, si bien éste no era abierto, un cierto autoengaño, una buena disposición aparente para permitir a aquellos cubanos que "calladamente estaban ingresando a las fuerzas armadas estadounidenses" (cita de Sorensen en *Kennedy*) que lo hicieran bajo la falsa idea de que los Estados Unidos estaba en realidad preparándose para invadir Cuba».[7] Aunque a la mitad se les dio de baja en las fuerzas armadas de los EE.UU. después de pocos años, 63 de ellos prestaron servicio con distinción en Vietnam. En ese conflicto murieron cuatro, y tres resultaron heridos.[8]

Muchos veteranos de la Brigada también prestaron servicio en operaciones secretas anticomunistas por todo el mundo en los años subsiguientes a su libertad. Cuarenta y dos formaron parte del esfuerzo de la CIA de ayudar al presidente congolés, Joseph Kasavubu, contra «una incursión comunista» proveniente de Tanzania.[9] Otro veterano de la Bri-

Tumba a la memoria del Soldado Desconocido de los combatientes cubanos, Miami, Florida. Foto del autor.

gada fue miembro del grupo que capturó al Che Guevara en Bolivia. A través de los años, muchos también formaron parte de grupos de comandos de exiliados independientes, y con su experiencia de la CIA, llevaron a cabo operaciones en contra de Castro. Con el tiempo, muchos se involucraron en los esfuerzos de los exiliados cubanos en contra de las intervenciones de Castro en muchas partes del mundo, incluyendo África, y, notablemente, en Nicaragua durante los años ochenta.[10] El grupo más importante de presión política anticastrista, la Fundación Nacional Cubano Americana, fue fundado y dirigido por un veterano de la Brigada, Jorge Más Canosa, a quienes muchos consideraron como el líder exiliado de mayor influencia hasta su muerte a fines de los años noventa. Su compañero de la Brigada, Francisco «Pepe» Hernández, también entrevistado en este libro, es miembro influyente y distinguido de dicha organización. José Basulto, también entrevistado aquí, fundó y dirige la organización exiliada Hermanos al Rescate.

No obstante, la mayoría de los veteranos de la Brigada estableció una vida normal. Muchos continuaron sus estudios universitarios y prosiguieron a exitosas carreras profesionales, y otros se destacaron tanto en el campo comercial como en la política. Algunos entraron al mundo laboral como obreros. Muy orgullosos de su participación en la Brigada, formaron la Asociación de Veteranos de Bahía de Cochinos, a la cual muchos pertenecen. Esta asociación, que pidió a la familia Kennedy que se les devolviera la bandera de la Brigada, tiene un museo en La Pequeña Habana de Miami, frecuentado diariamente por visitantes y veteranos jubilados de la Brigada. Los hombres de la Brigada siempre han disfrutado de la condición de ser el grupo más respetado y distinguido entre los exiliados cubanos. En su comunidad gozan, tal vez, de mucho más respeto que los veteranos de la Segunda Guerra Mundial a su regreso a los Estados Unidos. Anualmente celebran una ceremonia en el Monumento a la Invasión de Bahía de Cochinos a unas cuadras del museo para honrar la memoria de sus compañeros caídos en combate. Los nombres de los que murieron en la invasión están inscritos en la base del monumento que sostiene la llama eterna del mismo. Durante la ceremonia se lee en voz alta una lista de los caídos, y después de cada nombre, sus compañeros exclaman conjuntamente: «¡Presente!». [11]

Durante las décadas subsiguientes a la invasión, tanto los veteranos de la Brigada como el exilio cubano en general han juzgado duramente la participación de Kennedy y sus decisiones durante la invasión de Bahía de Cochinos. Al pasar el tiempo con Castro aún en el poder, la comunidad exiliada se ha dado cuenta que la única oportunidad verdadera que tuvieron para derrocar al dictador y asegurar la democracia en Cuba fue en las playas de Bahía de Cochinos en abril de 1961. La imagen del traicionado combatiente por la libertad esperando fielmente el apoyo aéreo prometido aún se mantiene con fuerza conmovedora en la mente de los cubanoamericanos. Por consecuencia, a Kennedy se le culpa tanto del abandono de la Brigada como de haber entregado Cuba a la Unión Soviética, cuyo acto final fue la Crisis Cubana de los Cohetes. Muchos veteranos, así como sus familias y otros exiliados, albergan un hondo resentimiento, y a veces hasta odio, hacia la figura de John F. Kennedy. Los más benévolos aún culpan al presidente por el fracaso de la invasión, pero creen que su falta de experiencia y pusilanimidad, en vez de su cobardía o malas intenciones, fueron las responsables de sus pésimas decisiones. Muy pocos le echan la culpa a la CIA y al Estado Mayor Conjunto, como han tratado durante años de hacer algunos investigadores y escritores para exonerar de toda culpa al presidente Kennedy. No obstante, los veteranos, así como la mayoría de los exiliados de la época, han mantenido su fe en los Estados Unidos, al igual que su profundo amor por Cuba, su querida y añorada patria. Al igual que se sentían en 1961, con el paso de los años, no han visto contradicción inherente entre estas dos lealtades patrióticas.

Apéndice

■ ■ ■

El himno de la Brigada de Asalto 2506

Del fondo de la tierra
Surge nuestro grito,
De allí donde los muertos
Esperan nuestra acción.
Es un himno que cantan
Los árboles y el viento,
Es un canto de guerra,
Es sangre de Girón.

Brigada de Asalto
Veinticinco cero seis,
Brigada de Asalto
Veinticinco cero seis,

Que nada ya detenga
Esta guerra nuestra,
Si es una guerra santa
Y vamos con la cruz.
Rompamos las cadenas,
La Patria nos espera,
Que rujan los fusiles
Que el fuego se haga luz.

Brigada de Asalto
Veinticinco cero seis,
Brigada de Asalto
Veinticinco cero seis.

Notas

■ ■ ■

La revolución traicionada

1. H. Thomas, *Cuba*, 1202.
2. Triay, *Fleeing Castro*, 5-11.
3. Schlesinger, *Thousand Days*, 221.
4. Meyer y Szulc, *Cuban Invasion*, 41.
5. H. Thomas, *Cuba*, 1263.
6. Ibid., 1271.
7. Schlesinger, *Thousand Days*, 222

I. Un llamado a las armas

1. Gleijeses, «Ships in the Night», 4; Widen, *Bay of Pigs*, 24.
2. Lynch, *Decision for Disaster*, 14.
3. Wyden, *Bay of Pigs*, 24-25; Gleijeses, «Ships in the Night», 4.
4. Gleijeses, «Ships in the Night», 5.
5. Widen, *Bay of Pigs*, 25.
6. Gleijeses, «Ships in the Night», 5.
7. Bissell, *Reflections of a Cold Warrior*, 153.
8. Gleijeses, «Ships in the Night», 9,10; Wyden, *Bay of Pigs*, 30; Schlesinger, *Thousand Days*, 226.
9. Bissell, *Reflections of a Cold Warrior*, 153.
10. H. Thomas, *Cuba*, 1283; Meyer y Szulc, *Cuban Invasion*, 80.
11. H. Thomas, *Cuba*, 1283.
12. Ibid, 1307.
13. Ibid.
14. Wyden, *Bay of Pigs*, 166.
15. Carbonell, *And the Russians Stayed*, 90.
16. Ibid.
17. Johnson, *Bay of Pigs*, 30, 32-34.
18. Entrevista con Sueiro.
19. Johnson, *Bay of Pigs*, 36-38.
20. Meyer y Szulc, *Cuban Invasion*, 55-56.
21. H. Thomas, *Cuba*, 1275.
22. Entrevista con Flores.
23. Wyden, *Bay of Pigs*, 35; Johnson, *Bay of Pigs*, 44.
24. Wyden, *Bay of Pigs*, 65.
25. Higgins, *The Perfect Failure*, cita a John F. Kennedy, 59.
26. Gleijeses, «Ships in the Night», 10-12; Schlesinger, *Thousand Days*, 228; Johnson, *Bay of Pigs*, 53; Bissell, *Reflections of a Cold Warrior*, 154-56; Higgins, *Perfect Failure*, 62; Lynch, *Decision for Disaster*, 23.

27. Gleijeses, «Ships in the Night», 15-16; Bissell, *Reflections of a Cold Warrior*, 158-59.

28. Entrevista con Sueiro.

29. Johnson, *Bay of Pigs*, 98-99; Schlesinger, *Thousand Days*, 251.

30. Wyden, *Bay of Pigs*, 292; H. Thomas, *Cuba*, 1360.

31. Johnson, *Bay of Pigs*, 98-99; H. Thomas, *Cuba*, 1360; Schlesinger, *Thousand Days*, 251.

32. Kornbluh, *Bay of Pigs Declassified* (cita del «Ideario: puntos básicos» de Artime), 268.

33. Blight y Kornbluh, *Politics of Illusion*, 71.

2. Entrenamiento y preparación

1. Gleijeses, «Ships in the Night», 20-25.

2. H. Thomas, *Cuba*, 1306; Schlesinger, *Thousand Days*, 227.

3. Lynch, *Decision for Disaster*, 29-35.

4. Gleijeses, «Ships in the Night», 34.

5. Hawkins, «Classified Disaster», 36-38.

6. Johnson, *Bay of Pigs*, 82-83; Lynch, *Decision for Disaster*, 41.

7. Mets, *Land-based Air Power*, 69.

8. Ibid., 67.

9. Lynch, *Decision for Disaster*, 41.

10. Lazo, *Dagger in the Heart*, 274-76; Lynch, *Decision for Disaster*, 42-43.

11. Gleijeses, «Ships in the Night», 30-31.

12. Lynch, *Decision for Disaster*, 33.

13. Blight y Kornbluh, *Politics of Illusion* (cita a Rafael Quintero), 22-23 (también cita a Enrique A. Baloyra), 29; Gleijeses, «Ships in the Night», 29-34.

14. Johnson, *Bay of Pigs*, 85; Lynch, *Decision for Disaster*, 26.

15. Lynch, *Decision for Disaster*, 43; Lazo, *Dagger in the Heart*, 269.

16. Bissell, *Reflections of a Cold Warrior*, 172.

17. Vandenbroucke, «"Confessions" of Allen Dulles», 372-373.

18. Lynch, *Decision for Disaster*, 42; Mets, *Land-based Air Power*, 68.

19. Johnson, *Bay of Pigs*, 55-56.

20. Wyden, *Bay of Pigs*, 59-64.

21. Lynch, *Decision for Disaster*, 158.

22. Wyden, *Bay of Pigs*, 81-83; entrevista con Zayas-Bazán.

23. Wyden, *Bay of Pigs*, 125-27.

24. Ibid., 84.

25. Ibid., 57-59.

26. Jonson, *Bay of Pigs*, 60-62; Wyden, *Bay of Pigs*, 57-59.

27. Entrevista con Sueiro.

28. Kornbluh, *Bay of Pigs Declassified*, 288-89.

29. Johnson, *Bay of Pigs*, 122; Wyden, *Bay of Pigs*, 112.

30. Schlesinger, *Thousand Days*, 241.

31. Wyden, *Bay of Pigs*, 56-57.

32. Carbonell, *And the Russians Stayed*, 152.

33. Ibid.

34. Ibid., 154.

35. Entrevista con Sánchez.

36. Entrevista con Zayas-Bazán.

37. Johnson, *Bay of Pigs*, 79.

38. Ibid., 77.

3. La batalla

1. Bissell, *Reflections of a Cold Warrior*, 183; Lynch, *Decision for Disaster*, 44.

2. Persons, *Bay of Pigs*, 80; Johnson, *Bay of Pigs*, 94; Lazo, *Dagger in the Heart*, 286.

3. Persons, *Bay of Pigs*, 80.

4. Lynch, *Decision for Disaster*, 70.

5. Entrevista con Montalvo.

6. Wyden, *Bay of Pigs*, 170-72; entrevista con Flores.

7. Lazo, *Dagger in the Heart*, 22-28; H. Thomas, *Cuba*, 1365, 1358.

8. Bissell, *Reflections of a Cold Warrior*, 196; Hawkins, «Obsession».

9. Wyden, *Bay of Pigs*, 198-99.

10. Bissell, *Reflections of a Cold Warrior*, 184.

11. Beschloss, *Crisis Years*, 144-45.

12. Wyden, *Bay of Pigs*, 204.

13. Ibid., 205.

14. Ibid., 205-6; Lazo, *Dagger in the Heart*, 294.

15. Lynch, *Decision for Disaster*, 72; Johnson, *Bay of Pigs*, 100.

16. Wyden, *Bay of Pigs*, 216-17; Lynch, *Decision for Disaster*, 73.

17. Lynch, *Decision for Disaster*, 83-86; Wyden, *Bay of Pigs*, 217-20; entrevista con Zayas-Bazán; entrevista con Lynch.

18. Johnson, *Bay of Pigs*, 105; Lynch, *Decision for Disaster*, 88.

19. Lynch, *Decision for Disaster*, 88; Wyden, *Bay of Pigs*, 221.

20. Lynch, *Decision for Disaster*, 88; Wyden, *Bay of Pigs*, 221.

21. Lynch, *Decision for Disaster*, 89.

22. H. Thomas, *Cuba*, 1364.

23. Lynch, *Decision for Disaster*, 93-94; Johnson, *Bay of Pigs*, 105-7.

24. Johnson, *Bay of Pigs*, 106-7; Wyden, *Bay of Pigs*, 222; Lynch, *Decision for Disaster*, 93-94.

25. Lynch, *Decision for Disaster*, 94.

26. Johnson, *Bay of Pigs*, 112-13.

27. Lynch, *Bay of Pigs*, 97.

28. Ibid., 98.

29. Ibid., 109.

30. Johnson, *Bay of Pigs*, 111; entrevista con Díaz Suárez.

31. Johnson, *Bay of Pigs*, 114-15; Lynch, *Decision for Disaster*, 100, 112-14; H. Thomas, *Cuba*, 1364.

32. Lynch, *Decision for Disaster*, 160.

33. Ibid., 113.

34. Johnson, *Bay of Pigs*, 113.

35. Lynch, *Decision for Disaster*, 113-17.

36. Johnson, *Bay of Pigs*, 110.

37. Wyden, *Bay of Pigs*, 228; Johnson, *Bay of Pigs*, 123; Lynch, *Decision for Disaster*, 100-101.

38. Johnson, *Bay of Pigs*, 123.

39. Mets, *Land-based Air Power*, 75;

40. Lynch, *Decision for Disaster*, 101-2.

41. Wyden, *Bay of Pigs*, 234-35.

42. Lynch, *Decision for Disaster*, 102; Johnson, *Bay of Pigs*, 126.

43. Johnson, *Bay of Pigs*, 126-27; entrevista con Sánchez.

44. Lynch, *Decision for Disaster*, 159-60.

45. Johnson, *Bay of Pigs*, 134; Wyden, *Bay of Pigs*, 272; Lynch, *Decision for Disaster*, 102-3.

46. Lynch, *Decision for Disaster*, 103.

47. Wyden, *Bay of Pigs*, 273.

48. Johnson, *Bay of Pigs*, 138; Lynch, *Decision for Disaster*, 104.

49. Lynch, *Decision for Disaster*, 104.

50. Johnson, *Bay of Pigs*, 129-30.

51. Lynch, *Decision for Disaster*, 116-22.

52. Lynch, *Decision for Disaster*, 123-24; Johnson, *Bay of Pigs*, 143, 147-48.

53. Lynch, *Decision for Disaster*, 124; Wyden, *Bay of Pigs*, 243-45.

54. Johnson, *Bay of Pigs*, 138-39.

55. Johnson, *Bay of Pigs*, 144-45, 148-49.

56. Wyden, *Bay of Pigs*, 235-36; Mets, *Land-based Air Power*, 79.

57. Johnson, *Bay of Pigs*, 145-46, 149-50.

58. Lynch, *Decision for Disaster*, 127.

59. Wyden, *Bay of Pigs*, 267.

60. Johnson, *Bay of Pigs*, 151-52.

61. Wyden, *Bay of Pigs*, 270-71.

62. Wyden, *Bay of Pigs*, 271; Johnson, *Bay of Pigs*, 153; Lynch, *Decision for Disaster*, 128-29.

63. Lynch, *Decision for Disaster*, 128-29; Johnson, *Bay of Pigs*, 154-55.

64. Johnson, *Bay of Pigs*, 157-58.

65. Ibid., 163-64.

66. Wyden, *Bay of Pigs*, 282; Johnson, *Bay of Pigs*, 165-66.

67. Johnson, *Bay of Pigs*, 166.

68. Lynch, *Decision for Disaster*, 130-31.
69. Johnson, *Bay of Pigs*, 168; Wyden, *Bay of Pigs*, 285.
70. Wyden, *Bay of Pigs*, 291-93.
71. Johnson, *Bay of Pigs*, 178-79; Lazo, *Dagger in the Heart*, 296; H. Thomas, *Cuba*, 1370.
72. Lynch, *Decision for Disaster*, 135.
73. Chapman, «View From PriFly», 50.
74. Wyden, *Bay of Pigs*, 300.
75. Chapman, «View From PriFly», 49.
76. Johnson, *Bay of Pigs*, 175-76.
77. *«Histórica Carta de "Francisco"»*, Diario de las Américas.

4. Retirada y captura

1. Johnson, *Bay of Pigs*, 192-202.
2. H. Thomas, *Cuba*, 1370.
3. Entrevista con P. Encinosa.
4. Johnson, *Bay of Pigs*, 184-85.

5. Encarcelamiento y liberación

1. Johnson, *Bay of Pigs*, 188.
2. Johnson, *Bay of Pigs*, 188; Lynch, *Decision for Disaster*, 143; entrevista con Silveira.
3. Entrevista con Herrera; entrevista con Marquet; entrevista con Sánchez; entrevista con Sánchez de Cárdenas; entrevista con Martínez–Malo.
4. Entrevista con Martínez–Malo.
5. Johnson, *Bay of Pigs*, 214-17.
6. Johnson, *Bay of Pigs*, 207-11; Lazo, *Dagger in the Heart*, 319-320; entrevista con Martínez–Malo.
7. Johnson, *Bay of Pigs*, 206-7; Wyden, *Bay of Pigs*, 303.
8. Lazo, *Dagger in the Heart*, 313-18; Johnson, *Bay of Pigs*, 230-44.
9. Lazo, *Dagger in the Heart*, 320-21.

10. Johnson, *Bay of Pigs*, 251, 255.
11. Johnson, *Bay of Pigs*, 256-57; entrevista con Carrillo.
12. Entrevista con Marquet.
13. Entrevista con Carrillo; Palmer, *Brigade 2506* (película).
14. Lazo, *Dagger in the Heart*, 322-23.
15. Entrevista con Montalvo; entrevista con Marquet.
16. Entrevista con T. Díaz Suárez; entrevista con Carrillo; entrevista con Marquet.
17. Lazo, *Dagger in the Heart*, 324.
18. Entrevista con Allen; entrevista con Morse; entrevista con Zayas-Bazán.
19. Entrevista con Morse.
20. Johnson, *Bay of Pigs*, 294-302; entrevista con Martínez–Malo; entrevista con T. Díaz Suárez.
21. Lazo, *Dagger in the Heart*, 324-25; Johnson, *Bay of Pigs*, 303-4.
22. Lazo, *Dagger in the Heart*, 324-27.
23. Johnson, *Bay of Pigs*, 321-34.
24. Ibid., 334-41.
25. Ibid., 338-41.

7. Después de la contienda

1. Johnson, *Bay of Pigs*, 352.
2. Ibid., 261-62.
3. Lynch, *Decision for Disaster*, 169-71.
4. Johnson, *Bay of Pigs*, 353.
5. «Soldier Renews His Battle», A22.
6. Feeney, «No Regrets», 554.
7. Didion, *Miami*, 86.
8. Feeney, «No Regrets», 554.
9. Ibid.
10. Ibid., 554-55.
11. Didion, *Miami*, 19; Palmer, *Brigade 2506* (película).

BIBLIOGRAFÍA

■ ■ ■

Entrevistas (grabadas en cinta)

Abril, Mario. Entrevista telefónica por Roberto N. Allen. De Baltimore, Md., a Signal Mountain, Tenn., 27 de octubre de 1999.

Basulto, José. Entrevistado por el autor. Coral Gables, Fla., 22 de julio de 1999.

Bovo, Esteban. Entrevistado por el autor. Miami, Fla., 22 de julio de 1999.

Bustamante, Alberto Sánchez de. Entrevistado por el autor. Orlando, Fla., 6 de agosto de 1999.

Carbonell, Néstor. Entrevistado por el autor. Greenwich, Conn., 28 de agosto de 1999.

Carrera Jústiz, Dulce. Entrevistada por el autor. Coral Gables, Fla., 13 de agosto de 1999.

Carrera Jústiz, Elvira. Entrevistada por el autor. Coral Gables, Fla., 13 de agosto de 1999.

Carrillo, Padre Sergio. Entrevistado por el autor. Miami, Fla., 7 de julio de 1999.

Clark, Juan. Entrevistado por el autor. Miami, Fla., 8 de julio de 1999.

Cortina, Humberto. Entrevistado por el autor. Coconut Grove, Fla., 15 de julio de 1999.

Díaz, Higinio «Nino». Entrevistado por el autor. Key Biscayne, Fla., 13 de agosto de 1999.

Díaz Suárez, Esperanza. Entrevistada por el autor. Miami, Fla., 26 de julio de 1999.

Díaz Suárez, Tulio. Entrevistado por el autor. Miami, Fla., 26 de julio de 1999.

Encinosa, Josefina. Entrevistada por el autor. Miami, Fla., 28 de julio de 1999.

Encinosa, Pedro. Entrevistado por el autor. Miami, Fla., 28 de julio de 1999.

Figueras, Juan. Entrevistado por el autor. Coral Gables, Fla., 12 de julio de 1999.

Flores, José. Entrevistado por el autor. Miami, Fla., 11 de agosto de 1999.

Freyre Delgado, Rosa María. Entrevistada por el autor. South Miami, Fla., 27 de julio de 1999.

Girbau, Mario. Entrevistado por el autor. Miami, Fla., 15 de julio de 1999.

Giró, Jorge. Entrevistado por Roberto N. Allen. Baltimore, Md., 27 de septiembre de 1999.

Gonzalez de León, Antonio. Entrevistado por el autor. Miami, Fla., 9 de julio de 1999.

Hernández, Francisco. Entrevistado por el autor. Coral Gables, Fla., 20 de julio de 1999.

Herrera, Jorge. Entrevistado por el autor. Coral Gables, Fla., 15 de julio de 1999.

León, Luis. Entrevistado por el autor. Newington, Conn., 24 de agosto de 1999.

Lynch, Grayston. Entrevistado por el autor. Tampa, Fla., 6 de agosto de 1999.

Macho, Padre Tomás. Entrevistado telefónicamente por Roberto N. Allen. De Baltimore, Md., a Miami, Fla., 29 de noviembre de 1999.

Manso, Andrés. Entrevistado por el autor. Miami, Fla., 9 de julio de 1999.

Marquet, Jorge. Entrevistado por el autor. Miami, Fla., 9 de julio de 1999.

Martínez, Rolando. Entrevistado por el autor. Miami, Fla., 9 de agosto de 1999.

Martínez Malo, Mario. Entrevistado por el autor. Coral Gables, Fla., 12 de julio de 1999.

Martínez Reyna, Fernando. Entrevistado por el autor. Coral Gables, Fla., 22 de julio de 1999.

Molina, Francisco. Entrevistado por el autor. Miami, Fla., 23 de junio de 1999.

Montalvo, Rafael. Entrevistado por el autor. Coral Gables, Fla., 10 de agosto de 1999.

Morse, Luís. Entrevistado por el autor. Tallahassee, Fla., 16 de agosto de 1999.

Pardo Millán, Myrna. Entrevistada por el autor. Miami Beach, Fla., 12 de agosto de 1999.

Ponzoa, Gustavo. Entrevistado por el autor. Miami, Fla., 12 de agosto de 1999.

Portela, Leonor. Entrevistada telefónicamente por Roberto N. Allen. Baltimore, Md., a Miami, Fla., 8 de diciembre de 1999.

Quiñones, Isabel. Entrevistada por el autor. 26 de julio de 1999.

Regalado, José. Entrevistado por el autor. Coral Gables, Fla., 14 de julio de 1999.

Sánchez, Ricardo. Entrevistado por el autor. Hialeah, Fla., 9 de julio de 1999.

Sánchez de Cárdenas, Julio. Entrevistado por el autor. Miami, Fla., 10 de agosto de 1999.

Silveira, Jorge. Entrevistado por el autor. Miami, Fla., 14 de julio de 1999.

Sordo, Juan. Entrevistado por el autor. Hialeah, Fla., 29 de julio de 1999.

Souto, Javier. Entrevistado por el autor. Miami, Fla., 22 de julio de 1999.

Sueiro, Hugo. Entrevistado por el autor. West Miami, Fla., 13 de julio de 1999.

Wilrycx Allen, María. Entrevistada por el autor. Coral Gables, Fla., 13 de julio de 1999.

Zayas-Bazán, Eduardo. Entrevistado por el autor. Key Biscayne, Fla., 7 de julio de 1999.

Fuentes escritas

«After Cuba: Who Stood for What?» *U.S. News and World Report*, 17 de diciembre de 1962, 33-35.

«The Air Will Be Ours: Cuban Fighters Tell Why They Expected Air Cover». *U.S. News and World Report*, 4 de febrero de 1963, 33-36

Aguilar, Luis. Introducción a *Operation Zapata: The "Ultrasensitive" Report and Testimony of the Board of Inquiry on the Bay of Pigs*. Frederick, Md.: University Publications of America, 1981.

Beschloss, Michael R. *The Crisis Years: Kennedy and Khrushchev, 1960-1963*. New York: HarperCollins, 1991.

Bissell, Richard M., Jr. *Reflections of a Cold Warrior: From Yalta to the Bay of Pigs*. New Haven y Londres: Yale University Press, 1996.

Blight, James G., y Peter Jornbluh. *Politics of Illusion: The Bay of Pigs Invasion Reexamined*. Boulder, Colo.: Lynne Reinner, 1998.

Bosnal, Philip. *Castro, Cuba, and the United States*. Pittsburgh: University of Pittsburgh Press, 1971.

Carbonell, Néstor T. *And the Russians Stayed: The Sovietization of Cuba: A Personal Portrait*. New York: Morrow, 1989.

Chapman, William. «A View from PriFly». *U.S. Naval Institute Proceedings 118* (octubre 1992): 45-50.

Didion, Joan. *Miami*. New York: Pocket Books, 1987.

Dille, John. «We Who Tried». *Life*. 10 de mayo de 1963.

Feeney, Harold. «No Regrets – We'd Do It Again». *The Nation*. 19 de abril de 1986. 550-57.

Ferrer, Eduardo. *Operation Puma: The Air Battle of the Bay of Pigs*. Miami: International Aviation Consultants, 1982.

Flynn, Michael. «A Perfect Failure». *The Bulletin of the Atomic Scientists* 54, no. 3 (mayo/junio 1998): 7-9.

«For the First Time: The Story of How President Kennedy Upset the Cuban Invasion of April 1961». *U.S. News and World Report*, 4 de febrero de 1963, 29-33.

Gleijeses, Piero. «Ships in the Night: The CIA, the White House, and the Bay of Pigs». *Journal of Latin American Studies* 27 (1995): 1-42.

Handleman, Howard. «Prisoners Tell – The Real Story of the Bay of Pigs». *U.S. News and World Report*, 7 de enero de 1963, 38-41.

Hawkins, Jack. «Classified Disaster: The Bay of Pigs Operation Was Doomed by Presidential Indecisiveness and Lack of Commitment». *National Review*, 31 de diciembre de 1996, 36-38.

—. «An Obsession with "Plausible Deniability" Doomed the 1961 Bay of Pigs Invasion from the Outset». *Military History*, mayo 1998.

Higgins, Trumbull. *The Perfect Failure: Kennedy, Eisenhower, and the CIA at the Bay of Pigs*. New York: Norton, 1987.

Hunt, Howard. *Give Us This Day*. New Rochelle, N.Y.: Arlington House, 1973.

«The Inside Story – Kennedy's Fateful Decision: The Night the Reds Clinched Cuba». *U.S. News and World Report*, 17 de septiembre de 1962.

Johnson, Haynes. *The Bay of Pigs: The Leaders' Story of Brigade 2506*. New York: W. Norton, 1964.

Klein, Richard. *Focus on 1960-64.: The Kennedy Years*. ABC Video Enterprises, 1982.

Kornbluh, Peter, ed. *Bay of Pigs Declassified: The Secret CIA Report on the Invasion of Cuba*. New York: The New Press, 1998.

Lazo, Mario. *Dagger in the Heart: American Policy Failures in Cuba*. New York: Twin Circle Publishing Company, 1968.

Lynch, Grayston L. «Bay of Pigs Report Contains No Dark Secret». *New York Times*, 29 de abril de 1996, A26.

—. *Decision for Disaster: Betrayal at the Bay of Pigs*. Washington y Londres: Brassey's, 1998.

Mets, David R. *Land-based Air Power in Third World Crises*. Maxwell Air Force Base, Ala.: Air University Press, 1986.

Meyer, Karl E., y Tad Szulc, *The Cuban Invasion: The Chronicle of a Disaster.* New York, Washington y Londres: Frederick A. Praeger, 1962.

Murphy, Charles J.V. «Cuba: The Record Set Straight». *Fortune*, septiembre de 1961.

Palmer, Eduardo, productor ejecutivo de la película *Brigade 2506.*

Penabaz, Manuel. «"We Were Betrayed": A Veteran of the Cuban Invasion Speaks Out». *U.S. News and World Report*, 14 de enero de 1963, 46-49.

Persons, Albert C. *Bay of Pigs: A First Hand Account of the Mission by a U.S. Pilot in Support of the Cuban Invasion Force in 1961.* Jefferson, N.C.: McFarland, 1990.

Peterzell, Jay. «A New Look at an Old Failure». *Time*, 1 de junio de 1987, 29.

Robbins, Carla Anne. «"La Causa" Lives On—25 Years after the Bay of Pigs Invasion». *U.S. News and World Report*, 21 de abril de 1986, 36.

Robinson, Linda. «The Price of Military Folly». *U.S. News and World Report*, 22 de abril de 1996. 53-56.

Ros, Enrique. *Playa Girón: La verdadera historia.* Miami: Ediciones Universal, 1994.

Sandman, Joshua. «Analyzing Foreign Policy Crisis Situations: The Bay of Pigs». *Presidential Studies Quarterly 16* (1986): 524-29.

Schlesinger, Arthur M., Jr., *A Thousand Days: John F. Kennedy in the White House.* New York: Houghton Mifflin, 1992.

Smith, Charles B., productor de la película *American Foreign Policy: Kennedy and Confrontation.* Encyclopedia Britannica Educational Corporation, 1981.

Smith, Thomas. «Negotiating with Fidel Castro: The Bay of Pigs Prisoners and a Lost Opportunity». *Diplomatic History* 19: 59-86.

«Soldier Renews His Battle for Castro's Overthrow». *Miami Herald.* 27 de diciembre de 1992, A22.

Sorensen, Theodore C. *Kennedy.* New York: Harper and Row, 1965.

Thomas, Evan, «Wayward Spy». *Civilization* (septiembre/octubre 1965): 36.

Thomas, Hugh. *Cuba: The Pursuit of Freedom.* New York: Harper and Row, 1971.

Triay, Victor Andrés. *Fleeing Castro: Operation Pedro Pan and the Cuban Children's Program.* Gainesville, Fla.: University Press of Florida, 1998.

Turtle, Candace. «A Father's Homecoming». Reader's Digest, febrero 1989, 57-61.

Vandenbroucke, Lucien S. «Anatomy of a Failure: The Decision to Land at the Bay of Pigs». *Political Science Quarterly* 99, número 3 (otoño 1984): 471-91.

—. «The "Confessions" of Allen Dulles: New Evidence on the Bay of Pigs». *Diplomatic History* 8, número 4 (1984): 365-75.

Wheeler, Keith. «Hell of a Beating in Cuba». *Life*, 28 de abril de 1961.

Will, George. «The First Contras». *Newsweek*, 31 de marzo de 1986, 80.

Wyden, Peter. *Bay of Pigs: The Untold Story.* New York: Simon and Schuster, 1979.

Comunicaciones personales

Corzo, Rogelio González, carta a la familia. Facilitada por Dulce Carrera Jústiz.

ÍNDICE

∎ ∎ ∎

230 · Índice

Sobre el Autor

■ ■ ■

Víctor Andrés Triay, Ph.D. es profesor asociado de Historia en Middlesex Community College en Middletown, Connecticut. Es el autor de *Fleeing Castro: Operation Pedro Pan and the Cuban Children's Program* (Gainesville, Fla.: University of Florida Press, 1998).